w

Winfried Hartmann

Ausziehn, das Fürchten zu lernen

Unterwegs im Grizzly Country Alaskas

Wiesenburg Verlag

Bibliographische Information der Deutschen Nationalbibliothek:

Die Deutsche Nationalbibliothek verzeichnet diese Publikation in der Deutschen Nationalbibliographie; detaillierte bibliographische Daten sind im Internet über http://dnb.d-nb.de abrufbar.

1. Auflage 2013
Wiesenburg Verlag
Postfach 4410 · 97412 Schweinfurt
www.wiesenburgverlag.de

Alle Rechte beim Verlag

Bilder: Winfried Hartmann
Coverbild und die Fotos des Bildteils auf den Seiten 5, 7 und 8 von Jerry und Jeanette Mills

Umschlaggestaltung und Layout
Media-Print-Service Luff · 97456 Dittelbrunn
mps-luff@t-online.de

© Wiesenburg Verlag

ISBN 978-3-943528-92-3

Für Gitte

INHALT

Vorwort 9
Anchorage 15
Port Alsworth 18
Der „Bruchpilot" 22
Wie gefährlich ist der Grizzlybär? 27
Orkan im Outlet 29
Qué séra? 36
Ein Bilderbuchstrand 41
Doug Peacock und der Bärenschädel 45
Jerry und Jeanette 47
Zum Delta des Telaquana River 51
Was ist Alaska? 54
Die „Herberge zum Großen Bären" 59
Ein herrlicher Morgen 64
Ein herrlicher Abend 70
Old Seymour 73
Zurück zum Südufer 78
Der „Mitternachtsgrizzly" 80
Sieben Todsünden 85
Aufstieg ins Hinterland 88
Die „Eisbärin" 95
Magische Nacht 100
Sie sind wie Geister, die Karibus 102
Hundert bunte Bilder 105
Nebel, was sonst! 111
Des Flusses Lied 116

Auf Messers Schneide..122
Warum attackierte uns die Grizzlybärin?....................131
Flucht zum Turquoise Lake..139
Auf den „Sheep Mountain"..145
Nduk´eyux Dghil´u...153
Vandaztunhtnu..156
Blitz aus heiterem Himmel..164
Frieden..168
Furcht...173
Aus dem Zelt geholt, getötet und gefressen...............175
Haarsträubend..178
Liao-li!...182
Wieder am Trail Creek..184
Das war´s – beinahe..187
Was wollten die „Nebelbären"?...................................191
Nochmal: Wie gefährlich ist der Grizzlybär?..........195
Langsame Heimkehr...210
Abschied von Jerry und Jeanette................................213
Aus den Briefen Jeanettes..216
Glück ist so federleicht...223
Spürbar verrückt..225
Rückflug..227
Dank...247
Über den Autor..249

VORWORT:

Unterwegs im Grizzly Country – eines der letzten großen Abenteuer

Wer sich auf eine Reise nach Alaska begibt, tut dies vor allem auch der Bären wegen. Denn Alaska ist Bärenland, und Bären, v. a. Grizzlys, sind die eindrucksvollste, sinnfälligste Verkörperung dessen, was Alaska so attraktiv und einzigartig macht: wilde, ursprüngliche, ungezähmte Natur. Und schon in Anchorage, wo nahezu jede Alaskareise beginnt, begegnen dir denn auch Grizzlys auf Schritt und Tritt – ausgestopfte Grizzlys allerdings nur, Grizzlys aus Blech, Plüsch, Holz, Porzellan, Grizzlys auf Postkarten oder T-Shirts, Tischdecken oder Kalendern, Topflappen oder Schlafanzügen. Gelegentlich stolperst du sogar über ihre markanten Fußabdrücke auf dem Asphalt, und obwohl sie nur gemalt sind und dich unweigerlich nach wenigen Metern zu irgendeinem Andenkenladen oder Outdoorshop führen, verkünden sie, nicht anders als die zahllosen Blech-, Plüsch-, Postkarten-, Topflappengrizzlys, eine Botschaft, die ihren Eindruck auf dich nicht verfehlt, weil sie unmittelbar ins Zentrum der atavistischen Sehnsüchte zielt, die dich hierhergeführt haben: You are in Grizzly Country!

Szenenwechsel. Du kommst nach einer langen, anstrengenden Wanderung durch einen abgelegenen Wildniswinkel Alaskas an einen kleinen See, an dem du dein Zelt aufstellen willst. Du setzt dich eine Weile ans Seeufer und ruhst dich aus, dann machst du dich auf die Suche nach einem geeigneten Lagerplatz – aber das erste, was du entdeckst, ist eine tief in den Sand gegrabene Bärenspur, die sich am Ufer entlangzieht und irgendwo weiter hinten in dichtem Erlengebüsch oder Fichtenwald verliert. Diese Spur ist nicht gemalt, sondern echt, und der Grizzly, von dem sie stammt, ist nicht aus Blech oder Plüsch, sondern aus Fleisch und Blut, und du weißt, dass er, anders als die Attrappen in Anchorage, eine Bedrohung für dich sein kann, wenn du dich nicht angemessen verhältst.

Ist er wirklich eine Bedrohung? Sind Grizzlys gefährlich – zumindest für Leute, die sich an die Verhaltensmaßregeln im Grizzly Country nicht oder zu wenig halten, und für die anderen womöglich auch? Es ist ein Anliegen meines Buches, auf diese durchaus umstrittene Frage eine einigermaßen überzeugende Antwort zu finden, die sich vor allem auf meine persönlichen teilweise dramatischen Erfahrungen mit Bären stützt (die ich in meinem Buch detailliert schildere und kommentiere), aber auch die Unfallberichte und -analysen der einschlägigen Bärenliteratur berücksichtigt, mit denen ich mich gründlich auseinandergesetzt habe.

Grizzlys sind Einzelgänger, die ihren Artgenossen – wie auch normalerweise dem Menschen – nach Möglichkeit aus dem Weg gehen (die aus Bild- und Filmdokumentationen bekannten großen Bärenansammlungen an Lachsflüssen wie dem Brooks oder McNeil River oder auf Kodiak und Katmai sind die Ausnahme, nicht die Regel). Deshalb kann man lange im Grizzly Country unterwegs sein, ohne Bären zu Gesicht zu bekommen, obwohl ihre Spuren und sonstigen Hinterlassenschaften keinen Zweifel daran lassen, dass sie da und gelegentlich vielleicht ganz in der Nähe sind. Und dann plötzlich ... Aber genau dies macht das Unterwegssein im Grizzly Country so interessant und jederzeit spannend. Und genau dies hat zur Folge, dass man wilde Natur und Landschaft hier vielleicht intensiver erlebt als in irgendeinem anderen noch ursprünglich gebliebenen Naturraum der Erde. „Wer sich einmal weit hinein ins Grizzly Country begeben hat", schreibt John Murray in *The Great Bear*, „weiß, dass die Gegenwart auch nur eines Grizzlys im Land bewirkt, dass die Berge höher werden, die Canyons tiefer, der Wind kälter, die Sterne heller, die Wälder dunkler, und dass der Puls von jedem, der das Land betritt, schneller schlägt." Dies deutlich zu machen, ist ein weiteres Anliegen meines Buches.

Man kann auf unterschiedlichen Wegen im Grizzlyland unterwegs sein (und jeder vermittelt auf seine Weise eindrucksvolle und einzigartige Erfahrungen). Man kann irgendwo aufbrechen, um einem weit entfernten und mehr oder minder schwer erreichbaren Ziel entgegenzuwandern oder zu -paddeln. Man kann auf den Trails der Nationalparks unterwegs sein. Man kann sich im Denali Nationalpark mit dem Bus in die Wildnis hinausfahren und irgendwo absetzen lassen, um von dort aus Wanderungen zu machen. Man kann sich auf eine Lodge in der Wildnis fliegen lassen, um dort Touren zu machen oder zu angeln. Man kann mit dem Auto auf Highways und mancher entlegenen Gravel Road bis hoch hinauf in den Norden unterwegs sein. Man kann aber auch – wie meine Frau und ich auf der Reise, von der ich in diesem Buch berichte – irgendeinen abgeschiedenen See, zu dem man sich hinausfliegen und von dem man sich wieder abholen lässt, zum Ausgangspunkt seiner Reise machen. Mein Buch ist, wenn man will, ein Plädoyer für Letzteres.

Es hat viele Vorteile. Man steht unter keinem Zeitdruck, weil man seine Wanderung nicht jeden Tag fortsetzen muss, um einen weit entfernten Zielort zu erreichen. Man kann aufbrechen, wohin man will, bleiben, wo man will, zum See zurückkehren, wann man will. Je nach Lust und Laune, je nach Wind und Wetter (letztere sind, mehr noch als die Grizzlys, die eigentlichen Herrscher im Grizzly Country, nach ihrer Pfeife hat zu tanzen, wer sich in diese bisweilen sehr rauen Regionen begibt). Lebensmittel wird man nirgends kaufen können, aber man kann angeln und Beeren sammeln und dadurch seine zwangsläufig limitierten Nahrungsvorräte aufbessern. Man kann so, wie wir auf unserer Reise, wochenlang unterwegs sein, ohne einem einzigen Menschen zu begegnen. Man kann sich dann bisweilen sehr einsam und verloren vorkommen, aber genau diese Erfahrung wird man vielleicht im nachhinein am wenigsten missen wollen. Man kann sein Zelt an jedem Tag woanders aufstellen oder verschiedene Standlager einrichten, um von denen aus mehr oder minder ausgedehnte Wanderungen oder Bergtouren zu machen. Man kann auch einmal ein paar Tage in einem Standlager bleiben und auf anstrengende Aktivitäten aller Art verzichten. Einfach nur da sein, Zeit haben, nichts tun. Und dann wieder weiterziehen – vielleicht in das Tal des Flusses, der laut Karte dort drüben hinter dem Bergkamm fließt, vielleicht in die weiter südlich gelegene Hügelkette, wenn sie denn von hier aus erreichbar ist, vielleicht an den Fuß der hohen Berge im Osten, deren Gipfel ausgesetzt, aber durchaus ersteigbar scheinen.

Wer auf diese Weise durchs Grizzlyland wandert (aber generell jeder, der im Grizzlyland unterwegs ist), empfindet – auch wenn er sich dessen vielfach gar nicht bewusst ist – immer ein klein wenig Furcht vor den Bären, die selten auftauchen und doch jederzeit auftauchen können. Er empfindet nicht nur ein klein wenig Furcht, wenn ein Grizzly auf relativ kurze Distanz seinen Weg kreuzt oder gar nachts auf dem Steinstrand eines abgelegenen Sees – klick, klick, klick – auf sein Zelt zutrottet. Er empfindet Furcht, wenn er in extreme Wettersituationen gerät: Stürme, die sein Zelt aus seinen Verankerungen reißen oder, wenn er über einen See paddelt, sein Boot zum Kentern bringen können, heftige Gewitter auf exponierten Hochflächen oder Bergkämmen, langanhaltende Regenfälle, die aus kleinen Bächen reißende und nicht oder nur unter Lebensgefahr durchquerbare Flüsse machen. Er empfindet Furcht umso mehr, wenn er, wie meine Frau und ich, ohne Handy oder Satellitentelefon unterwegs ist und deshalb in einer Notsituation mit keinerlei Hilfe von außen rechnen kann. In manchen exzeptionellen Augenblicken – nachts unterm Nordlicht etwa oder wenn nach einem nächtlichen Gewitter plötzlich das vielstimmige Klagelied der Wölfe über die noch regennasse Tundra hallt – empfindet er auch eine andere – komplexere, sublimere – Furcht: Ehrfurcht. Wer im Grizzly Country unterwegs ist, lernt in diesem sehr umfassenden Sinn das Fürchten. Deshalb habe ich mein Buch „Ausziehn, das Fürchten zu lernen" genannt.

Ich las kürzlich, dass die Generation der heute ungefähr Dreißigjährigen das Wandern entdeckt habe, weil es eines der letzten Abenteuer sei, die man heute noch erleben könne. Wenn Wandern generell ein Abenteuer ist, dann gewiss und nicht zuletzt das „das Fürchten lehrende" Wandern im Grizzly Country. Man stelle sich vor, man sei in irgendeiner mitteleuropäischen Bergregion unterwegs und wüsste, dass sich hier ein aus der Brenta oder sonstwoher zugewanderter Bär (wie damals „Bruno", der viele Wochen lang die Phantasien der Menschen und die Schlagzeilen der Zeitungen beherrschte) umhertriebe. Und man wüsste, dass es sich – anders als bei „Bruno" – um einen unberechenbaren und nicht ganz ungefährlichen Bären handle (Eigenschaften, die man – im Unterschied zum europäischen Braunbären, den jahrhundertelange gnadenlose Verfolgung extrem scheu gemacht hat – vielfach dem nordamerikanischen Grizzly nachsagt). Würde man sich dann nicht sehr viel vorsichtiger, wachsamer, „achtsamer" durch die Landschaft bewegen? Würde man nicht immer wieder stehen bleiben und die nähere und weitere Umgebung nach Zeichen absuchen, die auf die Nähe des Bären schließen ließen? Würde man nicht bei jeder unübersichtlichen Wegbiegung fürchten, in eine plötzliche Konfrontation mit dem Bären zu geraten? Und wenn man nicht nur tagsüber, sondern auch nachts draußen wäre, womöglich sogar im Zelt übernachtete (was man allerdings unter diesen Umständen vermutlich eher vermeiden würde, abgesehen davon, dass es verboten ist), würde einen dann nicht, spätestens nachts im Zelt, eine heimliche Nervosität beschleichen, die man, obwohl ein nächtlicher Besuch des Bären ganz unwahrscheinlich wäre, nur schwer abschütteln könnte? Würde man nicht immer wieder unruhig nach draußen horchen: da knackt ein Ast im Wald – ist womöglich der Bär auf ihn getreten? Da flattert ein Vogel – hat ihn der Bär aufgescheucht? Da raschelt Laub, knistert Gras – der Wind? Oder der Bär, der sich auf leisen Sohlen ans Zelt heranpirscht? Klar, dass man froh wäre, wenn man die Nacht endlich überstanden hätte. Klar aber auch, dass man die Nacht im nachhinein als unvergessliches Erlebnis verbuchen würde. Und die ganze Wanderung.

So ist jede Wanderung im Grizzly Country ein unvergessliches Erlebnis. Und so war auch die Wanderung, von der ich in diesem Buch erzähle, ein unvergessliches Erlebnis. Sie führte uns, mit John Murray zu reden, „weit hinein ins Grizzly Country" – und beinahe *zu* weit hinein, denn wir wären ums Haar nicht mehr herausgekommen.

ANCHORAGE

Wir landen in Anchorage. Müde stolpern wir durch die Gangway, holen unser Gepäck, passieren den Zoll. Ein ausgestopfter Bär – kein Grizzly, ein Eisbär – begrüßt uns in der Ankunftshalle, ein kühler Wind weht uns entgegen, als wir ins Freie treten. Es ist Mittag und recht sonnig, doch einige Pfützen auf dem Asphalt vor dem Airport verraten, dass es vor nicht allzu langer Zeit geregnet hat. Wir fahren mit dem Taxi zum Campground im Centennial Park am nördlichen Rand von Anchorage hinaus, schlagen das Zelt auf und legen uns bald schlafen; wir sind müde von dem langen Flug.

Früh stehen wir am nächsten Morgen auf, fahren mit dem Bus in die Innenstadt und frühstücken, wie jedes Mal, wenn wir nach Anchorage kommen, im „Sweet Basil" in der Nähe des Hilton Hotels. Dann geht Gitte in die Innenstadt, sie will ein wenig durch die Läden bummeln und vielleicht auch schon Kontakt mit der Fluggesellschaft aufnehmen, mit der wir sobald wie möglich weiterfliegen wollen. Ich bleibe noch und hole mir an der Theke einen zweiten Kaffee.

Seltsam, denke ich. Gestern saß ich noch in der „Goethe-Bar" im Frankfurter Flughafen und trank Kaffee, heute sitze ich im „Sweet Basil" in Anchorage und trinke Kaffee, und morgen vielleicht schon oder übermorgen – sitze ich irgendwo auf den Steinen am Ufer des Telaquana Lake und trinke Kaffee.

Der Telaquana Lake ist ein kleiner Bergsee am westlichen Fuß der zur Alaska Range gehörenden Neacola Mountains (manche Karten rechnen sie auch der Aleutian Range zu), ca. 200 Kilometer westlich von Anchorage. Ein ausgesprochen schön gelegener, wilder und vergleichsweise sehr selten besuchter See, der nur einen Nachteil hat: das unbeständige Wetter. Es regnet recht oft, zumal im Sommer, die Berge rings um den See können wochenlang hinter einer dichten Wolkendecke verborgen bleiben. Wir waren schon einmal am Telaquana Lake, hatten aber nur beschränkt Zeit, den See und sein gebirgiges Hinterland zu erkunden, was wir nun nachholen wollen. Wir erlebten damals erst einmal schöne Sommertage, später kamen heftige Stürme und Regenfälle, die unsere Geduld auf eine harte Probe stellten. Wie wird es diesmal?

Ich schaue zum Fenster hinaus. Der Himmel ist nahezu wolkenlos, doch weht ein ziemlich kräftiger Wind. Er zerrt an der kleinen Rauchsäule, die von einem Wurststand am Rand des nahen Peratrovic Parks aufsteigt, treibt Laub und Papier über die Straße; die Fahnen vor dem Hilton Hotel auf der anderen Straßenseite flattern, die Zweige der Bäume im Peratrovic Park schwanken hin und her. Auch ein paar vorübergehende Indianer schwanken, doch vermutlich weniger vom Wind als vom Bier. Die Sonne steigt und spiegelt sich in den hundert Fenstern des Hiltons und anderer Hochhäuser im Hintergrund.

Ich schreibe ein paar Sätze in mein Tagebuch, dann notiere ich, was wir noch erledigen bzw. kaufen müssen – Lebensmittel, Gaskartuschen, Mückenspray, Ausrüstungsgegenstände, Karten, Angellizenz etc. Es wird eine ziemlich lange Liste.

Gitte kommt zurück. Sie strahlt, wie immer, wenn wir zu einer großen Reise aufbrechen, obwohl sie weiß, dass wir viele harte und entbehrungsreiche Tage erleben werden. Sie hat schon mit der Fluggesellschaft telefoniert: wir können starten, wann wir wollen, es wird sich an jedem Tag ein Platz in einer Maschine finden. Wir verlassen den „Sweet Basil" und schlendern zum Cook Inlet hinunter. Auf einer Wiese nahe am Ufer spielen Kinder; auch eine junge Frau mit langen, blonden Haaren liegt dort und sonnt sich. Unterhalb der Wiese, direkt am Strand, führt ein Bahngleis vorbei; ein Güterzug der Alaska Railroad kommt langsam herangerollt, die Lokomotive pfeift, der rotbärtige Lokführer schaut aus dem Fenster, winkt dem Mädchen zu, lacht. Hinter ihm und dem im Sonnenlicht glitzernden Cook

Inlet ragen hohe, leicht umwölkte Gletscherberge auf: die Chigmit und Neacola Mountains, hinter denen unser Ziel, der Telaquana Lake, liegt, weiter rechts der schneeweiße Vulkankegel des Mt. Spurr, dann der Mt. Torbert, der Mt. Gerardine und andere Eisgipfel, alle über 3000 Meter hoch. Das Cook Inlet ist nach dem legendären britischen Kapitän James Cook benannt, der auf seiner vergeblichen Suche nach der Nordwestpassage im Jahr 1778 hier vorüberkam. Kapitän Cook, 1728 in Marton in Yorkshire geboren, segelte zehn Jahre lang über die damals noch in weiten Teilen unerforschten Meere der Welt, erkundete die Küsten Neuseelands, Australiens, Tahitis, entdeckte Owyhee, das heutige Hawai, Tonga und andere Inseln im Pazifik, überquerte zweimal den Südlichen Polarkreis, befuhr als erster die Westküste Alaskas, wurde schließlich, bei seiner zweiten Landung auf Owyhee, von den dort ansässigen „Wilden" getötet und – zumindest teilweise – verspeist. Wir werden über keine Weltmeere, nur über den Telaquana Lake segeln bzw. paddeln, kein Owyhee oder Tonga entdecken, nur vielleicht ein paar entlegene Wildniswinkel im Hinterland des Sees oder in uns selbst. Auch besteht keine Gefahr, dass wir von irgendwelchen Wilden getötet werden, denn es gibt dort keine Wilden mehr (das Indianerdorf, das dort stand, wurde zu Beginn des vergangenen Jahrhunderts aufgegeben). Wohl aber gibt es dort viele Bären, v. a. Grizzlys.

Kapitän Cook ankerte eine Weile vor der Küste, an der wir jetzt stehen, um dann wieder die Anker zu lichten und seine Reise fortzusetzen, die schon im nächsten Jahr an der Küste von Owyhee ihr trauriges Ende fand. Der Name Anchorage („Ankerplatz") stammt noch aus jener Zeit, obwohl die Stadt erst über hundert Jahre später entstand. Auch wir ankern sozusagen noch an diesem „Ankerplatz" Anchorage, doch bald schon verlassen wir ihn, brechen auf, lichten die Anker. Leben heißt Reisen, und Reisen heißt: die Anker lichten.

PORT ALSWORTH

Wir fahren mit dem Taxi vom Centennial Park zur Lake Clark Air auf dem Merill Field-Airport in der Nähe von Downtown, der Fluggesellschaft, die uns nach Port Alsworth am Lake Clark und von dort zum Telaquana Lake fliegen wird. Der Lake Clark, ein sehr großer, nur mit dem Flugzeug erreichbarer See im Westen der Chigmit Mountains, ist das Zentrum des 1980 geschaffenen Lake Clark Nationalparks, der sich vom Cook Inlet nordwärts bis zu den Bergen im Westen des Mt. Spurr erstreckt. Eine freundliche, zierliche Frau mit schwarzen Löckchen begrüßt uns im kleinen Gebäude der Fluggesellschaft, wir kennen sie noch vom letzten Mal her. Sie nimmt unsere Personalien auf, dann wiegt sie uns und unser Gepäck. Sie fragt uns, aus welcher Stadt in Deutschland wir kommen. „Stuttgart", antworten wir. Sie lächelt. „I think, my grandfather came from this town." Sie erzählt uns, dass ihr Großvater mit sechzehn Jahren allein von Deutschland nach New York gekommen, von dort nach Kalifornien und schließlich wieder nordwärts nach Pilot Point auf der Alaska Peninsula gezogen sei, wo er in der fischverarbeitenden Industrie tätig gewesen sei. Hier habe er ihre Großmutter, eine Inuit aus Pilot Point, kennengelernt und geheiratet. Er habe Greichen geheißen. Er habe nie wieder Kontakt zu seiner Familie in Deutschland aufgenommen; ihre Tante habe vor einigen Jahren versucht, Spuren ihrer Familie in Deutschland zu finden, sei aber erfolglos geblieben, weil sie zu schlecht Deutsch gesprochen habe. Wir verlassen das Gebäude und gehen auf das Rollfeld hinaus, wo unsere Maschine schon auf uns wartet. Es ist schwül, die Sonne sticht, ein heftiger Wind – noch stärker als gestern – bläst übers Rollfeld, im Westen hängen graue Wolkenbänke. Wir reichen dem Piloten unser Gepäck – Rucksäcke, Seesäcke, ein Zelt, ein (Schlauch-)Boot – hinauf, er verstaut es im Rückraum der Maschine. Außer uns fliegen zwei Fischer und eine ältere Indianerin mit, die am Lake Clark wohnt. Wir starten, fliegen über die Hochhäuser von Anchorage nach Westen. Die grüne, windzerfurchte Wasserfläche des Cook Inlet blitzt zu uns herauf, die Wellen haben weiße Schaumkronen. Wir überqueren das Cook Inlet, fliegen landeinwärts. Unter uns breiten sich weite, vermutlich sumpfige Wiesen mit vielen Pfützen und kleinen Seen aus, durch die sich zahlreiche Wasserläufe schlängeln. Die wolkenumzogene Gebirgsmauer der Chigmit Mountains rückt rasch näher, wir fliegen direkt auf sie zu. Über grauen Wolkenschlieren schwebt der eisgepanzerte Gipfelaufbau des Mt. Redoubt, eines rund 3300 Meter hohen aktiven Vulkans, der seine Asche gelegentlich bis nach Anchorage spuckt. Je näher wir den Bergen kommen, desto schlechter wird das Wetter. Wolken hüllen uns zeitweise ein, Regen prasselt gegen die Scheiben. Wir steuern in ein breites Gebirgstal hinein, es führt zum Lake Clark Pass hinauf, den wir überfliegen müssen, um zum Lake Clark zu gelangen. Hohe Fels- und Eisgipfel türmen sich zu beiden Seiten, blaugrüne Gletscher fließen durch steile Felsentäler. Der Sturm fegt durch das Tal, das Flugzeug schaukelt hin und her, macht wilde Bocksprünge wie ein störrischer Esel. Wir überfliegen den Pass, tauchen in eine weißgraue, schwammige Wolkenwand; scharfgezackte Grate huschen vorbei, tintigblaue Felsmauern, Gletscherbrüche, Wasserfälle. Die Wolken lichten sich, die Berge treten zurück, in der Ferne taucht der langgestreckte, grüne Wasserspiegel des Lake Clark auf, wir erreichen ihn, steuern in weitem Bogen auf zwei schmale Schneisen zu, die an seinem südlichen Ufer in den Wald geschlagen sind: der Flugplatz von Port Alsworth. Wir landen, steigen aus, atmen auf – der Flug in der ständig schaukelnden Maschine war doch ziemlich unangenehm. Auch hier tobt der Sturm, er fegt in heftigen Stößen über das (nicht asphaltierte) Rollfeld, wirbelt braune Staubwolken auf. Im Nu sind wir über und über mit Staub bedeckt, als wären wir durch die Wüste Gobi marschiert. Ein Weiterflug zum Telaquana Lake ist nicht möglich, man könnte wegen des Sturms und der hohen Wellen dort nicht landen. Im Schutz eines dichten Fichtenwalds schlagen wir – etwas außerhalb von Port Alsworth – unser Zelt auf.

Gegen Nachmittag lässt der Sturm ein wenig nach, so dass wir nach Port Alsworth hinübergehen können. Port Alsworth ist eine Ansammlung von Hütten und Lodges im Umkreis einer kleinen, auffallend runden Einbuchtung des Lake Clark, der Hardenberg Bay. Es gibt einen Laden, ein Restaurant, eine Kirche, eine Rangerstation, auf der man sich über Wildnisunternehmungen im Lake Clark Nationalpark informieren kann. Die Siedlung ist nach dem 1910 in Minnesota geborenen Buschflieger Leon Reid „Babe" Alsworth benannt, der sich 1942 mit seiner Frau Mary am Nordwestufer des Lake Clark niederließ und von dort Prospektoren und Jäger ins Hinterland des Lake Clark flog. Da die rauen Wetterbedingungen am Nordwestufer den Flugbetrieb zu sehr behinderten, übersiedelte er 1944 mit seiner Frau zu der geschützteren Hardenberg Bay, wo er die Lake Clark Air aufbaute, die heute von seinem Sohn Glen geleitet wird. Rund um den Landing Strip der Lake Clark Air, dem später ein zweiter hinzugefügt wurde, und die Hardenberg Bay entwickelte sich dann das heutige Port Alsworth.

Wir machen einen Abstecher zu dem großen Hangar der Lake Clark Air, den wir nach unserer Landung schon kurz betreten haben. Einige Fotos hängen dort an den Wänden, die uns interessieren, weil sie die frühen Tage von Port Alsworth dokumentieren. Auf einem sieht man beispielsweise einen großgewachsenen, ca. dreißigjährigen Mann mit markanten Gesichtszügen, daneben ein hübsches, dunkelgelocktes, vielleicht 17 oder 18 Jahre altes Mädchen, das seine Hand auf die Schulter des Mannes legt. Darunter steht: „Babe Alsworth mit seiner jungen Braut Mary Greichen". Wir erinnern uns: sagte nicht die Frau im Gebäude der Lake Clark Air in Anchorage zu uns, dass ihr Großvater Greichen geheißen habe? Also ist diese Mary ihre Mutter und eine Tochter jenes Mannes, der mit sechzehn Jahren von Stuttgart nach Amerika auswanderte und in Pilot Point auf der Alaska Peninsula eine Inuit heiratete. Mary Greichen ist also zur Hälfte Schwäbin, zur Hälfte eine Inuit. Der resolute, selbstbewusste Blick, mit dem sie in die Kamera schaut, erinnert eher an den schwäbischen Zweig ihrer Vorfahren; ebenso ein Foto, das sie in einem großen Garten zeigt, den sie, wie aus dem Kommentar unter dem Foto hervorgeht, selbst in Port Alsworth angelegt hat. Diesen Garten gibt es noch heute, wir sahen ihn auf dem Weg zum Hangar, Kartoffeln, Bohnen, Rhabarber, Kohl und andere Gartenpflanzen wachsen da, es gibt auch ein kleines Gewächshaus und einen Hühnerstall. Auf einem dritten Bild hält sie allerdings stolz einen Riesenlachs in die Kamera, den sie offenbar selbst gefangen hat, dies deutet dann wohl eher auf ihr aleutisches Erbteil. Hier die Mary „zwischen Kartoffeln und Blumenkohl" (Hannes Wader), dort die Mary mit dem alaskanischen Riesenlachs – eine ungewöhnliche Kombination. Und Mary Alsworth, geborene Greichen, muss auch eine ungewöhnliche Frau gewesen sein, die über Jahrzehnte hinweg die Lodge der Familie an der Hardenberg Bay und die Poststation von Port Alsworth leitete und eine wichtige Rolle in der kleinen Gemeinde spielte. Schließlich zog sie sich mit ihrem Mann nach Hawai zurück, wo die beiden ihren Lebensabend verbrachten – just dort, wo James Cook runde 150 Jahre zuvor von den Eingeborenen umgebracht und verspeist worden war. Tempora mutantur.

DER „BRUCHPILOT"

Wir verlassen den Hangar und steigen auf die bewaldete kleine Anhöhe hinauf, die Port Alsworth und die Hardenberg Bay von der offenen Wasserfläche des Lake Clark trennt. Hohe, schäumende Wellen rollen über den Lake Clark, obwohl der Wind nachgelassen hat; dunkle Wolken jagen am Himmel entlang. An den gezackten Berggipfeln im Norden des Sees haben sich graue Regenschleier festgehakt; auch bei uns fallen erste Regentropfen, schräg treibt sie der Wind über den Kamm, auf dem wir stehen. Die dunklen Wälder am gegenüberliegenden Ufer und die schroffen Bergketten dahinter wirken kalt und abweisend; sie strahlen eine gleichermaßen beeindruckende wie bedrückende Einsamkeit aus. Noch sind wir hier im „sicheren Port" Port Alsworth, doch morgen verlassen wir auch diesen letzten Außenposten der Zivilisation und fliegen hinüber in diese graue, einsame Bergwelt da drüben, hinüber und *hinaus*.

Wir wissen: spätestens wenn wir die Ufer des Telaquana Lake verlassen und ins Hinterland des Sees aufsteigen, werden wir keinem Menschen mehr begegnen und keinerlei Verbindung zur Zivilisation mehr haben. Wir werden mit den für diese Region charakteristischen Wetterverhältnissen zurechtkommen müssen, heftigen Stürmen vor allem oder langanhaltenden Nebel- und Regenphasen, die uns ins Zelt und in uns selber sperren (was auf die Dauer schwerer erträglich sein kann als die wildesten Wetterkapriolen). Wir werden ausschließlich in eben diesem winzigen Zelt schlafen, in dem wir nicht einmal aufrecht sitzen und der Bären wegen nicht kochen und essen können. Wir werden immer und überall in mehr oder minder naher Nachbarschaft der Bären schlafen. Wir werden, auch wenn wir da und dort angeln oder Beeren sammeln können, oft hungern, denn wir werden sehr sparsam mit unseren Lebensmitteln umgehen müssen. Wir werden oft frieren, denn es wird, wenn wir nicht Glück haben und eine besonders freundliche und stabile Wetterlage erwischen, oft kalt sein. Wir werden mitunter viele Tage lang aus unseren feuchten Klamotten nicht herauskommen. Wir werden auf eine reibungslos funktionierende Zusammenarbeit angewiesen sein und somit auf eine reibungslos funktionierende Partnerschaft (aber die hat ihre Probe auf zahlreichen Wildnisunternehmungen längst bestanden). Wir werden keine Fehler machen dürfen, denn Fehler in der abgeschiedenen Wildnis können sich rächen.

Wozu das alles eigentlich?

Wir steigen von der Anhöhe durch den Wald wieder hinunter zur Hardenberg Bay und gehen an ihrem Ufer entlang. Mehrere Floatplanes ankern hier, vielleicht auch das, mit dem wir morgen zum Telaquana Lake fliegen werden. Ein bärtiger Mann steht auf den Kufen einer dieser Maschinen, einer kleinen, ziemlich ramponierten Cessna, und bastelt an irgendetwas herum. Wir grüßen ihn, er kommt zu uns ans Ufer und verwickelt uns, trotz des mittlerweile sehr starken Regens, in ein Gespräch. Er flicke gerade sein Flugzeug, der rechte Flügel sei ihm bei der Landung auf den hohen Wellen abgebrochen. „Abgebrochen?" „Fast." Er müsse morgen das Flugzeug nach Anchorage fliegen, um es reparieren zu lassen. Hm, denken wir, Gott sei Dank fliegen wir da nicht mit. Er bietet uns – wenn die Maschine repariert sei – einen Sightseeingflug zur Kodiakinsel an. „Vielen Dank", erwidern wir höflich, „wir würden das Angebot gerne annehmen, aber wir haben keine Zeit, wir fliegen morgen zum Telaquana Lake." „Telaquana Lake? Habt ihr ein Gewehr dabei?" „Nein. Warum?" „Many grizzlies!" „Wir waren schon mal am Telaquana Lake und hatten kein Gewehr dabei. Wir haben Bärenglöckchen, das reicht." „Bärenglöckchen?" Er lacht. „Der Grizzly hört die Glöckchen, kommt und zack! haut er euch seine Pranken um die Ohren!" Reizend, denken wir und verabschieden uns rasch. Wir gehen an der großen, schönen

Lodge der Familie Alsworth und den Gemüsebeeten der Mary Alsworth vorbei zurück zu unserem Zelt und kochen unter den Zweigen einer großen Fichte unser Abendessen.

Während wir essen, unterhalten wir uns über den bärtigen Mann an der Hardenberg Bay, den wir despektierlicherweise „Bruchpilot" nennen. Er machte nicht gerade einen vertrauenerweckenden Eindruck auf uns, so wenig wie seine Cessna mit dem (fast) abgebrochenen Flügel. Aber immerhin scheint er in Port Alsworth zu wohnen, sollte sich also hier gut auskennen, jedenfalls besser als wir. Können wir deshalb ignorieren, was er über die Grizzlys sagt, auch wenn er natürlich maßlos übertreibt? Gewiss, ein Gewehr würde uns am Telaquana Lake wenig nützen, weil man schon ein sehr guter Schütze sein muss, um einen attackierenden Grizzly tödlich zu treffen (und nichts ist gefährlicher als ein verletzter Grizzly); außerdem gehört zwar nicht der See selbst, wohl aber der größte Teil seines Hinterlands zum Lake Clark Nationalpark, in dem es wie in allen amerikanischen Nationalparks verboten ist, eine Schusswaffe mit sich zu führen. Aber wir wissen selbst, dass unsere „Bärenglöckchen" keineswegs ein so wirksamer Schutz gegen unliebsame Bärenbegegnungen sind, wie wir behauptet haben. „Bärenglöckchen" hängt man an irgendein Kleidungsstück – den Anorak, die Hose, die Schuhe – , sie klingeln, sobald man sich bewegt, und machen deshalb einen möglicherweise herumstreifenden Bären auf die Anwesenheit von Menschen in seiner Umgebung aufmerksam, die ihm sonst verborgen bleiben könnte; da er ein ausgesprochen scharfes Gehör hat, kann er die Glöckchen schon auf relativ große Distanz hören und sich deshalb aus dem Staub machen, bevor es zu einer plötzlichen Begegnung auf nahe Distanz kommt. Die meisten folgenschweren Bärenattacken ereignen sich bei solchen plötzlichen Konfrontationen; die Bären fühlen sich durch die Menschen, die ihnen wortwörtlich zu nahe auf den Pelz gerückt sind, bedroht und greifen an. Es sind aber auch Fälle dokumentiert, in denen die Glöckchen die Bären nicht verscheuchten, sondern im Gegenteil anzogen und so zu gelegentlich problematischen Konfrontationen führten – deshalb enthalten die drastischen Andeutungen des „Bruchpiloten" bei aller Übertreibung doch ein Körnchen Wahrheit.

Wir haben im übrigen triftige Gründe, die Risiken im abgelegenen Bear Country nicht zu unterschätzen. Mehrfach auf unseren Touren – wie schon im Vorwort angedeutet – gerieten wir in gefährliche Konfrontationen mit Grizzlybären. Überdies erlebten wir auch eine Attacke eines Schwarzbären, genauer gesagt, einer führenden Schwarzbärin, die wir nur mit großem Glück überlebten (dass auch Schwarzbären sehr gefährlich werden können, ist vielfach belegt, aber wenig bekannt). Wir saßen damals wochenlang an einem einsamen Fluss in den Northwest Territorys, dem Camsell River, und warteten auf ein Flugzeug, das nicht kam – statt dessen kam die Schwarzbärin, umkreiste uns tagelang – sie war sehr hungrig, denn es gab in diesem Sommer wenig Beeren – und griff uns schließlich an (in meinem Buch *Verschollen am Camsell River* habe ich darüber berichtet und begründet, dass es sich hier um den ebenso seltenen wie gefährlichen Fall eines Beuteangriffs eines Schwarzbären auf einen bzw. in diesem Fall zwei Menschen handelte). Nach diesen Erlebnissen war uns klar, dass wir, wenn wir weiterhin im Bear Country zelten und wandern wollten – und dazu waren wir entschlossen – , uns so gründlich wie irgend möglich mit der Bärenproblematik und der Frage, ob und inwieweit sich gefährliche Konfrontationen vermeiden lassen, befassen mussten. Eine Aufgabe, die vor allem mir zufiel: sorgfältig untersuchte ich die einschlägige Bärenliteratur, studierte alle Fälle, in denen es zu Unfällen mit Verletzungs- oder Todesfolge gekommen war, verglich sie miteinander, wertete sie aus. Obwohl unser wohl gefährlichstes Bärenabenteuer die Attacke einer Schwarzbärin war, standen nicht Schwarzbären, sondern Grizzlys im Zentrum meines Interesses, weil sie eben doch nachweislich die weitaus gefährlichere Spezies und Attacken wie die der Schwarzbärin am Camsell River so extrem selten sind, dass eine Wiederholung nach menschlichem Ermessen so gut wie auszuschließen war. Je mehr ich mich in das Thema hineinarbeitete, desto mehr schlug es mich in seinen Bann; desto schwieriger schien es mir aber auch, klare und eindeutige Antworten auf meine Fragen zu finden.

WIE GEFÄHRLICH IST DER GRIZZLYBÄR?

Wie gefährlich ist der Grizzlybär?
Eine Frage, zwanzig Antworten:

1. Der Jesuitenpater Jean Allouez 1666: Die Indianer im Westen des Lake Winnipeg werden manchmal von gewaltigen roten Bären mit erstaunlich langen Krallen gefressen.
2. Der Botaniker Drummond 1826: Der Grizzly nähert sich oft dem Menschen aus Neugier, doch wenn man ein Geräusch macht oder mit der Hand winkt, läuft er davon.
3. Henry Kelsey, Agent der Hudson´s Bay Company, 1691: Der Grizzly verzehrt Menschen, und Menschen verzehren den Grizzly.
4. James Capen Adams, der legendäre „Grizzly Adams", um die Mitte des 19. Jahrhunderts: Der Grizzly ist friedlich und geht Konfrontationen mit Menschen nach Möglichkeit aus dem Weg.
5. De Witt Clinton, Gouverneur von New York, 1814: Der Grizzly ist der grausame Tyrann der amerikanischen Wälder und verschlingt gleichermaßen Tiere wie Menschen.
6. John Muir, berühmter Naturforscher und -schützer, gegen Ende des 19. Jahrhunderts: Der Grizzly ist nicht grausam, wie es sich der Stadtbewohner vorstellt, und streift nicht wie der Teufel durch das Land auf der Suche nach jemandem, den er verschlingen könnte.
7. Mike Crammond in *Killer Bears*, 1981: Die grausame Tatsache ist, dass beide Bärenspezies, Grizzlys wie Schwarzbären, gelegentlich Menschen fressen.
8. Enos A. Mills in *The Grizzly Our Greatest Wild Animal*, 1919: Der Grizzly frisst alles, nur kein Menschenfleisch.
9. Larry Kaniut in *More Bear Tales*, 1998: Bären, die keine Angst vor Menschen haben, sind gefährlich.

10. Charles Russell in *Die Seele des Bären*, 2002: Die These, dass ein Bär, der keine Angst vor Menschen hat, gefährlich sei, ist ein Mythos.
11. Doug Peacock in *Grizzly Years*, 1990: Grizzlybärinnen mit Jungen sind extrem gefährlich.
12. Lynn Schooler in *Die Spur des blauen Bären*, 2002: Grizzlybärinnen mit Jungen sind deutlich weniger aggressiv als andere Bären.
13. Stephen Herrero in *Bären. Jäger und Gejagte in Amerikas Wildnis*, 1992: Im Grizzly Country sind die Gefahren nicht größer als anderswo.
14. Larry Kaniut in *Some Bears kill*, 1997: Das Grizzly Country ist wie ein von Haien verseuchtes Meer.
15. Rainer Höh in *Sicherheit in Bärengebieten*, 2003: Zelten im Bärenland ist keineswegs gefährlich.
16. Doug Peacock in *Grizzly Years*: Zelten im Grizzly Country ist eine Hölle gefährlicher als dort Wandern.
17. Bernd Steinle in *Goldrausch, Eis und Bärenspuren*, 2007: Die Wahrscheinlichkeit, von einem Bären verletzt zu werden, liegt bei 1 : 285 000.
18. James Gary Shelton in *Bear Attacks II. Myth & Reality*, 2002: Die im Zusammenhang mit Bärenattacken oft angeführten statistischen Zahlenvergleiche sind unsinnig.
19. Charles Russell in *Die Seele des Bären*: Die Menschen müssen den Bären vertrauen lernen, damit sich die Konflikte zwischen Menschen und Bären entschärfen.
20. Mike Lapinski in *True Stories of Bear Attacks*, 2004: Trau nie einem Bären!

ORKAN IM OUTLET

Wir steigen in das kleine Wasserflugzeug und starten zur letzten Etappe unserer langen Anreise zum Telaquana Lake. Auch heute weht ein starker Wind, wir mussten lange warten, es war unklar, ob wir bei dem vermutlich hohen Wellengang auf dem Telaquana Lake landen könnten. Wir überqueren den Lake Clark und fliegen über die westlichen Ausläufer der Chigmit Mountains nach Norden. Die Landschaft unter dem grauen Regenhimmel wirkt herb, fast düster. Eine typische Alaska-Landschaft: dunkle Fichtenwälder in den Niederungen und Tälern, darüber braungrüne, hügelige Tundra, kahle Bergkegel, an denen sich Wildwechsel entlangziehen, steile braune, schwarze, rote Schutthalden, am (östlichen) Horizont hohe, teilweise wolkenverhangene Gletscherberge. Da und dort winden sich Flüsse in weitgeschwungenen Mäandern westwärts: der Kijik River, der Chilikadrotna River, der Mulchatna River; da und dort glänzen grüne Wasserflächen zwischen runden Tundrakuppen und steilen Gebirgshängen: der Lachbuna Lake, der Untere und Obere Twin Lake, der Turquoise Lake. Im Osten des Turquoise Lake türmt sich ein auffallendes Bergmassiv mit schwarzgrauen, fast senkrechten Felswänden und blauen Hängegletschern in die Wolken, der rund 2300 Meter hohe Telaquana Mountain. Wir überfliegen einen weiteren Fluss – laut Karte der Trail Creek –, dann bricht die hügelige Hochfläche unter uns steil ab, dunkle Wälder umrahmen in der Tiefe einen langgezogenen Wasserspiegel: unser Ziel, der Telaquana Lake. Grün und einsam liegt er zwischen den Bergen, ein weißer, teilweise unterbrochener Strandstreifen zieht sich an ihm entlang, nirgendwo ein Lebenszeichen von Mensch oder Tier. Der Pilot blickt fragend zu mir herüber (ich sitze neben ihm, Gitte auf dem Rücksitz): wo soll er uns absetzen? Ich deute auf eine auffallende Einbuchtung am südlichen Ufer, wo man, wie ich vom letzten Mal her weiß, gut zelten kann, er nickt, in weiten Kurven schrauben wir uns hinab. Der See ist sehr unruhig, hohe Wellen rollen in die Bucht hinein, brechen sich weiß am Strand und einigen aus dem Wasser herausragenden Felsblöcken. Der Pilot schüttelt den Kopf, offenbar fürchtet er, dass sich noch andere Felsen unter der aufgewühlten Fläche verbergen, vielleicht sind ihm auch die Wellen hier zu hoch. Er zieht die Maschine wieder nach oben, steuert das gegenüberliegende Ufer an, aber auch hier schäumen Wellen, lauern Felsklippen. Wir fliegen Bucht um Bucht ab, setzen mal hier, mal dort zur Landung an, starten wieder durch, suchen weiter. Der Pilot hat Probleme, ich merke es an den Schweißtropfen, die auf seiner Stirn stehen, er ist sich offenbar unschlüssig, ob er die Landung riskieren oder lieber zum Lake Clark zurückfliegen soll. Schließlich steuert er das westliche Ende des Sees an, wo ein großer Fluss, der Telaquana River, austritt und seinen Weg durch die Wälder westwärts sucht, hier scheint er die Landung am ehesten für möglich zu halten. In einer letzten, weitgezogenen Kurve gehen wir hinab, gleiten den schäumenden Wellen entgegen, setzen hart, aber ohne besondere Probleme auf. Wir tuckern dem Ufer entgegen, das hier freilich erkennbar sumpfig ist, wir werden möglicherweise Schwierigkeiten haben, einen geeigneten Platz für unser Zelt zu finden. Aber die Zeit drängt, der Sturm wird stärker, der Pilot ist in Eile. „Ich muss euch hier rauslassen, sonst komm ich nicht mehr weg." Wir springen ans Ufer und nehmen das Gepäck in Empfang. Er sagt uns, dass wir uns am Tag des Rückflugs gut sichtbar an der Stelle, wo wir abgeholt werden wollen, postieren sollen, damit er uns nicht lange suchen muss, dann klettert er zurück in seine Maschine, er will so rasch wie möglich weg von hier, hat offenbar keine Lust, das enge Zelt mit uns zu teilen, bis sich der Sturm gelegt hat (was Tage dauern kann). Verständlich, zumal er ziemlich dick ist. Er startet, steigt, verschwindet in der Ferne hinter den Bergspitzen.

Wir klettern die Uferböschung hinauf und sehen uns um. Hohe Bergketten umrahmen den See, nur hier im Westen ist es flach, dunkle Fichtenwälder ziehen sich zum Horizont, den im Nordwesten wieder mehrere Bergketten begrenzen. Die Berge hinterm Ostufer des Sees dominiert ein markanter Felsgipfel, durch dessen zerklüftete Westflanke sich ein steiler Hängegletscher zieht; im Südosten ragen die mehrgipfligen Fels- und Eiswände des Telaquana Mountain auf, die wir schon, aus anderer Perspektive, vom Flugzeug aus gesehen haben. Es wird Zeit, unser Zelt aufzuschlagen, denn es dämmert schon. Aber wo? Ringsum breiten sich weite, unbetretbare Sumpfwiesen aus, nur auf der etwas erhöhten, steinigen Uferböschung, die sich wie ein schmaler Damm zwischen See und Sumpf entlangzieht, ist es trocken, doch nirgends finden wir einen Platz, der groß genug ist, um unser Zelt darauf zu stellen. Statt dessen entdecken wir einige pferdeäpfelartige Gebilde zwischen den Büschen – unzweifelhaft die Hinterlassenschaft von Grizzlybären, die offensichtlich die Uferböschung benutzen, um vom Seeufer hinunter zum Telaquana River zu kommen und umgekehrt. Uns ist dieser Weg freilich verschlossen, weil der Damm sich nach ca. 30 Metern in jede Richtung senkt und – für Grizzlys noch begehbar, aber nicht für uns – im Sumpf weiterführt. Wenn wir hier unser Zelt aufschlagen, muss ein Grizzly, der auf diesem Wechsel vom See zum Telaquana River oder umgekehrt trottet, unmittelbar über uns hinwegsteigen – eine wenig erbauliche Vorstellung. Deshalb – und weil wir sowieso keinen geeigneten Platz für unser Zelt finden – pumpen wir unser Schlauchboot auf, laden das Gepäck hinein und versuchen, am Ufer entlang ostwärts zu paddeln, um einen geeigneteren Lagerplatz zu finden. Aber wir kommen nicht weit – der Sturm und die hohen, schaumgekrönten Wellen packen das Boot, treiben es westwärts, dem Telaquana River entgegen, den wir nicht kennen und von dem wir vielleicht nur schwer zum Telaquana Lake zurückkommen können. Auch zum anderen, erkennbar trockeneren Ufer hinüberzukommen ist unmöglich, obwohl es kaum weiter als hundert Meter entfernt ist. Nur mit Mühe gelangen wir zu unserem schmalen Strandstreifen zurück, ziehen das Boot wieder hinauf und schleppen das Gepäck auf die Uferböschung. Jetzt *müssen* wir einen Zeltplatz finden und finden ihn auch, eine winzige, holprige Felsfläche zwischen wehendem Sumpfgras und einigen kleinen Fichtenbäumchen. Immerhin können wir das Zelt an die Bäumchen binden, so dass es der Sturm weder in den Sumpf auf der linken noch in den See auf der rechten Seite wehen kann. Und die Bären? Es gibt zumindest drei zentrale „Essentials" für Camper im Bear Country: 1. Stelle dein Zelt nicht auf, wo frische Bärenspuren und Bärenlosung deutlich machen, dass ein Bär oder Bären in der Nähe sind, und vor allem nicht direkt auf einen frequentierten Bärenwechsel. 2. Hänge deinen Proviant so hoch zwischen zwei Bäume, dass er weder für Grizzlys noch für Schwarzbären (die im Gegensatz zu den meisten Grizzlys klettern können) erreichbar ist. 3. Koche und esse in mindestens hundert Metern Entfernung vom Zelt, damit die Bären dich nicht mit dem Essensgeruch in Zusammenhang bringen, also womöglich dich selbst für etwas Essbares halten. Wir ignorieren alle diese Regeln – zwangsläufig. Wir haben nur den einen winzigen Zeltplatz mitten auf dem „Weg", auf dem die Bären am Ufer entlangwechseln. Es gibt keine hohen Bäume, an bzw. zwischen die wir unseren Proviantsack hängen können. Es gibt nicht einmal die Möglichkeit, den Proviantsack in hundert oder auch nur fünfzig Metern Entfernung vom Zelt auf den Boden zu legen, denn der Damm endet, wie gesagt, nach dreißig Metern im Sumpf. Außerdem weht dort der Sturm zu stark, die Gefahr, dass er uns den Sack in den Sumpf oder See wehen würde, wäre zu groß, deshalb müssen wir ihn in einem buschbestandenen Graben verstauen, der unmittelbar hinter unserem Zeltplatz zum See hinunterzieht.

Wegen dem Sturm können wir auch nur in dem halbwegs windgeschützten Graben kochen und essen, also in unmittelbarer Nähe des Zelts. Wir können nur hoffen, dass die Bären ihrerseits auch uns und unser eklatant unvorschriftsmäßiges Verhalten ignorieren. Wir schlagen das Zelt auf, legen die Isomatten, Schlafsäcke, Rucksäcke hinein, kriechen ins Zelt und in die Schlafsäcke.

„Der Flug hierher", sage ich, während ich mich möglichst tief in den warmen Schlafsack kuschle, „war ziemlich stressig. Hast du gesehen, dass der Pilot Schweißtropfen auf der Stirn hatte?" „Ja, er wusste nicht, ob er landen sollte oder nicht." „Ich habe ein Buch von Sheila Nickerson über Alaska gelesen, in dem viel von abgestürzten und verschwundenen Flugzeugen die Rede ist, darunter auch von einem, das in der Nähe des Telaquana Lake verschwand. Sie spricht von einem der ‚rätselhaftesten Vermisstenfälle Alaskas'." Ich erzähle Gitte die in der Tat rätselhafte Geschichte. Ein Jäger bricht mit zwei Gefährten in Anchorage bei stürmischem Wetter auf, will zur Elchjagd zum Telaquana Lake fliegen, kommt nie an. In mehr als 180 Einsätzen mit über 520 Flugstunden wird er gesucht – vergeblich. Erst zwei Jahre später findet man durch Zufall das Flugzeug in der Nähe des Telaquana Lake, es steht auf dem Kopf, ist leer. Man findet lediglich eine Pistole darin und zwei Knochensplitter. „Knochensplitter?" fragt Gitte. „Ja. Es lässt sich angeblich nicht mehr feststellen, ob es sich um Reste von Menschen- oder Tierknochen handelt."

Der Sturm heult und wird immer stärker – man kann ihn jetzt schon fast einen Orkan nennen. Dann beginnt es zu regnen. Hart klatschen die Tropfen aufs Zeltdach, erst einige wenige, dann immer mehr, schließlich prasselt ein wahrer Sturzbach auf das Zelt herunter. Ich mache mir Gedanken (doch sage ich Gitte nichts davon – vermutlich ist es umgekehrt genauso). Wenn das Wasser im Sumpf, an dessen unmittelbarem Rand unser Zelt steht, nur ein wenig höhersteigt, müssen wir das Zelt abbauen und irgendwo auf einen trockenen Platz weiter höher auf der Uferböschung stellen – aber es gibt nirgendwo einen solchen Platz. Und weg von hier, hinunter zum Telaquana River? Wäre vermutlich auch nicht mehr möglich, der Sturm ist mittlerweile zu stark, der Wellengang zu hoch. Absurde Situation. Nacht, Sturm, der See rauscht, der Regen prasselt, das Zelt knattert und flattert (es steht, weil wir es nur so aufstellen konnten, quer zur Windrichtung, so dass die volle Wucht des Sturms auf seine Breitseite knallt), das Wasser im Sumpf steigt und rückt unserem Zelt immer näher – und wir sitzen auf diesem verfluchten Uferdamm wie Wilhelm Buschs berühmter Vogel auf dem Leim, „flattern sehr" (zumindest flattert unser Zelt) und kommen nicht weg. Außerdem sitzen wir mitten auf einem vielbenutzten Bärenwechsel.

Wie, frage ich mich, würde ein Grizzly reagieren, der jetzt auf seinem gewohnten Wechsel am Ufer entlang auf unser Zelt stieße – und auf unseren in unmittelbarer Nähe des Zeltes gelagerten Proviant? Und wir, was sollten wir tun in diesem Fall? Die beste „Waffe" gegen Grizzlys, sagen bekannte Experten wie Stephen Herrero oder James G. Shelton, ist die genaue Kenntnis ihrer Eigenarten und Verhaltensweisen – deshalb habe ich mich so gründlich mit ihnen befasst und so viele Bücher über sie gelesen –, aber was würde mir diese Kenntnis jetzt nützen? Eine logische Konsequenz dieser Lektüre ist hingegen, dass ich viele Berichte von Bärenattacken in meinem Kopf gespeichert habe, die mir in einer Nacht und Situation wie dieser zwangsläufig einfallen. Beispielsweise die Geschichte von Jay B. L. Reeves, der sein Zelt am Frosty Creek in der Nähe von Cold Bay auf der Alaska Peninsula aufgeschlagen hatte, weil er dort eine Woche lang Braunbären fotografieren wollte, und gleich in der ersten Nacht von einem Bären aus dem Zelt geschleppt und gefressen wurde. Ein Bewohner von Cold Bay entdeckte am nächsten Tag zufällig das zerfetzte Zelt und organisierte eine Suchaktion, die bald auf die traurigen Reste von Reeves stieß – sein T-Shirt, seine Hosen, ein paar Rippen, seinen Schädel. Der Bär wurde in einem nahen Fichtendickicht aufgestöbert und geschossen; er war fünf Jahre alt und in gutem Zustand. Warum hatte er Reeves getötet? Die Rekonstruktion ergab: es war eine stürmische Regennacht, das Zelt flatterte heftig im Wind und lockte deshalb – möglicherweise – den Bären an. Entscheidend war aber zweierlei: erstens hatte Reeves sein Zelt direkt auf einem Bärenwechsel aufgeschlagen, zweitens hatte er seinen Proviant im Zelt aufbewahrt. All dies trifft auch auf uns zu, nur haben wir unsere Lebensmittel nicht im Zelt, wohl aber in unmittelbarer Nähe des Zelts gelagert, was letztlich kaum einen Unterschied macht.

Der Regen hört zum Glück bald wieder auf, aber der Sturm tobt ungebrochen weiter. Die Unruhe, die die Erinnerung an Reeves und ähnliche Fälle in mir auslöst, treibt mich nochmal nach draußen, um nachzusehen, ob sich nicht womöglich irgendwo ein Grizzly herumtreibt oder gar ans Zelt annähert, ohne dass wir ihn wegen des starken Sturms hören können. Aber kein Grizzly ist irgendwo zu sehen, auch kein anderes Tier; nur der schmale Uferdamm mit seinen wenigen sturmgepeitschten kleinen Fichten, der wild schäumende See, die grauen, gezackten Bergketten, die ihn umgeben, der düstere, nicht ganz dunkle Nachthimmel darüber. Im Westen ein wässrig-gelber Lichtstreifen, im Norden und Nordwesten tintenblaues Regengewölk, über das blutrote und violette Lichtreflexe huschen, direkt über mir der Himmel blau, klar, eiskalt.

QUÉ SERÁ?

Wir erwachen früh und gehen in den Graben hinunter, in den wir unseren Proviantsack gelegt haben. Er ist unberührt, die Grizzlys verhielten sich, wie wir es erhofften, sie ignorierten ihn und uns. Der Graben schützt uns gut gegen den nach wie vor tobenden Sturm, der über unseren Köpfen hinwegbraust, uns am Boden des Grabens aber nicht erreicht. Unter uns rauscht der See, die Wellen klatschen an die Uferböschung, die weiße Gischt spritzt fast bis zu uns herauf. Wir bereiten das Frühstück, eine nicht ganz einfache Prozedur: Ich klettere ein Stück zum See hinunter, klammere mich mit der linken Hand an eine kleine Fichte, beuge mich weit hinunter, fülle einen Topf mit Wasser und reiche ihn zu Gitte hinauf, die ihn auf unseren vorsichtig zwischen zwei Steinen auf dem abschüssigen Grund des Grabens verkeilten Kocher stellt. Der Kocher wackelt, der Topf wackelt, trotzdem gelingt es Gitte mit einiger Mühe und Geduld, das Wasser ohne besondere Zwischenfälle zum Kochen zu bringen. Sie öffnet zwei Packungen „Chinesische Nudelsuppe", schüttet den Inhalt ins Wasser, rührt ein paar Mal darin herum und lässt es fünf Minuten vor sich hinbrodeln. Dann nimmt sie den Topf vom Kocher und stellt ihn auf ein weiches Moospolster am Grabenhang. In unserem zweiten Topf kocht sie Wasser für Tee und Kaffee.

Gemeinsam löffeln wir die Suppe aus dem Topf (Teller haben wir nicht dabei). Abwechselnd – damit jeder gleich viel kriegt – tauchen wir die Gabel hinein, wickeln, mit freundlicher Unterstützung des Löffels, ein paar Nudeln um sie herum, heben sie in die Höhe, blasen kräftig darauf, weil sie noch sehr heiß sind, und führen sie vorsichtig zum Mund. Vorsichtig, weil sie noch so heiß sind, aber vor allem, weil keine Nudel und kein Suppentropfen auf unsere Kleider fallen darf, der Grizzlys wegen, die mit ihren feinen Nasen jeden Essensduft auf den

Kleidern wittern und zum Anlass für einen nächtlichen Besuch bei uns machen könnten. Die Nudelsuppe setzt sich aus zwei Bestandteilen zusammen: erstens den Nudeln, zweitens der Suppe. Die Nudeln sind rasch gegessen, weil ihre Anzahl relativ überschaubar ist; die Suppe essen wir nicht, wir trinken sie, sobald sie genug abgekühlt hat, indem wir den Topf als Tasse benutzen.

Dieses war der erste Streich, doch der zweite folgt sogleich: Tee und Kaffee. Tee – Pfefferminztee – für Gitte, Kaffee – Nescafé – für mich.

Jetzt sitze ich also tatsächlich am Telaquana Lake und trinke Kaffee, wie ich's mir kürzlich im „Sweet Basil" vorgestellt habe. Doch habe ich's mir *so* vorgestellt? Nein. Der schmale Uferdamm, der enge Graben, der heulende Sturm, die schäumenden Wellen, die es uns auch heute morgen unmöglich machen, wegzukommen und nach Osten zu paddeln, um zumindest einen günstigeren Lagerplatz zu erreichen, ebenso die Tatsache, dass wir gezwungen sind, mitten auf einem Bärenwechsel und unmittelbar neben unserem Proviantsack zu campieren, nichts davon war mir vorstellbar. So oft wir uns auch schon von einem Flugzeug in der Wildnis haben aussetzen lassen, etwas Vergleichbares haben wir noch nie erlebt.

Eine Möwe mit einem silberschuppigen Fisch in den Fängen fliegt von Osten her über den See. Sie landet auf einer dem nördlichen Ufer vorgelagerten Felsklippe und beginnt den Fisch zu fressen. Ich setze mein stets griffbereites Fernglas an die Augen und beobachte sie. Nicht nur ich, auch ein Rabe auf einem Baum am Ufer beobachtet sie. Er flattert herbei und pflanzt sich auf die Klippe, die Möwe hat das Nachsehen und flüchtet ins Wasser. Seltsamerweise kümmert sich der Rabe nicht um den toten Fisch, sondern stolziert nur laut krächzend auf der Klippe herum – es geht ihm anscheinend nur darum, die Möwe zu ärgern und ihr zu zeigen, dass er der Stärkere ist und hier das Sagen bzw. Krächzen hat. Nach ein paar Minuten fliegt er wieder fort, sein Ziel ist erreicht, er wendet sich anderen, wichtigeren Tagesgeschäften zu. Und schon ist die Möwe wieder zurück und frisst weiter. Gierig hackt sie mit ihrem scharfen gelben Schnabel auf den Fisch ein, als müsste sie ihren Zorn über den dreisten Raben an dem armen Fisch abreagieren. Aber sie ist ganz einfach nur hungrig. Endlich hat auch sie ihr Ziel erreicht, ist satt, streicht ab – der Fisch ist gefressen, vergessen.

Wiederum kommt – flach über den Wellen, mit schwerem, unruhigem Flügelschlag – ein Vogel von Osten her über den See geflogen, ein Weißkopfadler diesmal. Er erreicht das westliche Ende des Sees und fliegt weiter Richtung Westen, offenbar folgt er den Windungen des von hier aus nicht sichtbaren Telaquana River. Dort, am Ufer des Flusses, knapp westlich vom Outlet, stand ein Fisch-Camp der Dena´ina-Indianer, das zu dem schon erwähnten (zu Beginn des 20. Jahrhunderts aufgegebenen) Indianerdorf – es lag an einem im Westen des Outlets in den Telaquana Lake mündenden Fluss – gehörte. Die Indianer nannten den Telaquana Lake – nach den Lachsen, die alljährlich über den Telaquana River in den See hinaufschwimmen – „Dilah Vena", „Lachse-schwimmen-hinein-See" (der Name „Telaquana" geht wohl, wie wir vermuten, auf dies „Dilah Vena" zurück); das Fisch-Camp hieß „Dilah Vena Q´estsiq", „Outlet des Lachse-schwimmen-hinein-Sees". Es bestand aus großen Zelten, Fisch-Caches und Gestellen, auf denen die Lachse geräuchert wurden. Sogar Dampfbäder soll es dort gegeben haben. Wenn das Lager noch dort wäre, könnten wir vielleicht von hier aus aufsteigenden Rauch sehen, Hundegebell oder Rufe spielender Kinder hören. Aber es ist nicht mehr dort, so wenig wie der Fisch dort drüben auf der vom See umbrandeten Felsklippe.

Neben mir sitzt Gitte und schreibt Tagebuch. Mal langsam wie eine Schnecke, mal wieselflink gleitet ihr Kuli über's Papier und füllt es mit seltsamen, hieroglyphenartigen Schriftzeichen, die kein Mensch außer ihr selber entziffern kann. Was sie wohl kritzeln mag?

Gitte: *Wir sitzen auf unserer Uferböschung wie auf einer vom Meer umtobten winzigen Insel. Der Wind peitscht das Gras und die kleinen Fichtenbäumchen, manchmal regnet es, manchmal taucht auch die Sonne aus den ziehenden Wolken. Nur selten habe ich mich so ausgesetzt gefühlt. Aber die Konfrontation mit der elementaren Kraft der Natur weckt auch ein intensives Freiheitsgefühl in mir: es ist diese Kraft, die uns jetzt noch an diese Uferböschung fesselt und vielleicht bald schon irgendwohin weitertreibt, an irgendeinen anderen Ort, ein neues, unbekanntes Ufer. Eigenartigerweise rührt dieses Freiheitsgefühl gerade aus dem Empfinden, den Naturmächten nahezu hilflos ausgeliefert zu sein.*

Die Wildnis erscheint mir manchmal wie eine Wundertüte voller spannender Überraschungen, auf die ich mich wie ein Kind freuen kann. Andererseits weiß ich, dass die Überraschungen, die sie für uns bereithält, auch sehr unangenehmer und bedrohlicher Art sein können. Ich schaue mit Spannung und Vorfreude, aber auch mit einer gewissen Bangigkeit auf die Zeit, die wir jetzt am Telaquana Lake und in den Bergen seines Hinterlands verbringen werden.

Qué será?

Auch ich mache ein paar Notizen in meinem Tagebuch, dann lese ich eine Weile in einem kleinen Büchlein, das ich mit auf die Reise genommen habe. Es ist ein Band mit Gedichten von Wang Wei, einem bedeutenden chinesischen Dichter und Maler aus dem 9. nachchristlichen Jahrhundert, sein Titel: *Jenseits der weißen Wolken.* Das Büchlein ist ziemlich zerfleddert, weil ich es nicht zum ersten Mal auf einer Reise mit mir rumschleppe; oft und oft schon habe ich in ihm gelesen, trotzdem kriege ich sie nicht satt, diese uralten und doch ewig jungen chinesischen Gedichte – ganz anders als die chinesische Nudelsuppe, die mir im Grund schon nach dem ersten Frühstück zum Hals heraushängt.

Eines dieser Gedichte beginnt so:

Steig doch vom Pferd, komm, lass uns einen Becher leeren,
verrate mir, wohin die Reise geht ...

Der da vom Pferd steigen und mit Wang Wei einen Becher leeren soll, ist Wang Wei selber. Auch ich leere einen Becher mit mir selber, keinen Becher Wein allerdings, nur einen Becher Nescafé.

Wohin geht die Reise? Diese Reise und generell die Reise meines Lebens? Unseres Lebens? Wohin führt der Weg?

Die Sonne taucht aus den jagenden Wolken und wirft ein kränklich-fahles Licht auf die roten, zerklüfteten Felsberge im Norden. Auch die windgepeitschten Fichten auf unserem Uferdamm treffen ein paar schräge Sonnenstrahlen, sie verwandeln sich, ein paar Augenblicke lang, in flackernde Flammen. Unablässig schlagen die Wellen des Sees ans Ufer – klatsch, klatsch, klatsch.

Wohin führt der Weg?

Ich weiß es nicht.

Der Weg weiß es.

EIN BILDERBUCHSTRAND

Gegen Nachmittag flaut endlich der Sturm so weit ab, dass wir aufbrechen können. So schnell wie möglich – wir wissen nicht, wie lang die Flaute anhält – schlagen wir das Lager ab und paddeln los. Mühsam arbeiten wir uns durch die noch immer hohen Wellen, kaum merklich nur kommen wir voran. Die Ufer sind flach und weiterhin sumpfig, nirgends zeigt sich ein geeigneter Lagerplatz. Und schon wird der Wind wieder stärker, er bläst uns in eine weitgeschwungene Bucht hinein, an deren östlichem Rand ein breiter Strandstreifen erkennbar ist. Gott sei Dank, hier werden wir mit Sicherheit einen guten Lagerplatz finden. Wir steuern zu dem Strandstreifen und ziehen das Boot hinauf.

Ein weiter, weicher, von hohen Fichten idyllisch umrahmter Sandstrand empfängt uns hier, ein richtiger Bilderbuchstrand. Aber leider – Bären spazieren offensichtlich auch an diesem Strand entlang, nicht anders als unten im Outlet. Einige Spuren haben sich in den Sand gegraben, Bärenlosung liegt da und dort herum, die noch recht frisch ist, an einer harzigen Fichte kleben bis in stattliche Höhe hinauf Büschel von strohgelben Bärenhaaren – ein großer Grizzly hat sich offensichtlich an ihr seinen pelzigen Rücken gekratzt. „Many grizzlies", seufzt Gitte. In der Tat, die Grizzlys scheinen – wie uns schon beim letzten Mal auffiel – eine besondere Vorliebe für die Ufer des Telaquana Lake zu haben. Der Grund dafür ist einfach: Grizzlys (und Bären generell) gehen wie Menschen lieber auf bequemen als auf unbequemen Wegen, und der da und dort recht breite Strandstreifen des Sees ist für sie ein ausgesprochen bequemer Weg. Außerdem locken sie die ihnen allerdings nur schwer erreichbaren Fische im See und die weiten Beerenhalden, die teilweise fast bis zum See hinunterreichen. Allerdings gibt es gewiss Orte, wo sie sich besonders wohl fühlen und deshalb eher anzutreffen sind als anderswo. Idyllische Bilderbuchstrände mit hohen Bäumen, an denen man sich gemütlich den Rücken kratzen kann, zum Beispiel wie diesen hier. Also zurück ins Boot und weiterpaddeln, bis wir einen weniger „bärigen" Strand gefunden haben? Die Frage erübrigt sich: der Wind bläst mittlerweile wieder so heftig, dass wir für heute hier nicht mehr wegkommen. Wir sind an diese Bucht genauso gefesselt wie gestern und heute morgen ans Outlet.

Anders aber als im Outlet gibt es hier jede Menge Platz und jede Menge Bäume, zwischen die wir unseren Proviantsack hängen können. Ich gehe und suche mir zwei passende Bäume, während Gitte eine Feuerstelle am Ufer baut und Holz sammelt. Das Seil zwischen die Bäume zu spannen ist weniger einfach, als es klingt: Ich hänge zwei separate Seilschlingen so um den einen Baumstamm, dass sie sich zuziehen, wenn ich in sie hineintrete, bei Entlastung aber nach oben verschieben lassen. Indem ich abwechselnd in die eine Schlinge trete und die andere nach oben schiebe, arbeite ich mich ca. 6 Meter an dem (ohne Schlingen unersteigbaren) Baum nach oben und fixiere dort das eine Ende des Seils. Dann steige ich wieder hinab und auf die gleiche Art am zweiten Baum hinauf, wo ich das andere Ende des Seils befestige. Über das Seil werfe ich zwei lange Reepschnüre, an denen wir, bevor wir ins Zelt gehen, den Sack befestigen und hochziehen können (auch dies ist deutlich schwieriger, als es klingt, denn der Sack ist sehr groß und schwer). Zwei Reepschnüre brauchen wir, weil wir den Sack an beiden Enden am Seil befestigen, damit er wirklich so weit oben hängt, dass ihn kein noch so großer Grizzly vom Boden aus erreichen kann. Während ich zurück zu Gitte gehe, untersuche ich die Bärenspuren im Sand. Sie sind groß und an verschiedenen Merkmalen – den eng zusammenstehenden Zehen und sehr langen Krallen zum Beispiel – als Grizzlyspuren erkennbar. Es handelt sich aber, soweit ich erkennen kann, nicht um die Spuren mehrerer, sondern nur eines einzigen Grizzlys. Obwohl

Grizzlys kein klar definiertes Territorium haben, das sie gegen rivalisierende Artgenossen verteidigen, ist anzunehmen, dass dieser Bär im weiteren Umkreis dieser Bucht „zu Hause" ist und es nicht unbedingt gern sieht, wenn irgendwer – ob Artgenosse oder Mensch – ihm hier in die Quere kommt. Möglicherweise hat er auch seinen Rücken an dem Baum gerieben, um genau dies unübersehbar deutlich zu machen. Grizzlys pflegen oft Bäume auf diese Weise oder durch Bisse und Krallenspuren zu markieren, allerdings ist nicht wirklich geklärt, zu welchem Zweck sie es tun. Enos A. Mills meint, dass sie es oft einfach nur aus Langeweile tun. Wie auch immer, wir müssen davon ausgehen, dass der Grizzly unsere plötzliche Anwesenheit in seinem Lebensraum nicht unbedingt erfreulich findet (obwohl er weite Räume hat, in die er sich zurückziehen kann), und vorsichtig sein. Deshalb stellen wir unser Zelt weit weg vom Strand, auf dem er offenbar zu promenieren pflegt, in den ziemlich dichten Wald im Hintergrund. Wir suchen zusammen einen passenden Platz und trillern dabei regelmäßig mit unseren Trillerpfeifen, die wir eigens zu diesem Zweck mitgenommen haben, um eine plötzliche Begegnung mit dem Bären im dichten Unterholz zu vermeiden. Wir bauen das Zelt auf, gehen dann zurück zum Strand, machen Feuer, kochen, essen.

Danach bleiben wir noch lange am Feuer sitzen. Unser erstes Lagerfeuer auf dieser Reise, es brennt direkt neben einem großen Bärenhaufen. Drüben, überm westlichen Horizont, brennt ein anderes, größeres Lagerfeuer – die Sonne. Der Wind weht durch die Bucht, die hohen Fichten rauschen, die Wellen des Sees rollen schäumend den Strand hinauf, fast bis vor unsere Füße. Überallher, aus allen verborgenen Winkeln und Buchten des Sees – mal nah, mal fern, mal laut, mal leise – , tönt das wilde, vielstimmige Geschrei von Möwen und anderen Wasservögeln, ein seltsam schriller, dissonanter, trotzdem melodischer Sirenengesang. Kein Licht einer menschlichen Behausung ist irgendwo am Ufer sichtbar, auch kein Feuer wie unseres oder ein anderes Zeichen menschlicher Anwesenheit, es ist, wie man uns in Port Alsworth gesagt hat, momentan niemand am See außer uns und einem Rangerpaar, das in einer kleinen, von hier aus nicht sichtbaren Hütte am anderen Ufer wohnt (wir kennen die beiden – Jerry und Jeanette – vom letzten Mal her und haben seither etliche Briefe miteinander gewechselt; sie wissen, dass wir da sind, und werden uns bestimmt demnächst, hier oder anderswo am Seeufer, mit ihrem Boot besuchen kommen). Der Himmel umzieht sich allmählich, die Sonne verschwindet, es dunkelt.

Ganz nahe an unserer Feuerstelle, unmittelbar neben dem Bärenhaufen, liegt ein halbverwitterter Elchkiefer, in dem noch rund zehn Zähne stecken. Das Feuer taucht beide, den Bärenhaufen wie den Elchkiefer, in sein unruhiges und doch heimeliges Flackerlicht. Der Bär, von dem der Dunghaufen stammt, ist noch hier unterwegs – und vielleicht ganz in der Nähe – , der Elch weidet längst anderswo. Ich sehe den Elchkiefer mit seinen moderigen Zahnresten und erinnere mich an eine eigenartige Geschichte, die Doug Peacock in seinem schönen und nachdenklichen Buch *Grizzly Years* erzählt.

DOUG PEACOCK UND DER BÄRENSCHÄDEL

Peacock sitzt irgendwo in den Bergen des nordwestlichen Wyoming am Feuer. Nachts. Allein. Ohne Zelt und Schlafsack. Es ist November und kalt, der Winter steht vor der Tür. Er weiß, dass in einiger Entfernung von seinem Übernachtungsplatz ein junger Grizzly seine Schlafhöhle eingerichtet hat, in der er überwintern wird. Er kennt den Grizzly gut, weil er ihn mit seiner Mutter in den vergangenen beiden Sommern oft beobachtet hat. Die Mutter ist tot, ein Schafhirte hat sie geschossen, der junge Grizzly entkam.

Es beginnt zu schneien, in dichten, schweren Flocken. „Wie die Federn von Schneegänsen" sickern sie durch die Zweige der Fichten, unter denen er sitzt. Der starke Schneefall kann ihm mit seiner unzureichenden Ausrüstung gefährlich werden, spätestens morgen muss er diese Gegend verlassen. Aber er hat hier noch eine Mission zu erfüllen.

Er holt einen Schädel aus seinem Rucksack und legt ihn neben das Feuer. Es ist der Schädel der Mutter des jungen Grizzlybären. Ein befreundeter Jäger hat ihn dem Schafhirten abgekauft und ihm geschenkt. Er wusste nicht, was er mit dem Schädel machen solle, bis seine kleine Tochter eine Idee hatte, „die Idee eines Kindes": er solle ihn bei der Schlafhöhle des jungen Grizzlys niederlegen, dann würde ein neuer Bär aus dem Schädel entstehen.

Er schiebt einen frischen Fichtenast in das Feuer. Das Feuer flackert auf und wirft einen magischen Lichtschein auf die Bäume und die sinkenden Schneeflocken. Eine „Aura von Ehrfurcht" umgibt ihn. „Ich frage mich, was du weißt, Bär, sagte ich zu niemandem."

Er denkt zurück an seine Kriegsjahre in Vietnam. Er erinnert sich an einen kleinen vietnamesischen Jungen, der am Rand eines Reisfelds Büffel hütete und von amerikanischen Maschinengewehren in Fetzen geschossen wurde. Szenen wie diese zerstörten, wie er sagt, den letzten Rest von Religion, der noch in ihm lebendig war. Nach seiner Rückkehr aus Vietnam fand er nicht mehr zurück in die menschliche Gesellschaft, er floh in die Wälder und zu den Grizzlys.

Am nächsten Morgen pirscht er sich durch den tiefen Neuschnee an die Schlafhöhle des Grizzlys heran (Peacock tut dies öfter, er folgt regelrecht den Spuren von Grizzlys, ein extrem gefährliches Verhalten, das er sich nur aufgrund seiner großen Erfahrung erlauben kann). Der Grizzly liegt vor seiner Höhle und schläft, nur seine Ohren ragen über den weggeschaufelten Schnee vor dem Eingang heraus. Plötzlich erhebt er sich, möglicherweise spürt er, dass ein Mensch in der Nähe ist, schüttelt wie ein Hund den Schnee vom Pelz und verschwindet in seiner Höhle. Vorsichtig schleicht sich Peacock näher und deponiert den Bärenschädel, „diesen kleinen Teil des Universums", in der Nähe des Höhleneingangs. Dazu legt er als Talisman eine kleine Bärenpfote aus Silber und Türkis. „Dein Pelz gegen die Kälte, Bär", sagt er. „Wenn mein Schädel neben deinem liegt, wirst du singen für mich? Der lange Schlaf heilt. Wir werden ein neues Leben finden im Frühjahr."

JERRY UND JEANETTE

Es regnet in Strömen am nächsten Morgen, die Wolkendecke hängt tief, die Gipfel der Berge sind nicht zu sehen. Wir spannen eine große grüne Zeltplane – unser sogenanntes „Regendach" (oder „Küchenzelt", weil wir oft auch darunter kochen) – zwischen zwei Bäume, setzen uns darunter, kochen (auf unserem Gaskocher) Suppe und Tee, frühstücken. Der Regen lässt nach, ein paar Sonnenstrahlen fallen durch ein Wolkenloch auf die heute ziemlich ruhige Wasserfläche, dann schließt sich das Loch wieder und es schüttet erneut. Dann wieder eine Aufhellung, doch regnet es weiter.

Ich bin, des schlechten Wetters wegen, leicht gereizt und verhehle es nicht. Ein Gespräch entspinnt sich zwischen uns, das wir so oder so ähnlich schon öfter auf unseren Reisen geführt haben.

„Das Wetter wird besser", sagt Gitte.

„Das Wetter bleibt schlecht", antworte ich.

„Der Regen lässt nach."

„Es schüttet wie aus Kübeln."

„Die Wolken reißen auf."

„Die Wolkendecke ist dichter denn je, undurchdringlich wie Beton."

„Die Sonne bricht durch."

„Durch den Beton?"

„Die Vögel beginnen zu zwitschern."

„Nicht mal ein Rabe krächzt."

„*Du* krächzt, *du* meckerst, wie immer, wenn was anders läuft, als es dir passt."

„Ob es mir passt oder nicht, es regnet."

„Es hört auf zu regnen, siehst du es nicht?"

„Nein, das sehe ich nicht."

„Weil du mal wieder nur schwarz siehst, schwarz, schwarz und nochmal schwarz."

„Schwarz? Grau. Grau die Wolken, grau die Berghänge, grau der See. Und ich sehe, dass sich das so rasch nicht ändern wird. Vielleicht in ein paar Tagen, früher nicht."

„Seit wir hier sind, hat es selten stark geregnet, und wenn, dann nur kurz. Und wie war's beim letzten Mal? Strahlender Sonnenschein, jedenfalls am Anfang."

„Das war die Ausnahme. Die Regel: Wolken, Nebel, Regen. Die Gegend hier ist bekannt für ihr schlechtes Wetter. Es kommt von den Aleuten herübergezogen und bleibt an den Bergen hängen, tagelang, wochenlang, jedenfalls im Sommer."

„Du übertreibst. Und davon abgesehen: Das unbeständige Wetter ist doch der Grund, weshalb dieser Teil Alaskas vergleichsweise wenig besucht wird und – Gott sei Dank, wie du immer wieder betonst – in den Reiseführern kaum erwähnt wird. Dann dürfen wir uns nicht beklagen, wenn es mal ein paar Stunden regnet."

„Ein paar Stunden? Ein paar Tage, mindestens. Im übrigen: ich beklage mich ja gar nicht. Ich konstatiere nur: es regnet. Und es hört nicht auf zu regnen."

Es hört auf zu regnen. Die Wolkendecke reißt auf, die Sonne bricht durch, die Vögel beginnen zu zwitschern, zumindest ein paar Raben krächzen irgendwo. Rasch schlagen wir unser Lager ab.

Wir packen das Zelt im Wald zusammen und tragen es zum Ufer. Dann klettere ich auf die beiden Fichten, zwischen denen unser Proviantsack hing, und hole das Seil herunter. Gitte baut derweil das Regendach ab und beseitigt die Feuerstelle; sie bedeckt die Asche mit Geröll und Kies und wirft die verkohlten Steine ins Gebüsch – keine Spur darf von unserem Feuer und unserer Anwesenheit hier zeugen. Plötzlich hören wir Motorengeräusch, ein Boot biegt in die Bucht und tuckert langsam auf uns zu – Jerry und Jeanette. Sie kommen näher, landen und springen ans Ufer, wir begrüßen sie herzlich. Jerry hat graue

Haare und einen großen, grauen Bart, Jeanette ist wesentlich jünger, ihre blonden Haare sind zu einem Pferdeschwanz gebunden. Sie wohnen schon seit Jahren in ihrem kleinen Hüttchen, zumindest im Sommer; im Winter sind sie manchmal anderswo, doch immer in der Wildnis, sie haben der Zivilisation entschieden den Rücken gekehrt. Sie sind eigentlich keine Ranger, sondern sogenannte „Volonteers", „Freiwillige", eine Art halbehrenamtlicher Helfer im Nationalpark (Jeanette ließ sich später zur Rangerin ausbilden). Wir unterhalten uns lange. Jerry berichtet von einem Flugzeugunfall auf den Two Lakes (einige Kilometer nördlich vom Telaquana Lake). Das Flugzeug kenterte bei der Landung wegen der hohen Wellen, der Pilot rettete sich nach draußen, sein Hund schaffte es nicht, blieb in der Kabine gefangen. Der Pilot wollte den Hund befreien, öffnete die Tür, der Hund sprang hinaus, gleichzeitig drang aber das Wasser in den Kabinenraum. Der Hund war gerettet, das Flugzeug sank. „That´s a story!" lacht Jerry. Uns geht ein Licht auf. Deshalb war unser Pilot so nervös, er fürchtete ein ähnliches Missgeschick. „Wie war", fragen wir, „das Wetter bislang in diesem Sommer?" „Windig, wechselhaft. Aber im Juni war es lange sehr schön." Jerry und Jeanette erzählen viel von ihren Tierbeobachtungen. Vorgestern Nacht hätten einige Wölfe in der Nähe ihrer Hütte geheult; im Frühjahr heulte ein Rudel auf dem noch gefrorenen See. Eine Elchkuh mit zwei kleinen Kälbern käme regelmäßig an ihrer Hütte vorbei. Ebenso ein Schwarzbär, der immer aufdringlicher werde und ihnen schon mehrfach ins Wohnzimmer geschaut habe. Vielleicht hätten ihn die Essensgerüche in der Hütte dazu animiert, vielleicht aber auch nur sein Spiegelbild in der Fensterscheibe. „Waren", fragen wir, „viele Hiker hier in diesem Jahr?" „Wenige", antworten sie. Aber kürzlich seien vier von den Twin Lakes im Süden des Telaquana Lake hier heruntergekommen; sie seien total erschöpft gewesen, hätten keine Nahrungsmittel und trockenen

Kleider mehr gehabt, zwei hätten an Unterkühlung gelitten. Sie hätten sich im Nebel und Regen auf der Hochfläche verlaufen und nur mit Glück zum See hinuntergefunden. Jerry und Jeanette hätten sie hier irgendwo in der Nähe aufgelesen und mit dem Boot zu einer Hütte am Nordufer gebracht. Wir erkundigen uns nach dieser Hütte, die wir noch nicht kennen (wir waren damals nur am Südufer des Sees); sie sei sauber und offen, antworten sie, wir könnten dort jederzeit ein paar Tage bleiben, sie würden uns dann besuchen. Gute Idee. Schließlich verabschieden sie sich, gehen zu ihrem Boot und fahren in nordwestlicher Richtung davon.

ZUM DELTA DES TELAQUANA RIVER

Der Himmel hat sich inzwischen wieder zugezogen, es beginnt erneut zu regnen. Der Regen ist nicht angenehm, doch hindert er uns, im Gegensatz zum Wind, nicht am Paddeln. Wir bepacken das Boot, schieben es ins Wasser und brechen auf. Wir folgen dem Uferverlauf Richtung Osten, paddeln an flachen, regennassen Fichtenwäldern, später an steilen Berghängen entlang, die immer näher ans Ufer herantreten. Die Gipfel der Berge stecken nach wie vor in dichten Wolken, die nun langsam tiefer sinken. Es ist sehr still, nur das Geräusch unserer Paddel ist zu hören und das leise Glucksen der Wellen, die an den prallen Bauch unseres Bootes schlagen. Wir denken an die alten kanadischen Voyageurs, die in ihren Birkenrindekanus die einsamen Wasserwege des kanadischen Nordens hinauf- und hinabpaddelten; ab und zu machten sie Pause, rauchten ein Pfeifchen, dann ging die Fahrt wieder weiter. Auch wir sind paddelnde Voyageurs, zumindest fühlen wir uns so, aber wir paddeln ohne klar definierte Zwecke und Ziele, wir paddeln einfach nur. So lange und so weit wir wollen. Erst einmal. Dann werden wir das Boot irgendwo am Ufer zurücklassen und hinauf in die Berge steigen. Wo und wohin, wissen wir noch nicht.

Wir paddeln an einer Reihe mehr oder minder ausgeprägter Buchten entlang, die sich gleichen wie ein Ei dem anderen. An diesen Buchten zelteten wir das letzte Mal, doch können wir vom See aus unsere damaligen Lagerplätze nicht identifizieren – mit Ausnahme eines breiten Strandstreifens, der sich am Ende einer auffallend weit nach Süden ziehenden Bucht entlangzieht (es ist die Bucht, in der wir vorgestern zunächst landen wollten). Wir paddeln aber nicht in die Bucht hinein, weil wir erst einmal den Teil des Sees erkunden wollen, den wir noch nicht kennen. Möglicherweise kommen wir später einmal hierher zurück.

Ein kleines Hüttchen auf einer Uferböschung taucht vor uns auf, wir landen und steigen hinauf. Das Hüttchen ist verschlossen, seine Fenster sind mit Brettern vernagelt, in denen viele Nägel stecken, die die Bären von den Fenstern fernhalten sollen. Auch rings um die Hütte liegen solche nagelgespickten Holzbretter. Unmittelbar hinter der Hütte steht auf hohen Stelzen ein Cache, die Stelzen sind bis hoch hinauf mit Blech verschalt, auch dies der Bären wegen. Vermutlich handelt es sich um eine Jagdhütte, die erst im Herbst, wenn die Elch- und Bärenjagd beginnt, bezogen wird. Wir setzen uns unter einer hohen Fichte ins Moos und essen ein paar Snickers. Wir kommen uns wie Hänsel und Gretel vor dem Hexenhäuschen vor, nur ist das Häuschen verschlossen und die Hexe offenbar unterwegs, vielleicht ist sie für eine Weile auf ihrem Besen fortgeritten. Sie wird wiederkehren, deshalb machen wir uns bald wieder aus dem Staub und paddeln weiter.

Wir nähern uns nun dem Delta des Telaquana River, schon von weitem hören wir sein Rauschen. Zwei weiße Wildschwäne lösen sich aus dem Delta und fliegen westwärts. Da wir eventuell versuchen wollen, durchs Tal des Telaquana River zum Telaquana Pass, wo der Telaquana River entspringt, hinaufzuwandern, müssen wir hier irgendwo unser Zelt aufschlagen. Nicht allerdings im Delta selbst, denn es ist, wie wir sehen, flach und von den Mündungsarmen des Telaquana River durchzogen, die, wenn es lang und stark regnet, anschwellen und das Zelt leicht mit sich fortreißen könnten. Ein schriller Schrei lässt uns hochblicken. Ein Weißkopfadler kreist unruhig über uns, offenbar stören wir ihn. Vielleicht ist sein Horst irgendwo in der Nähe? Ich suche den Wald am nordöstlichen Rand des Deltas mit dem Fernglas ab und entdecke den Horst tatsächlich in einer hohen, kahlen Birke. Ein offenbar noch nicht flügges Adlerjunges sitzt darin und äugt zu dem großen Adler hinüber, der sich auf einem Fichtenwipfel in der Nähe des Horstes niederlässt.

Wir überlegen: vielleicht können wir morgen die Adler in ihrem Horst ein wenig beobachten und versuchen, ein paar Fotos von ihnen zu machen? Und dann erst mal ohne Gepäck ins Tal des Telaquana River hineinwandern, um zu erkunden, ob dieses Tal gangbar ist? Wir passieren das Delta und paddeln am Nordufer des Sees entlang ein Stück westwärts, bis sich eine kleine Bucht auftut, in die wir hineinbiegen. In einem dichten Fichtenwald am Ende der Bucht schlagen wir unser Zelt auf. Der Boden ist abschüssig, aber mit butterweichen Moospolstern bedeckt. Wir nennen die Bucht des nahen Adlerhorstes wegen „Adlerbucht".

Wir essen zu Abend unter unserem Regendach, denn es regnet jetzt sehr stark. Danach trinken wir wie immer Tee und Kaffee. Eine Ente mit drei kleinen Küken schwimmt vorbei, dann wieder ein weißer Schwan. In den nebligen Wänden gegenüber poltert Steinschlag, wir schauen hinüber: ein Bach stürzt plötzlich, vermutlich des starken Regens wegen, über die Felsen, verschwindet in einer Schlucht, kriecht unten als silberne Schlange durchs Geröll. Ein heftiger Wind kommt auf und zerrt an der grünen Plane des Dachs. Wir frieren. Im Westen des Sees bildet sich ein heller türkisgrüner Streifen, der rasch näherkommt. Eine vom Wind nach Osten getriebene Flutwelle, der See scheint zu fließen, ein rauschender grüner Strom. Dann legen sich Wind und Wellen wieder, die Wolkendecke sinkt noch tiefer, fast bis zu den Ufern des Sees hinab.

WAS IST ALASKA?

Zehn Uhr morgens. Schönes Wetter, wenig Wolken, gegen jede Erwartung. Wir paddeln zum Delta hinüber, ziehen das Boot auf den weichen Sandstrand hinauf und binden es an einem Bäumchen fest. Der Adlerhorst ist von hier aus nicht sichtbar, wir müssen am Ufer entlang nordwärts queren und dabei einige flache Seitenarme des Telaquana River durchwaten. Jetzt sehen wir den Horst, vorsichtig pirschen wir uns näher. Er ist kunstvoll in die Astgabel einer Birke gebaut; im Wind, der von den Bergen herabkommt und langsam stärker wird, schwankt die Birke leise hin und her – wie mag sie erst schwanken, wenn einer der hier so häufigen Stürme tobt? Wie haben es die Adler geschafft, das komplizierte Astgeflecht des Horstes so stabil in der Birke zu verankern, dass es auch noch so heftige Stürme nicht zerstören und herunterreißen können? Im Augenblick sind die Eltern des jungen Adlers im wortwörtlichen Sinn ausgeflogen; er sitzt „mutterseelenallein" im Horst. Uns registriert er nicht; wir bleiben allerdings auch in gebührendem Abstand, beobachten ihn durchs Fernglas und das Teleobjektiv meiner aufs Stativ geschraubten Kamera. Er hat noch einen dunkelbraunen Kopf; der charakteristische „Weißkopf", der dem Weißkopfadler seinen Namen gegeben hat, bildet sich erst später heraus. Jetzt spritzt er seinen Kot über den Rand des Horstes, mit unnachahmlicher, ersichtlich angeborener Eleganz. Mehrfach breitet er seine schon fast ausgewachsenen Schwingen aus – der Tag, an dem er seinen ersten Flug in die unbekannte Welt, die lockende Weite wagt, ist wohl nicht mehr fern. Eine Möwe streicht vorbei, er schaut ihr verdutzt hinterher. Plötzlich kommt eine heftige Windböe vom Berg herab und sträubt seine Kopf- und Nackenfedern, er sieht aus wie ein hakennasiger, adlerfedergeschmückter Indianer. Die Böe stört ihn offensichtlich, denn er faltet seine Schwingen zusammen und verschwindet im Horst.

Seine Mutter (oder sein Vater) kommt über einen Grat geflogen, stößt zornige, ängstliche Warnschreie aus. Wir fühlen uns als Eindringlinge und ziehen uns zurück. Wir queren zu einem Bergbach hinüber, der von Nordosten her in den See mündet, und folgen seinem rechten Ufer, um den Horst in weitem Bogen zu umgehen und wieder ins Delta des Telaquana River zu gelangen. Wir klettern über wacklige, schlüpfrige Steine, wühlen uns durch nahezu undurchdringliches Gestrüpp. Ab und zu rufen wir oder blasen in unsere Trillerpfeifen, um eine plötzliche Bärenkonfrontation im dichten Busch zu vermeiden. Eine Weile folgen wir dem Bach, dann biegen wir nach rechts ab, steigen eine Anhöhe hinauf und von dort auf Elchwechseln südostwärts ins Delta des Telaquana River hinunter. Berückend süße Düfte steigen aus dem Urwaldgestrüpp, durch das wir uns talwärts kämpfen, aber auch Wolken blutgieriger Moskitos. Das Delta ist nahezu topfeben und mit weißen Steinen bedeckt, durch die sich der Telaquana River in mehreren smaragdgrünen Armen dem See entgegenschlängelt. Da und dort haben Bäume und einzelne Baumgruppen in dem schneeweißen Geröll Wurzel geschlagen, was mich an manche Talböden im Karwendel erinnert, etwa bei der Kastenalm im Hinterautal. Wir wandern durch das Delta ostwärts, direkt auf den markanten Gletscherberg zu, der uns schon im Outlet auffiel; südlich von ihm rauscht der Telaquana River über grüne Hänge und felsige Abstürze talwärts. Je näher wir dem Ende des Deltas kommen, desto klarer sehen wir, dass es hier kaum ein Weiterkommen gibt, zumal für uns mit unserem dann sehr schweren Gepäck. Wir kehren um und stapfen zurück zum See. Eine frische Wolfsspur kreuzt in der Nähe unseres Bootes den Sandstrand; haben wir sie vorhin nicht gesehen oder ist der Wolf während unserer Wanderung hier durchgewechselt? Wir steigen in das Boot, kehren zurück zu unserem Lager, bauen es ab und paddeln weiter.

Unser Ziel ist die Cabin, die, wie wir von Jerry und Jeanette wissen, einige Kilometer westlich von uns am Ufer steht. Wir paddeln erst nahe am Ufer entlang, dann steuern wir ein Stück auf den See hinaus. Der Wind hat inzwischen gewechselt, er kommt nicht mehr von den Bergen herunter, sondern von Westen her über den See, bläst uns also entgegen. Er wird stärker, so scheint es, je mehr die Sonne sinkt (der Tag neigt sich schon wieder), die Wellen des Sees wachsen. Die auf unserer Karte nicht eingezeichnete Hütte müsste allmählich auftauchen, doch können wir sie nirgends entdecken. Vielleicht steht sie neben der großen Fichte auf der von einem kleinen Bächlein durchflossenen Wiese dort drüben im Westen? Irgendetwas, das wir im Gegenlicht nicht richtig identifizieren können, steht doch dort? Wir paddeln näher. Plötzlich bewegt sich „die Hütte" aus dem Schatten des Baums heraus und zum See hinunter. Es handelt sich zweifellos um ein großes Tier, das nun auf dem Strandstreifen ostwärts biegt und langsam näherkommt. Es gibt nicht allzu viele große Tiere in Alaska – Elche, Karibus, Wölfe, Grizzlys, Schwarzbären, Dallschafe (im hohen Norden auch Eisbären und Moschusochsen) – , die Identifikation fällt meist nicht allzuschwer. Wir erkennen sofort, dass es sich hier um einen Grizzly handelt. Er ist groß und gutgenährt, dennoch bewegt er sich geschmeidig wie eine Raubkatze am Ufer entlang. Seine Schritte knirschen im Uferschutt, manchmal senkt er seinen Kopf zu den Steinen hinunter, um dort wie ein Hund an irgendetwas herumzuschnuppern, immer wieder schaut er aber auch auf den See hinaus und zu uns herüber. Er hat uns zweifellos entdeckt und als Menschen identifiziert, doch scheint er wenig Angst vor uns zu haben. Vielleicht weil er daran gewöhnt ist, dass Jerry und Jeanette und der eine oder andere Fischer gelegentlich im Boot über den See steuern. Wir versuchen, die Distanz zwischen ihm und uns zu vergrößern, doch die paar Meter, die wir uns von ihm entfernen, würden uns wenig nützen, wenn er auf die Idee kommen sollte, uns anzugreifen. Aber warum sollte er uns angreifen? Ungefähr auf unserer Höhe, ich schätze die Entfernung auf ca. 150 Meter, bleibt er stehen, als überlegte er, was er jetzt tun sollte. Unbeweglich wie eine Statue steht er dort in den schrägen goldenen Strahlen der Abendsonne vor dem dunklen, von schroffen Bergspitzen überragten Fichtenwald – ein herrliches Bild.

Was ist Alaska? denke ich.

Das ist Alaska.

Obwohl ich mich nicht ganz wohl in meiner Haut fühle, knipse ich ihn mehrfach, während Gitte das Boot noch weiter auf den See hinaussteuert. Es werden wohl kaum brauchbare Fotos entstehen, das Boot schaukelt zu sehr auf den mittlerweile recht hohen Wellen. Jetzt macht er eine Wendung zum See hinunter, tritt unmittelbar ans Wasser heran und sichert zu uns herüber. Was soll das?

Ich erinnere mich an einen Brief, den uns Jeanette vor einiger Zeit geschrieben hat. Darin erzählt sie von einer Bärenbegegnung am Seeufer, die nicht ganz unproblematisch war. Es war im Herbst, sie hatte mit Jerry im Nordosten des Deltas – in dem Gebiet, in dem wir vorhin waren – eine Wanderung gemacht. Kurz vor Sonnenuntergang kehrten sie zum Ufer zurück und stiegen ins Boot, als sie im Dämmerlicht einen großen Grizzly entdeckten, der am südöstlichen Ufer entlangzog und nach Lachsen Ausschau hielt. „Jerry begann", schrieb Jeanette, „Geräusche zu machen wie eine Elchkuh, wenn sie von einem brunftigen Elchbullen verfolgt wird. O Boy! Das war mit Sicherheit der Grund, weshalb der Grizzly ins Wasser sprang und auf das Boot zuschwamm! Erinnerungen an das letzte Jahr, als der gleiche Bär zu nah an mich herankam, veranlassten mich, Jerry zuzurufen, er müsse so schnell wie möglich den Motor starten, denn der Bär schwamm schnell auf uns zu. Es ist erstaunlich, dass der Bär offenbar das Boot für eine Elchkuh und für ein gutes Fressen hielt!" Könnte, frage ich mich, der Grizzly, der da auf Jerry und Jeanette zuschwamm, nicht genau der Grizzly sein, der da drüben am Ufer steht und zu uns herüberschaut? Könnte er nicht auch unser Boot – und uns selber – für eine Art Elchkuh und ein gutes Fressen halten? Und ins Wasser springen und auf uns zuschwimmen? Wir könnten dann aber keinen Außenbordmotor anwerfen und uns mit seiner Kraft rasch aus der Reichweite des Bären entfernen, wir hätten nur die Kraft unserer Arme und die Paddel, damit kämen wir nicht weit und wären rasch eingeholt, denn Grizzlys schwimmen schnell und gut. Wir könnten uns nicht einmal auf den Boden werfen und tot stellen, denn wir sind auf dem Wasser und der einzige Boden, auf den wir uns werfen könnten, ist der Boden unseres Bootes (ganz abgesehen davon, dass Sich-totstellen nichts nützt gegen einen Bären, der einen als gutes Fressen betrachtet). Aber nein, der Bär hält uns für keine Elchkuh, wir haben ihn ja auch nicht durch die vorgetäuschten Brunftlaute einer Elchkuh auf diese abwegige Idee gebracht (ein Spaß, den sich Jerry natürlich nur erlaubt hat, weil er wusste, dass er sich mit dem Outborder rasch aus dem Staub machen konnte), er wendet sich wieder vom Ufer ab und trottet weiter. Zwei, drei Schritte noch, dann dreht er nach links ab und springt in wenigen Sätzen in den Wald, er scheint es plötzlich sehr eilig zu haben.

Erleichtert paddeln wir weiter, passieren die Wiese, auf der der Bär stand, umkurven eine fichtenbestandene Halbinsel und erkennen in einiger Entferung auf einer vom Ufer leicht ansteigenden Wiese die Hütte.

DIE „HERBERGE ZUM GROSSEN BÄREN"

Die Hütte besteht eigentlich aus zwei Hütten, die durch einen überdachten Flur miteinander verbunden sind. Die linke Hütte ist ein kleines Blockhaus, an dessen Südseite mehrere Karibugeweihe hängen; die rechte ist größer, ihre relativ dünnen Sperrholzwände sind grün angestrichen. „Telaquana Holiday Hilton Welcome" hat irgendein Witzbold auf die Tür der größeren Hütte gekritzelt; wir öffnen sie und treten ein. Ein kleines Tischchen steht unmittelbar neben der Tür, davor zwei klapprige Stühle. An der Wand über dem Tisch hängen rußige Pfannen, eine Landkarte von Alaska und eine vom Lake Clark Nationalpark, darüber ein Regal mit einer stattlichen Phalanx von leeren Whisky-, Wodka- und Schnapsflaschen. Auf der Nordseite des Raums steht ein weiterer Tisch, auf dem man kochen kann, darüber öffnet sich ein kleines Fenster auf die Wiese hinter der Hütte hinaus, die Glasscheibe dieses Fensters ist – durch einen Bären? – zerbrochen und mit einer Plastikplane notdürftig geflickt. Davor stehen vier rostige Bettgestelle. Ein massiver Yukonofen auf der südlichen, dem See zugewandten Seite und ein dekorativ an den Ofen gelehnter uralter Besen vervollständigen das Interieur. Zwei große Fenster flankieren den Ofen rechts und links, durch die man auf den See und hinüber zum Telaquana Mountain sieht. Ein eindrucksvolles Panorama, und zumindest in dieser Hinsicht hat das „Telaquana Holiday Hilton" keinen Vergleich zu scheuen. Und in einer anderen auch nicht: es ist preisgünstiger als alle Hotels, die wir kennen, das Zimmer mit Dusche (im Regen, so er fällt), Bad (im See, so er nicht zu kalt ist), WC (im kleinen, 50 Meter entfernten Outhouse) kostet gerade mal: nichts. Deshalb ist unser Entschluss rasch gefasst: wir bleiben nicht nur heute, sondern auch morgen und vielleicht sogar noch länger in diesem Hotel.

Es riecht, obwohl ausgesprochen sauber, allerdings etwas muffig, deshalb reißen wir erst einmal alle Türen auf und lassen die frische Abend- und Seeluft herein. Dann tragen wir unser Gepäck in den Raum mit dem Yukonofen und richten uns ein. Kocher und Kochgeschirr kommen auf den Tisch, Isomatten und Schlafsäcke auf die Betten, die Rucksäcke an diverse Haken an der Wand, der Mäuse wegen, die sich vermutlich hier wie in jeder vergleichbaren Hütte – nicht nur in Alaska – herumtreiben. Wir kochen Kaffee und tragen ihn samt den klapprigen Stühlen auf die „Hotelterrasse" auf der Südseite der Hütte, wo es, obwohl die Sonne jetzt schon tief überm Horizont im Westen steht, noch sehr warm ist. Wir heben die Tassen und stoßen an: „Auf das Telaquana Holiday Hilton!"

Man hat von hier einen herrlichen Blick auf den See und die ihn umrahmenden Berge. Im Osten die Gipfel rund um das Delta des Telaquana River mit ihren steilen Felswänden, Schneefeldern und Gletschern (laut Karte gehören sie schon zu den Neacola Mountains, jedenfalls nennen wir sie meistens so). Im Süden das schöngeformte Fels- und Gletschermassiv des Telaquana Mountain. Ihm vorgelagert ein grüner, hügeliger Tundrakamm, der in weitgespanntem Bogen von Osten nach Westen streicht und schließlich in die bewaldete Ebene niedersinkt, durch die der Telaquana River westwärts fließt. Der leicht gekräuselte See glitzert im Abendlicht, da und dort springen Fische – Rotlachse, wie an den rot funkelnden Schuppen leicht zu erkennen – , die Ränder des Sees sind von einem braungoldenen Firnis überzogen, der sich langsam zur Seemitte hin ausbreitet – die Fichtenpollen, die der Sturm der vergangenen Tage von den Bäumen geschüttelt und auf den See geweht hat.

Die Sonne geht unter. Wir essen in der Hütte zu Abend, dann machen wir ein großes Feuer am Strand, an dem wir, wie vor zwei Tagen an unserem „Bilderbuchstrand" drüben am Südufer, bis tief in die Nacht hinein sitzen.

Phantastische Alaska-Sommernacht. Die Berge tiefschwarz, von ihrem ebenfalls tiefschwarzen Spiegelbild im See nicht zu unterscheiden. Der Himmel klar und durchsichtig blau wie kristallenes Bergwasser, im Westen vom letzten Nachglanz der längst versunkenen Sonne rötlich überhaucht. Über der östlichsten Gipfelzinne des Telaquana Mountain der Mond. Ein paar einsame Sternenfunken, denen sich allmählich weitere hinzugesellen. Das bizarre sehnsüchtig-melancholische Geschrei der Wasservögel wieder von überallher. Das Spiegelbild des flackernden Feuers im See wie eine leise schaukelnde rote Laterne.

Erst lange nach Mitternacht gehen wir hinauf in unser Hotel. Genüsslich lassen wir uns in die komfortablen, wenn auch verrosteten Betten fallen und löschen das Licht, sprich: unsere Stirnlampen. Den ganzen Abend lang haben wir uns schon darauf gefreut.

Stille.

Nur das Dachgebälk knackt, der Nachtwind raschelt. Ein Mondstrahl stiehlt sich durchs Fenster und fällt auf die Regale an der gegenüberliegenden Wand, die Pfannen und Flaschen funkeln.

Plötzlich ein wilder Lärm draußen im Flur. Wir fahren hoch. Was bzw. wer ist das? Womöglich der Grizzly, der uns gestern abend auf der Paddelfahrt hierher begegnete? Oder ein Schwarzbär? Haben nicht Jerry und Jeanette von einem Schwarzbären erzählt, der ihnen mehrfach aufdringlich in die Hütte starrte? Ein Schwarzbär hat die Distanz zwischen dieser und unserer Hütte sicherlich rasch zurückgelegt. Atemlos horchen wir.

Es lärmt und rumpelt weiterhin draußen, dann beginnt ein Geräusch, das sich anhört, wie wenn jemand an einem Brett sägen würde. Das kann kein Bär sein. Was dann?

„Ruhe!" brülle ich, so laut ich brüllen kann.

Ruhe.

Dann geht die Sägerei von neuem los. Leise steige ich aus dem Bett, setze die Stirnlampe auf, knipse sie aber noch nicht an, um mich durch das Licht nicht zu verraten, und schleiche zur Tür. Vorsichtig drücke ich die Türklinke nieder und öffne die Tür, ganz sacht führe ich die Hand zur Stirnlampe, keine hektische Bewegung soll den Störenfried auf mich aufmerksam machen, ich will ihn, wer immer er ist, in flagranti ertappen. Blitzschnell schalte ich jetzt die Stirnlampe ein, springe in den Flur und lenke den Lichtstrahl in die Richtung des Lärms. Ich erkenne ein Loch in den Bodendielen des Flurs, in dem Loch eine stumpfe Schnauze, erschreckt und boshaft ins Licht blinzelnde Äuglein, ein stachelbewehrtes Fell. Ein Porcupine, ein Stachelschwein! Es wohnt offensichtlich in diesem Hotel, vielleicht gehört es ihm sogar, es tut jedenfalls so. Denn es flüchtet zwar eiligst vor mir und dem grellen Lichtstrahl der Lampe, aber kaum habe ich mich wieder ins Bett gelegt, geht der Lärm von neuem los. Ich bewaffne mich mit dem Besen, der neben dem Ofen an der Wand steht, stürze wieder hinaus, stochere in dem Loch hin und her, schlage auch mehrfach mit dem Besen auf Boden und Wände, mache einen Heidenlärm. Das beeindruckt, aber nur kurz. Und jetzt hört man auch vor der Hütte Geräusche, seltsame, unidentifizierbare Laute, die an das Gezeter und Miaue brünftiger Katzen erinnern. Ich springe auf und rase vor die Hütte. Ein zweites Stachelschwein! Maunzend und miauend watschelt es um die Hütte und verbreitet einen unerträglichen Gestank. Ich verfolge es wutentbrannt, treibe es vor mir her in die Büsche. Endlich tritt Ruhe ein, auch vom Porcu in der Hütte höre ich nichts. Ich schaue zum funkelnden Sternenhimmel hinauf. Orion, die Cassiopeia, der Große Bär. Letzterer steht direkt überm Hüttendach. Ein Vers des siebzehnjährigen Rimbaud fällt mir ein, er schrieb ihn auf einer seiner langen, einsamen Wanderungen, bei denen er oft im Freien übernachtete: „Mon auberge était à la Grande-Ourse".

„Ich wohnte in der Herberge zum Großen Bären." Genau, denke ich, wir wohnen hier nicht im „Telaquana Holiday Hilton", wir wohnen in der „Herberge zum Großen Bären". Ich gehe in die Herberge zurück und lege mich wieder hin.

„Hast du das Porcu draußen vertrieben?" fragt Gitte.

„Ja. Und hier ist auch Ruhe?"

„Ich hoffe es."

„Ich habe übrigens einen guten Namen für unser Hotel hier gefunden."

„Es hat doch schon einen."

„Ich weiß einen besseren."

„Und?"

„ ‚Herberge zum Großen Bären'."

„Wie kommst du auf den?"

Ich erkläre es ihr.

„Ich wüsste einen noch besseren."

„Es gibt keinen besseren."

„Doch: ‚Herberge zum Stachelschwein'."

„Dann aber ‚Herberge zum stinkenden Stachelschwein', das Stachelschwein vor der Tür stank nämlich wie die Pest."

Als hätte das Stachelschwein mitgehört und meine Erläuterung als persönliche Beleidigung aufgefasst, fängt es plötzlich wieder zu bohren an. Es bohrt aber nicht mehr im Flur, nein, jetzt bohrt es unmittelbar unter uns, sägt gezielt an dem Ast, auf dem wir sitzen, bzw. dem Boden, auf dem unsere Betten stehen. Ich springe wieder aus dem Bett, rase durchs Zimmer, stoße wilde Drohschreie aus, stampfe mit den Füßen, rassle mit dem Bettgestell – vergebens.

„Da hilft nur eins", seufze ich resigniert.

„Was?"

„Ohropax!"

EIN HERRLICHER MORGEN

Wir sitzen in der Hütte und frühstücken. Die Sonne scheint draußen, ihre Strahlen klettern, wie heute nacht der Mondschein, durchs Ostfenster in die noch morgenkühle Hütte hinein. Sie tauchen das Tischchen, an dem wir sitzen, und die Wand darüber mit ihren verstaubten Flaschenregalen in warmes Licht. Wir studieren die Karte, die dort hängt. Die Seen und Flüsse haben Namen, die Berge kaum. Ein See – jenseits der Grenzen des Nationalparks – heißt „Why Lake" („Warum-See"), ein Fluss „Stink River", ein anderer „Hartman River".

„Die Berge", sage ich, „interessieren hier nicht, deshalb haben sie auch keine Namen. Ich kann mir vorstellen, dass manche von ihnen noch gar nicht bestiegen sind."

„Ja, vielleicht kommen wir sogar noch auf den einen oder anderen, auf dem noch keiner war."

„Dann dürfen wir ihm auch einen Namen geben."

„Zum Beispiel?"

„ ‚Mount Hartmann'."

„Dann lieber ‚Stink Peak'."

Gitte deutet zum kleinen Nordfenster hinaus. Eine Elchkuh zieht langsam über die Wiese; ihr braunes Fell leuchtet im Sonnenlicht, man meint, jedes einzelne Haar zählen zu können. Gitte holt rasch ihre Kamera und fotografiert sie; erst durchs Hüttenfenster, dann von draußen. Die Elchkuh lässt sich kaum stören, ruhig zieht sie ihres Weges, verschwindet in den Fichten am Rand der Wiese, taucht wieder auf, geht zum See hinunter, trinkt, zieht am Seeufer entlang ostwärts.

Draußen ist es mittlerweile wärmer als in der Hütte, wir verlassen sie und setzen uns in der Nähe unserer Feuerstelle an den Strand. Ein herrlicher Morgen. Glasklar, spiegelglatt der See; glasklar, tiefblau der Himmel. Nur ein paar weiße Wölkchen da und dort, vor allem über den Bergen. Wir überlegen, wohin wir weiterziehen wollen, wenn wir die Hütte wieder verlassen. Klar ist, dass wir dann irgendwo ins Hinterland des Sees und in die Berge aufsteigen werden, aber wo? Da das Tal des Telaquana River nicht gangbar und die Ebene im Westen des Sees von undurchdringlichen Wäldern bedeckt ist, kommen eigentlich nur zwei Möglichkeiten in Betracht: die Berge im Norden, die wir nach der Karwendelkette über den Dächern von Innsbruck „Nordkette" getauft haben, und das südliche und südöstliche Hinterland. Ich studiere die steilen Flanken und Grate der „Nordkette", die von hier aus gut einsehbar sind. Sie interessieren mich besonders, weil ich weiß, dass da oben mit Sicherheit nie jemand unterwegs ist. Zu steil, zu exponiert, v. a. im östlichen Teil. Gerade das würde mich locken. Andererseits: was sollen wir da oben tun, wenn es beispielsweise stürmt und regnet wie in den letzten Tagen? Und selbst bei freundlichem Wetter und im etwas flacheren, zugänglicheren westlichen Bereich scheinen die Möglichkeiten für Wanderungen und Bergbesteigungen, wie wir sie vorhaben, begrenzt. Anders das Gebiet im Süden des Sees: hier erstreckt sich eine weite Hochfläche (die Hochfläche, über die wir hierhergeflogen sind), an deren östlichem Rand viele Berge stehen, die von der Hochfläche aus vermutlich wesentlich einfacher zu erreichen und zu besteigen sind als die Gipfel der „Nordkette". Darunter auch der Telaquana Mountain, dessen Besteigung mich besonders reizen würde, obwohl das ohne alpine Ausrüstung, v. a. Seil und Steigeisen, vermutlich nur schwer möglich ist. Dort liegen auch zwei größere Seen, der Turquoise Lake im Südwesten des Telaquana Mountain und, noch weiter südlich, die Twin Lakes, an deren Ufer wir evtl. unser Zelt für eine Weile aufschlagen können. Deshalb denken wir, dass wir am besten auf die Hochebene im Süden des Sees hochsteigen.

Ein Motorboot biegt um eine Halbinsel im Westen und steuert auf uns zu. Jerry und Jeanette. Sie landen und setzen sich zu uns ins Gras. Sie bringen eine überraschende Nachricht mit: der Ranger an den Twin Lakes habe sie gebeten, ihn eine Weile dort zu ersetzen, deshalb würden sie den Telaquana Lake für einige Zeit verlassen und in die Rangerhütte an den Twin Lakes übersiedeln. Jeanette werde schon morgen hinüberfliegen, Jerry werde ihr in zwei oder drei Tagen folgen. Was wir vorhätten? „Heute noch und vielleicht auch morgen hier in der Cabin, dann auf die Hochfläche im Süden hinauf, um dort zu wandern und Berge zu besteigen." „Wenn ihr bis zu den Twin Lakes kommt, könnt ihr uns besuchen. Aber der Weg dorthin ist lang, und ihr müsst ja dann auch wieder zurück." Wir erzählen vom Terror der Porcus in der vergangenen Nacht; Jerry meint, dass sie der Hütte großen Schaden zufügen würden, weil sie die Diehlen und Wände zernagen würden; er müsse sie deshalb wohl früher oder später erschießen, weil er als Volonteer auch für den Zustand der Cabin verantwortlich sei. Wir fragen, ob schon mal Bären versucht hätten, in die Hütte einzudringen – wir hätten das im Flur lärmende Porcu erst für einen Bären gehalten – , und ob das geflickte Ostfenster von so einem Versuch herrühre. Ja, ein Grizzly habe im Herbst das Fenster zerbrochen, dann aber, wie man an den Spuren im frisch gefallenen Schnee gesehen hätte, das Weite gesucht. „Besuchen euch Bären ab und zu?" „Schwarzbären öfter, Grizzlys kaum; sie sind scheuer, obwohl sie ja viel stärker sind." Wir unterhalten uns noch lange, dann stehen sie auf und gehen zu ihrem Boot. Wir reichen ihnen, etwas melancholisch, die Hand. „See you later!" Sie steigen ins Boot und fahren Richtung Delta davon.

Wir räumen ein wenig die Hütte auf, dann pumpt Gitte unser Schlauchboot auf (wir haben über Nacht einen Teil der Luft herausgelassen) und paddelt auf den See hinaus. Ich mache einen kleinen Erkundungsgang am Strand entlang.

Ich gehe Richtung Osten, genau wie vorhin die Elchkuh. Ich gehe langsam, gemächlich wie sie, manchmal bleibe ich stehen und suche mit dem Glas die gegenüberliegenden Ufer und Berghänge ab, in der Hoffnung, irgendein Tier, ein Karibu, einen Elch, vielleicht sogar einen Bären zu entdecken – ohne Erfolg – , oder um mögliche Touren und Aufstiegsmöglichkeiten an den Flanken des Telaquana Mountain und der weiter südöstlich gelegenen Berge ausfindig zu machen. Irgendwo verlasse ich den Strand und quere einige Meter zum Waldrand hoch, wo ich mich im Schatten einiger Birken ins Gras setze.

Wo ist Gitte? Weit draußen, ein kleiner, roter Punkt vor den grünen Waldhängen am anderen Ufer. Sie ist leichtsinnig. Ein schwacher Wind weht von den Bergen im Norden herab, der rasch stärker werden und sie ans südliche Ufer blasen könnte, wo sie bleiben und warten müsste, bis sich der Wind wieder gelegt hätte. Aber jetzt hat sie schon gedreht und paddelt langsam, an einer Kette kleiner felsiger Inselchen entlang, zurück.

Auch ich bin leichtsinnig. Ruhig, bewegungslos sitze ich hier unter den Bäumen. Meine Bärenglöckchen schweigen, meine Trillerpfeife schweigt, ich schweige. Aber ich weiß, dass Grizzlys an warmen Tagen wie diesem am liebsten irgendwo im kühlen Schatten liegen und ihre „Siesta" halten, nicht viel anders als Menschen, und erst gegen Abend wieder aktiv werden. Und ich weiß, dass, wie Stephen Herrero schreibt, „kaum ein Fall bisher bekannt geworden ist, dass ein umherwandernder Grizzly auf einen rastenden oder kampierenden Menschen losgegangen wäre." Vorsicht und Aufmerksamkeit sind nötig, wenn man durchs Grizzlyland wandert und dadurch zwangsläufig die Kreise der Tiere stört – obwohl es auch dann, schon aus physischen Gründen, unmöglich ist, immer vorsichtig und aufmerksam zu sein – , im Lagerbereich darf man die Grizzlys auch mal getrost vergessen. Sie – und sich.

Ich schreibe ein paar Sätze in mein Tagebuch, dann lehne ich mich zurück an den rissigen Stamm der Birke, unter der ich sitze, genieße den warmen Sommermorgen und die herrliche

Landschaft, die mich umgibt, und hänge meinen Gedanken nach. Sonst tu ich nichts – aber genügt das nicht? Ich tu nichts, und es tut sich nichts. Nur die Sonne steigt, die Möwen schreien, die Lachse springen, irgendwo im Wald hinter mir trommelt ein Specht. Am westlichen Horizont ziehen weiße Wolken entlang, die sich – möglicherweise Vorboten eines nachmittäglichen Gewitters – allmählich höhertürmen; auch über der Hochfläche im Süden und dem Telaquana Mountain schweben weiße Wolken, die sich langsam verdichten.

Eine Biene kreist um die roten Blütenblätter eines Fireweeds in meiner Nähe, ich beobachte sie. Die Biene, denke ich, ist fleißig – „bienenfleißig" – , ich bin faul. Sie kreist um die Blütenblätter des Fireweeds, ich schaue ihr zu. Sie sammelt Blütenstaub, ich – sammle mich (ist das nicht dasselbe?). Sie summt, ich summe. Ich weiß nicht was, irgendein kleines Liedlein vom Wind, vom Licht, vom Sommer. Der Sommer ist kurz, besonders der Sommer in Alaska. Das Leben ist kurz.

Plötzlich schrecke ich hoch. Äste knacken, Steine knirschen im Osten von mir – ein Schwarzbär kommt aus dem Wald und trottet unter mir am Ufer entlang. Er wirkt noch jung, unerfahren, verspielt, vermutlich ist das der Grund, weshalb er mich nicht wahrnimmt, obwohl ich relativ nahe am Strand sitze und eigentlich nicht übersehbar bin. Doch jetzt trägt ihm der Wind meine Witterung zu – erschreckt richtet er sich auf und blickt, leicht hin- und herschwankend, zu mir herüber. Deutlich erkenne ich die gelbe Nase, die kleinen, runden Ohren. Schade, dass ich meine Kamera nicht dabei habe, nur selten hat man die Gelegenheit, einen Bären aus so geringer Distanz zu fotografieren. Jetzt hat er mich als Menschen identifiziert, wirft sich herum und galoppiert zurück in den Wald.

Ich stehe auf und gehe hinüber zur Hütte. Gitte ist schon zurück, sie sitzt vor der Hütte und schreibt Tagebuch. Sie beschreibt ihre Fahrt mit dem Boot über den See:

Ich paddle hinaus auf den See. Ich kann mir nichts Schöneres vorstellen, als langsam über die Wasserfläche zu gleiten und mit den Augen das Ufer nach Tieren abzusuchen oder die wilden Berge zu betrachten, die rings um den See aufragen. Manchmal versenke ich mich auch in ihre Spiegelbilder im See, in diese exakt symmetrische Parallelwelt, die aber schon der leiseste Windzug ins Schaukeln bringt und in ein glitzerndes Spiel von Licht und Wellen verwandelt. Je mehr ich mich vom Ufer entferne, desto tiefer scheine ich in die magische Einheit von See, Wäldern und hohen Bergen einzutauchen, desto tiefer empfinde ich auch die große Schönheit dieses Sees. Ich habe nie einen schöneren See gesehen, für mich ist er der schönste See der Welt.

Ich lege mein Paddel ins Boot und lasse mich eine Weile treiben.

Ich spüre, wie mich das Leben hier bereits verändert hat: ich bin ruhiger und gelassener geworden, weil das Dasein hier nur bedingt planbar ist und immer wieder neue Situationen entstehen, mit denen man nicht rechnen konnte. Und ich spüre, wie ich mit jedem Tag mehr zu der Lebensform finde, die ich mir immer erträumte, dem Dasein in unberührter Natur, am Ufer eines abgeschiedenen Sees, am Fuß hoher Berge.

Weiße Wolken schweben über den Bergen, am westlichen Horizont stehen schräg nach links geneigte weiße Wolkentürme, die wie langsam umkippende Eisberge aussehen. Kippt auch das Wetter? Man weiß hier nie.

Ich greife wieder zum Paddel und mache mich an die Rückfahrt. Ein leichter Wind weht über den See und schickt eine ganze Armada von kleinen Wellen gegen mein Boot, die langsam wachsen. Ich muss mich beeilen, denn der Wind könnte rasch so stark werden, dass ich nicht mehr gegen ihn ankomme. Ich bin ein wenig zu weit auf den See hinausgefahren.

EIN HERRLICHER ABEND

Ich habe zwei Graylinge geangelt, trage sie zur Feuerstelle, wo Gitte schon Holz für ein großes Feuer aufgeschichtet hat. „My first graylings this year", sage ich stolz. Ich spiele auf eine Begegnung an, die wir beim letzten Mal am Telaquana Lake hatten. Wir saßen vor unserem Zelt am Südufer, als plötzlich ein Flugzeug auftauchte, über dem See kreiste und schließlich genau in unserer Bucht landete. Zwei Männer stiegen aus und brachten ihr Gepäck ans Ufer. Es waren zwei Studenten aus Chikago; sie hätten, wie sie uns erklärten, einmal einen Urlaub an einem einsamen See in Alaska machen wollen, ein Tourismusbüro in Chikago hätte ihnen zum Telaquana Lake geraten. Sie waren sehr sympathisch, aber wir verstanden nicht, warum sie ihr Zelt ausgerechnet in unserer Bucht aufschlugen. Bis wir erkannten, dass sie die einsame Wildnis und vor allem die Bären fürchteten und deshalb unsere Nähe suchten. Sie schlugen ihr Zelt in vielleicht 50 Metern Entfernung von uns auf und gingen dann zum See. Einer warf die Angel aus, der andere stand mit angeschlagenem Gewehr daneben und sicherte – ihre Angst vor den Bären war so groß, dass unsere Präsenz sie offenbar nicht wirklich beruhigte. Bald schon ging der erste Fisch an die Angel. „My first grayling this year", rief der Angler seinem Freund zu. Zwei weitere Fische, vermutlich auch Graylinge, kamen noch hinzu, dann bauten sie sich eine Feuerstelle und brieten die Fische. In den nächsten Tagen verbrachten sie einen großen Teil ihrer Zeit mit Angeln; es zeigte sich aber, dass kein Fisch mehr anbiss, was sie zunehmend nervös machte, weil sie wenig Nahrungsvorräte mitgebracht hatten und sich fast ausschließlich von Fischen ernähren wollten. Wenn sie nicht angelten, machten sie kleine Ausflüge am Ufer entlang, wobei auch hier einer von beiden ständig das Gewehr im Anschlag trug. Diese übertriebenen Vorsichtsmaßnahmen zeigten, dass sie zum ersten Mal im Grizzly Country waren – Anfänger im Grizzly Country zeichnen sich in der Regel vor allem dadurch aus, dass sie zu viel Respekt vor den Bären haben. Oder zu wenig. Wir zum Beispiel, damals auch noch ziemlich unerfahren, hatten eindeutig zu wenig. Was Folgen hatte, doch davon später.

Wir bereiten die Fische zu und essen zu Abend. Danach sitzen wir wieder am Feuer, trinken Tee und Kaffee.

Die Sonne nähert sich dem Horizont. Die Schatten der Steine am Strand und der Bäume auf der Wiese wachsen. Die Wolken im Westen und überm Telaquana Mountain lösen sich wieder auf. Zahllose kleine Mückchen schwirren, doch verhältnismäßig wenig Moskitos; ihnen ist es wohl zu warm. Ein kühler Windstoß fährt über den Strand, dann noch einer. Plötzlich schießen ein paar schwarze Schmeißfliegen hin und her, aus unerfindlichen Gründen, verschwinden wieder. Überall springen Lachse im See; ihre roten Körper funkeln, wenn sie bis über ihre von der Sonne durchglühten Seitenflossen hinaus in die Luft schnellen; tauchen sie mit lautem Klatschen ins Wasser zurück, steigen kleine, silberne Fontänen auf. Überall auf dem See hört man dieses laute Klatschen, überall sieht man diese kleinen silbernen Springbrunnen; wir verstehen nun, warum die Indianer den Telaquana Lake „Dilah Vena", „Lachse-schwimmen-hinein-See", nannten – der See ist geradezu überfüllt mit Lachsen, die über den Telaquana River heraufgekommen sind, um hier – wo ihre Lebensreise begann – zu laichen und zu sterben. Die Sonne, bis zuletzt so blendend hell, dass man nicht in sie schauen und sie auch nicht fotografieren kann, sinkt langsam hinter den Horizont. Rasch wird es kühl. Jetzt schlägt die Stunde der Moskitos, von allen Seiten „rauschen" sie heran. Ein Loon (Haubentaucher) ruft draußen auf dem See; zum ersten Mal hier hören wir diesen wilden, sehnsüchtigen, melancholischen Ruf. Als wir am Camsell River saßen und wochenlang vergebens auf ein rettendes Flugzeug warteten, machte uns das ewige Geschrei dieser seltsamen Wasservögel beinahe wahnsinnig. Es klang wie Hohngelächter in unseren Ohren: Was, ihr lebt noch? Ihr glaubt noch, dass ein Flugzeug kommt und euch hier rausholt? Dann wäre doch längst eins gekommen! Nie und nimmermehr wird noch ein Flugzeug kommen, nie und nimmermehr! Die ersten Sterne werden sichtbar. Der Abendstern steigt und funkelt wie ein Nugget. Die Lachse springen noch, aber immer seltener. Im Westen, wie gestern, ein letzter rötlicher Hauch; im Süden die dunkelblaue Kammlinie der Hochfläche, darüber die Gletscherwände des Telaquana Mountain, matt schimmernd im diffusen Zwielicht, unwirklich, schemenhaft, wie aus blauer Seide. Bald wird unser Zelt irgendwo dort oben stehen.

OLD SEYMOUR

Wir frühstücken. Nicht in der Hütte, sondern unten am Strand. Das Wetter ist nicht mehr so schön wie gestern. Nebelschleier kleben an den höheren Gipfeln, auch über der Ebene im Westen des Sees hängen dunkle, faserige Wolkenbänke. Es ist ziemlich schwül.

Die Nacht war kaum weniger turbulent als die letzte; mehrfach musste ich den aufdringlichen Porcus den Hintern versohlen, ehe sie halbwegs Ruhe gaben. Aber wenn wir ehrlich sind, müssen wir zugeben, dass wir ihnen nichts vorzuwerfen haben: sie sind hungrig wie wir, die Diehlen im Flur, die Bretter im „Keller" der Hütte sind *ihre* Nudeln, *ihre* Graylinge.

„Ungefähr hier, wo wir jetzt sitzen und frühstücken", sage ich, während ich mir eine zweite Tasse Nescafé braue, „muss auch Old Seymour gefrühstückt haben." Gitte kennt die Geschichte von Old Seymour nicht; ich erzähle sie ihr.

Louis Brunner, ein Tierpräparator aus Anchorage, ging vor Jahren mit einigen Freunden zum Jagen und Fischen an den Telaquana Lake. Sie wohnten in der gleichen Cabin, in der wir uns jetzt häuslich eingerichtet haben. Eines Morgens hatten sie Lachse gefangen und legten einige von ihnen, die Brunner später präparieren wollte, an den Strand; danach gingen sie in die Hütte. Als sie nach einiger Zeit wieder nach den Lachsen am Seeufer sahen, stellten sie fest, dass sie verschwunden waren. Sie vermuteten, dass sich irgendwer einen Scherz mit ihnen erlaubt hatte, deshalb legten sie drei neue Lachse an den Strand und verschwanden in der Hütte, um abzuwarten, was mit den Lachsen geschähe. Nach einer Weile hörten sie draußen ein Geräusch, sie gingen hinaus und sahen, dass ein Grizzly zum Strand hinunterkam, die drei Lachse packte und mit ihnen im Wald verschwand. Sie begannen nun, den Grizzly regelrecht zu füttern, indem sie dreimal am Tag Lachse auslegten, die sie mit

Sirup, Honig und anderen Lebensmitteln aus ihren Vorräten garnierten; jedes Mal tauchte der Grizzly rasch auf und holte sich die ihm zugedachten Delikatessen. Frühstück, Mittag- und Abendessen wurden ihm so auf den Strand serviert. Er gewöhnte sich nicht nur rasch an diesen Service, sondern auch an die Menschen, denen er ihn zu verdanken hatte und die sich in höchstens 15 bis 20 Fuß Entfernung ins Gras setzen und zusehen konnten, wie er sich die Mahlzeiten abholte und mit ihnen im nahen Wald verschwand. Sie betrachteten ihn immer mehr als ihr „pet", ihr „Haustier", dem sie sogar einen Namen gaben: „Old Seymour".

Irgendwann kam Brunner auf die Idee, einen Lachs an eine Schnur zu binden und in dem Moment wegzuziehen, in dem Old Seymour den Lachs zu packen versuchte. Wie würde er reagieren? Brunner warf den an eine Schnur gebundenen Lachs auf den Strand und wartete. Old Seymour kam heran und beobachtete abwechselnd ihn und den Lachs. Er verhielt sich so, als ob er dachte, dass hier irgendetwas nicht stimme. Als er schließlich den Lachs packen wollte, zog Brunner den Lachs ungefähr drei Fuß weit weg (die Szene ist auf einem Foto dokumentiert). Old Seymour blieb stehen und sah Brunner fünf Minuten lang an; dann stürzte er sich auf den Lachs und rannte mit ihm in den Wald. Brunner hatte die Schnur so fest um die Hand gewickelt, dass er ein Stück weit am Strand mitgezogen wurde.

Als der Pilot, der sie zum Telaquana Lake gebracht hatte, kam, um das Fleisch eines Karibus zu holen, das sie geschossen hatten, erzählten sie ihm die Geschichte. Der Pilot wollte sie nicht glauben, deshalb ging Brunner hinaus, legte einen Lachs auf den Strand und begann laut zu rufen: „Seymour!" Old Seymour kam und holte den Fisch.

Zehn Tage lang hausten sie in der Hütte. Sie beobachteten, wie der Bär im See schwamm, am Ufer mit einem Stock spielte, seinen Pelz im Wasser reinigte oder am Strand rieb. Nachts streifte er um die Hütte, jede Nacht hörten sie ihn. Es war klar, dass er jede Scheu vor ihnen verloren hatte. Da sie fürchteten, dass nach ihrer Abreise irgendwer den inzwischen zu sehr an Menschen und ihre Nahrungsmittel gewöhnten und deshalb aufdringlichen Bären töten könnte, versuchten sie schließlich, ihn zu vertreiben. Sie schossen in ca. sechs oder acht Fuß Entfernung von ihm auf den Strand, aber das beeindruckte ihn wenig. Er schaute mal dorthin, wo die Kugel auf die Steine getroffen war, mal zu ihnen hinüber, flüchtete aber nicht. Schließlich flogen sie zurück nach Anchorage.

„Eine interessante Geschichte", meint Gitte.

„Ja, in mehrfacher Hinsicht: sie zeigt, wie freundlich und verspielt Grizzlys sein können, wie klug sie sind – was sich zum Beispiel daran zeigt, dass Old Seymour merkte, dass mit dem an eine Schnur gebundenen Lachs irgendetwas nicht stimmte –, aber auch, wie rasch sie sich an Menschen gewöhnen."

„Ist eigentlich bekannt, ob Old Seymour später, wie fast jeder gefütterte Bär, ein Problembär wurde, den man töten musste?"

„Nein, Brunner sagt nichts darüber. Er gibt aber am Ende seines Berichts zu, dass er und seine Gefährten ein gefährliches Spiel mit dem Bären gespielt hatten, gefährlich weniger für sie als für ihre Nachfolger in der Hütte und am See. ‚Es ist eine schlechte Sache', schreibt er, ‚einen Bären wie diesen zu füttern und zahm zu machen, denn ich bin sicher, dass er im nächsten Sommer einige Fischer in große Unruhe bringen wird.'"

Wir reden noch lange über Old Seymour und generell über Grizzlybären, ein uferloses Thema, zumal für uns, die es so oft ins Grizzlyland zieht. Der Name „Old Seymour" erinnert an manch andere „namhafte" Bärengestalt (interessanterweise immer Grizzlys, nie Schwarzbären). „Old Groaner" zum Beispiel, den „Monarchen" des Gebiets um den oberen Unuk River in der Nähe von Ketchikan in Südostalaska. „Old Groaner" war ein gefährlicher Bär, dem mehrere Menschen zum Opfer fielen.

Er pflegte merkwürdig stöhnende Geräusche von sich zu geben, deshalb wurde er „Old Groaner" (groan = stöhnen) genannt. Als er schließlich getötet wurde, stellte man fest, dass er im Schädelbereich schwere Verletzungen durch fünf auf ihn abgefeuerte Kugeln hatte, die ihn zum „Old Groaner" und zur ständigen Bedrohung für die Menschen der Gegend gemacht hatten. Oder „Old Mose", ein raffinierter „Vieh-Killer", der zu Beginn des 20. Jahrhunderts in Colorado jahrzehntelang sein Unwesen trieb, ehe er endlich erlegt werden konnte: über 800 Rinder fielen ihm insgesamt zum Opfer und mindestens fünf Menschen, die ihn jagten und zur Strecke bringen wollten. Oder „Old Timberline": Enos A. Mills folgte den Spuren dieses Bären im Novemberschnee über Tage hinweg, bis er sich einmal zufällig umblickte und sah, dass der Grizzly den Spieß umgedreht hatte und auf seinen Spuren hinter ihm herschlich – nicht er verfolgte den Grizzly, sondern der Grizzly ihn. Nur mit Glück und dank seiner großen Erfahrung kam er mit dem Leben davon.

Im Vergleich zu „Old Groaner", „Old Mose" oder auch „Old Timberline" war „Old Seymour" ein ausgesprochen gutmütiger Bär, der sich so gut wie jedes abgeschmackte Spielchen gefallen ließ, ohne eine aggressive Reaktion zu zeigen. Es gibt andere bekannte Fälle, die belegen, dass Grizzlys erstaunlich gutmütig und friedfertig sein können, z. B. wenn sie von Menschen aufgezogen und von frühester Jugend an freundlich behandelt wurden. „Ben Franklin" etwa war ein berühmter „Zögling" dieser Art: James Capen Adams, der schon erwähnte „Grizzly Adams", hatte ihn noch als kleines, blindes Cub gefunden und wie sein eigenes Baby hochgezogen; „Ben Franklin" dankte es ihm mit lebenslanger Zuneigung und Freundschaft. Er trug sein Gepäck, wenn er in die Wildnis aufbrach, und soll ihn sogar gegen andere Grizzlybären verteidigt haben. Doch kann man sich auf den gutmütigen Charakter von Grizzlybären nicht immer verlassen, auch wenn sie sich über Jahre hinweg friedlich verhalten haben; sie können bis ans Ende ihrer Tage friedlich bleiben, können aber auch ganz plötzlich aggressiv und gefährlich werden. Der sogenannte „Mud Lake Bear" in Montana war mehrfach in Fallen gefangen und dadurch so schlau geworden, dass er sogar die Köder aus den Fallen stahl, ohne sich je wieder fangen zu lassen. Obwohl er seine Angst vor Menschen im Lauf der Jahre völlig verloren hatte, war und blieb er ein friedlicher Bär, der nie auch nur einen einzigen Menschen belästigte. Anders „Bär 15" im Gallatin National Forest (in der Nähe des Yellowstone Parks); auch er war durch langjährige Erfahrung so raffiniert, dass er die Köder aus den Fallen stehlen konnte, ohne den Fallenmechanismus auszulösen. Er war mit einem Radiosender ausgestattet und zwölf Jahre lang beobachtet worden; nie hatte er sich Menschen gegenüber aggressiv verhalten, obwohl er wie der „Mud Lake Bear" jede Furcht vor ihnen verloren hatte. Aber in der Nacht vom 24. auf den 25. Juni 1983 überfiel er zwei auf einem Campground im Zelt schlafende Männer, zog den einen aus dem Zelt, schleppte ihn weg und fraß ihn. Ähnlich „Chocolate Legs", eine schöne, hochgewachsene Grizzlybärin mit dunkelbraunen Beinen (daher ihr Name) im Glacier Nationalpark; sie war als eine so freundliche und beispielhaft tolerante Bärin bekannt, dass sogar ein Kinderbuch über sie geschrieben wurde: *Chocolate, a Glacier Grizzly*. Einen Monat nach Erscheinen des Buches tötete und fraß sie einen Parkangestellten, der eine Tageswanderung im Park unternommen hatte.

Es umzieht sich. Die Sonne, die eben noch warm auf unseren Frühstücksplatz herunterschien, verschwindet hinter dunklen Regenwolken. Wind kommt auf, der See schlägt Wellen, von einigen sandigen Steilhängen im Südosten des Sees wehen rote Sandfahnen ins Delta des Telaquana River hinüber. Wir räumen unsere Utensilien zusammen und verschwinden in der Hütte. Es regnet, mehr oder minder stark, den ganzen Tag lang.

ZURÜCK ZUM SÜDUFER

Der Morgen ist wieder recht sonnig. Zwei ruhige Tage haben wir in der Cabin verbracht, jetzt wird es Zeit weiterzuziehen. Wir packen unsere Siebensachen, verstauen sie im Boot und paddeln los.

Unser Ziel ist das Südufer, doch wollen wir zuvor Jerry in seiner Hütte besuchen (Jeanette ist ja schon an den Twin Lakes). Wir folgen dem Ufer westwärts, passieren eine kleine, dem Ufer vorgelagerte Insel und biegen nordwärts in eine schmale, langgezogene Bucht. Ein Schwarzbär taucht zwischen den Bäumen auf und verschwindet wieder, vielleicht ist es der Schwarzbär, der Jerry und Jeanette kürzlich ins Wohnzimmer schaute. Am Ende der Bucht steht die Hütte, ein kleines, von Fichten umrahmtes Holzhaus. Wir steigen hinauf und klopfen an die Tür, doch Jerry ist nicht da. Weil wir hoffen, dass er vielleicht bald zurückkommt, setzen wir uns ans Ufer des kleinen Bächleins, das an der Hütte vorbei zum See hinunterfließt, und warten. Die Szene erinnert mich an ein Gedicht von Li Bo, einem bekannten chinesischen Lyriker und Zeitgenossen von Wang Wei, das den schönen Titel trägt: „Als ich in den Himmelsbergen den Tao-Meister aufsuchen wollte und nicht antraf." Der vergebliche Versuch, einen Einsiedler in seiner Hütte zu besuchen, der gerade in der Einsamkeit der Berge unterwegs ist, wird in der alten chinesischen Lyrik oft thematisiert, auch von Wang Wei. Wo mag er sein, der Einsiedler Jerry? Wandert er in den „Himmelsbergen", an deren Fuß seine Hütte steht, umher oder ist er mit dem Boot auf dem See unterwegs? Offenbar Letzteres, denn sein Boot ist nicht da. Wer wie er und Jeanette seit vielen Jahren abgeschieden in einem Hüttchen mitten in der Wildnis lebt, ist gewiss ein wenig „Einsiedler" und vielleicht auch ein wenig „Tao-Meister" geworden. Wir warten ungefähr eine Viertelstunde lang, dann gehen wir zurück zu unserem Boot.

Wir paddeln die Bucht hinaus und dann ziemlich genau nach Süden. Da es fast windstill ist, kommen wir relativ rasch zum anderen Ufer. Wir folgen ihm eine Weile ostwärts und biegen dann nach Süden in die lange Bucht hinein, die wir vom letzten Mal schon kennen und von der man, wie wir wissen, einigermaßen gut zur Hochfläche im Süden aufsteigen kann. Da dort auch hohe Bäume stehen, zwischen die wir den Teil unseres Proviants und unserer Ausrüstung, den wir am See zurücklassen wollen, bärensicher hochhängen können, wollen wir von hier aus ins Hinterland des Sees aufbrechen. Wir landen am Ende der Bucht und steigen auf den Strand hinauf.

Es ist, als wären wir gerade erst gestern hier gewesen, nichts hat sich verändert. Dort drüben zwischen den Bäumen war unsere Feuerstelle, der rostige Nagel an einem der Bäume steckte damals schon, auch die Baumstümpfe da vorn und weiter hinten im Wald, Reste alter Jägerlager vermutlich, waren schon da. Sogar die hohen Fichten können wir identifizieren, an denen wir das Seil für den Proviantsack befestigten. Und weit drüben in den Büschen am Rand des breiten Strandstreifens, der sich hier ähnlich wie drüben vor der Cabin an der Bucht entlangzieht, erahnen wir zumindest den Platz, auf dem unser Zelt stand. Wir erinnern uns an alle Details besonders gut, weil wir an diesem Lagerplatz ein Erlebnis hatten, das man im Grizzlyland besser nicht haben sollte, weil man danach, zumindest eine Zeitlang, nicht mehr gut schläft: ein Grizzly umkreiste nachts unser Lager und trottete dann am Ufer entlang direkt auf uns zu (da er fast exakt um Mitternacht kam, nannten wir ihn später den „Mitternachtsgrizzly"). Wir setzen uns auf unsere Rucksäcke und denken zurück an diese nächtliche Begegnung – und an den langen, seltsamen Tag, der ihr vorausging.

DER „MITTERNACHTSGRIZZLY"

Es war ein kühler, regnerischer Tag. Wir saßen unter unserer grünen Plastikplane und tranken Kaffee. Jerry und Jeanette kamen über den See gefahren und besuchten uns. Sie erzählten, dass sie in den Vortagen zwei Grizzlys beobachtet hätten, die an den bewaldeten Hängen über uns, ungefähr auf halber Höhe zwischen dem Seeufer und der Hochfläche, entlangzogen. Außerdem hätten sie ca. zwei Kilometer weiter östlich von hier einen Tierkadaver gesehen, der auf einer Wiese etwas oberhalb des Seeufers lag. Sie vermuteten, dass es sich um den Kadaver eines Elchs oder Karibus handelte. Sie brachen bald wieder auf.

Wir begleiteten sie zum Boot und setzten uns dann wieder unters Dach. Es regnete mittlerweile ziemlich stark, Nebel zogen über den See. Plötzlich sahen wir eine auffallende Bewegung am Seeufer im Osten von uns. Etwas bewegte sich rasch am Ufer entlang, es sah aus wie eine wandernde Wasserfontäne. Was konnte das sein? Jerry und Jeanette mit ihrem Motorboot? Dann musste man einen Motor hören, aber wir hörten keinen Laut. Eine Windhose oder ein ähnliches Windphänomen? Unwahrscheinlich. Wir standen rasch auf und gingen zum Strand hinunter. Das rätselhafte Phänomen verschwand hinter einer Landzunge, tauchte wieder auf, bewegte sich rasch auf uns zu. Ein Elch? Ein Karibu? Ja, ein Karibu, es jagte auf dem teilweise überschwemmten Strand entlang (der See war durch starke Regenfälle sehr gestiegen), das Wasser spritzte unter seinen Hufen hoch wie eine Fontäne. Nun war es schon sehr nahe; es war noch sehr jung, wirkte gehetzt und hilflos; seine Augen blickten starr und glasig, seine langen, staksigen Läufe sanken manchmal tief ein im lockeren Uferschutt, es sah aus, als knickten sie ein oder um. Bis auf ca. zwölf Meter kam es an uns heran, dann erst entdeckte es uns, brach in panischem Schreck weg in den See und schwamm in weitem Bogen dorthin zurück, woher es gekommen war.

Wir kehrten zurück zu unserem Dach. Warum, fragten wir uns, rannte das Karibu so rasch am Ufer entlang? War es auf der Flucht vor irgendwas oder -wem? Der Gedanke lag nahe, dass ein Zusammenhang mit dem Tierkadaver bestand, der nach den Worten Jerrys und Jeanettes irgendwo dort drüben im Osten in der Nähe des Ufers liegen sollte, genau da, wo das Karibu herkam und wohin es wieder zurückschwamm. War das tote Tier vielleicht seine Mutter? Was war die Ursache seines Todes? Hatten es Bären oder Wölfe gerissen? Ein gesundes Karibu fällt einem Bären kaum zum Opfer, eher schon Wölfen. Floh das junge Karibu vor Wölfen? Oder doch vor einem Bären? Oder wovor?

Im Lauf des Nachmittags besserte sich das Wetter. Blaue Lücken öffneten sich zwischen den Wolken, bald kaum auch die Sonne heraus. Wir räumten unser Zeug zusammen und brachen auf zu einem kleinen Erkundungsgang. Den Proviantsack ließen wir stehen, wir wollten nicht lang wegbleiben und brauchten den Proviant noch. Es war immer eine mühsame Aktion, den schweren Sack an das hoch zwischen die Bäume gespannte Seil zu hängen, es genügte, dachten wir, wenn wir das nur einmal machten, nämlich bevor wir uns schlafen legten.

Wir stiegen die Hänge hinter unserem Lager hoch, zunächst über ausgedehnte Beerenhalden, dann durch dichten Fichtenwald. Wo Beeren sind, sind Bären – tatsächlich stießen wir mehrfach auf teilweise sehr frische Bärenlosung –, doch bekamen wir keinen zu Gesicht. Der Himmel über uns wurde immer klarer, auch die Wolken an den hohen Berggipfeln lockerten sich auf. Eigentlich wollten wir ja nur einen Erkundungsgang machen, aber jetzt war es doch eher eine kleine Wanderung geworden, und der Abend wurde immer schöner – warum nicht noch ein Stück höhersteigen? Warum nicht sogar bis auf den von der Abendsonne jetzt in warmes Licht getauchten Tundrakamm über uns hinauf? Es würde noch lange dauern, ehe es dunkel wurde, und auch dann konnten wir uns nicht verirren. Also stiegen wir weiter, durchquerten die Waldzone, kämpften uns durch den schmalen, aber dichten Buschgürtel an ihrem oberen Rand, erreichten die steilen Wiesenhänge darüber und stiegen auf ihnen hoch zum Kamm. Die Sonne war inzwischen untergegangen, trotzdem war es noch recht hell. Wir sahen unser kleines hellgrünes Regendach tief unter uns zwischen den Bäumen am Strand, weiter links unser Zelt. Plötzlich fiel es uns siedend heiß ein: unser Proviantsack! Seit Stunden lag er allein da unten und schickte seine verlockenden Düfte in alle Himmelsrichtungen! Wie konnten wir das vergessen, wie konnten wir den Tierkadaver und die beiden Grizzlys vergessen, die Jerry und Jeanette beobachtet hatten! Rasch stiegen wir wieder die Wiesen hinunter, schlugen uns durch die Buschzone und den anschließenden Waldgürtel bergab. Irgendwann kamen wir von unserer Anstiegsroute ab und gerieten in sumpfige Fichtenwälder, die sehr viel anstrengender waren als die Hänge, über die wir vorher hochgestiegen waren. Das Ziel, den See, konnten wir nicht verfehlen, eisblau schimmerte er zu uns herauf, dahinter ragten, messerscharf in den Goldgrund des Nordhimmels geschnitten, die Gipfel der „Nordkette". Wir erreichten den See gut einen Kilometer östlich von unserem Lager und stolperten auf dem Strandstreifen westwärts. Frische Bärenspuren zogen sich am Strand entlang, die ovalen Abdrücke der Pranken waren deutlich zu sehen. Wir beschleunigten unsere Schritte, bimmelten heftig mit unseren Glöckchen, riefen. Kurz vor dem Lagerplatz bog die Spur ab in den Wald. Wir erreichten den Platz, alles war unberührt, still und friedlich lag der Sack zwischen den Bäumen. Gott sei Dank. Der Bär hatte sich nicht an ihn herangetraut, obwohl er seine Wanderung am Ufer entlang gewiss nicht unternommen hatte, um die romantische Abendstimmung zu genießen, sondern weil er unseren Proviantsack gewittert hatte. Wir wechselten unsere verschwitzten Kleider, machten Feuer, kochten Tee. Es war, wie uns ein Blick auf die Uhr zeigte, kurz vor Mitternacht.

Das Feuer flackerte, ab und zu sprang ein Fisch im See. Ein Schwarm Wildgänse landete auf dem See und schwamm dort flügelschlagend und krächzend hin und her. Möwen schrien. Die Moskitos summten. Ein schwacher Silberglanz legte sich auf die Baumwipfel über uns, vermutlich war der Mond irgendwo heraufgestiegen, aber wir sahen ihn nicht.

„Du, da kommt was", sagte Gitte plötzlich. „Hundertprozentig!"

Jetzt hörte ich es auch. Klick, klick, klick machte es auf den Ufersteinen, ca. 200 Meter westlich von uns. Dann Stille. Dann wieder klick, klick, klick. Rasch stand ich auf, trat aus den Bäumen, zwischen denen unser Feuer brannte, zum Seeufer hinaus und schaute nach Westen. Eine dunkle Gestalt trottete am Ufer entlang, im schwachen Dämmerlicht war sie mehr zu ahnen als zu sehen. Trotzdem gab es keinen Zweifel, dass es sich um einen Grizzly handelte. Er trottete, ohne es zu beachten, an unserem Zelt vorbei, das dort drüben zwischen den Büschen stand, und kam langsam näher. Deutlich erkannte ich nun das massive Haupt, den charakteristischen Höcker über den Schulterblättern. Mit Sicherheit war es der Grizzly, dessen frische Trittsiegel wir vorhin auf dem Uferstreifen gesehen hatten. Das war im Osten unseres Lagerplatzes, jetzt kam er von Westen her. Er umkreiste unser Lager anscheinend seit einiger Zeit, jetzt aber kam er direkt auf uns zu. Was tun? Ich hatte nicht viel Zeit zu überlegen. Ich rief – ganz instinktiv – laut, aber ruhig und unaggressiv: hallo! hallo! hallo!

Bange Frage: Wie würde er reagieren? Entweder verdrückte er sich in den Wald oder er ließ sich nicht aufhalten, näherte sich weiter. Was dann? Fliehen? Wohin? Auf die Bäume? Die Bäume waren nicht zu besteigen, bis hoch hinauf astlos. Letztlich würde uns nur die Möglichkeit bleiben, uns auf den Boden zu legen und totzustellen. Aber dazu kam es nicht. Der Grizzly blieb stehen, als er meine lauten Rufe hörte. Reglos stand er da, wie ausgestopft. Dann verschwand er im Dunkel der Bäume, löste sich auf wie ein Spuk.

„Glaubst du, dass er wiederkommt?" fragte Gitte, die inzwischen zu mir ans Ufer getreten war.

„Kann ich mir nicht vorstellen. Aber ich denke, dass wir noch eine Weile draußen bleiben, bis wir ganz sicher sind, dass er weg ist."

Gut eine halbe Stunde lang blieben wir noch am Feuer sitzen, doch kein Geräusch – ein brechender Ast, ein rollender Stein, womöglich wieder ein Klick, klick, klick auf den Ufersteinen – war zu hören, das auf einen sich noch in der Nähe herumtreibenden oder gar sich erneut annähernden Grizzly hätte deuten können. Schließlich gingen wir hinüber zum Zelt. Gitte legte sich hinein, sie war sehr müde; ich „patrouillierte" noch eine Weile auf dem Uferstreifen in der Nähe des Zelts hin und her. Es war ganz dunkel inzwischen und sehr kalt. Ich schaute auf die Uhr: ein Uhr schon vorüber. Sterne funkelten, die Milchstraße. Das Nordlicht flackerte und flammte, der ruhige Wasserspiegel des Sees warf es zurück wie das Echo einer zauberisch schönen, doch auch seltsam fremdartigen, ja unheimlichen Musik. Einer nicht von Menschen gemachten, einer *unmenschlichen* Musik.

SIEBEN TODSÜNDEN

Der nächtliche Besuch des „Mitternachtsgrizzlys" in unserem Lager am Ufer des Telaquana Lake beschäftigte uns begreiflicherweise noch oft, sowohl auf dieser Reise als auch später nach unserer Rückkehr nach Deutschland. Wir erkannten rasch, dass wir gravierende Fehler begangen hatten, die sich allesamt leicht hätten vermeiden lassen; heute möchte ich sogar, etwas überspitzt, von mindestens „sieben Todsünden" sprechen, die wir uns zuschuldekommen ließen.

1. Wir ließen unseren Proviantsack auf dem Boden stehen und kehrten erst nach Stunden und tief in der Nacht zurück.
2. Wir ignorierten die Tatsache, dass in einiger Entfernung von uns ein Tierkadaver lag und dass von dorther wenige Stunden zuvor ein junges Karibu in panischer Angst auf uns zugerannt war. Es ist zwar nicht nachweisbar, aber immerhin möglich, dass der Auftritt des „Mitternachtsgrizzlys" mit diesen Tatsachen zu tun hatte.
3. Wir ignorierten die Tatsache, dass Jerry und Jeanette oberhalb unseres Lagerplatzes, wenn auch in relativ großer Entfernung, zwei Grizzlys beobachtet hatten.
4. Wir ignorierten die teilweise ganz frischen Hinterlassenschaften von Bären in den Beerenhalden hinter unserem Lager; sie spätestens hätten uns daran erinnern müssen, dass wir in der unmittelbaren Nachbarschaft von Bären zelteten und deshalb unseren Proviantsack nicht unbewacht auf dem Boden herumstehen lassen durften.
5. Wir hätten besser daran getan, unseren Lagerplatz an einen Ort zu verlegen, in dessen Nähe sich, soweit erkennbar, keine Grizzlybären aufhielten.
6. Wir hätten spätestens nach dem Besuch des „Mitternachtsgrizzlys" unbedingt unseren Lagerplatz verlegen müssen,

denn es war keineswegs ausgemacht, dass der Grizzly nicht wiederkehren würde.
7. Wir waren generell zu unvorsichtig und unterschätzten, wie oben schon angedeutet, notorisch die Tatsache, dass wir im Bärenland unterwegs waren.

Wir verhielten uns also ausgesprochen fahrlässig und anfängerhaft – wobei man zu unserer Entschuldigung anführen muss, dass wir damals eben noch Anfänger waren und unsere einschlägigen Erfahrungen erst sammeln mussten. Jeder, der auf eigene Faust, d. h. ohne Guide oder irgendeinen wildniserfahrenen Begleiter, ins Grizzly Country aufbricht, wird erst einmal „Novize" sein und als solcher zwangsläufig Fehler machen. So ging es uns, so ging es den beiden Studenten aus Chikago (nur überschätzten die, was wir unterschätzten), so ging es manchem bekannten Bärenexperten. Mike Lapinski etwa berichtet, dass er sich „sträflich falsch" verhielt, als er einem unverkennbar aggressiven Grizzly in den Wald hinein folgte, in dem er verschwunden war. Auch Rainer Höh gibt zu, einige „sträfliche Fehler" gemacht zu haben. Ähnlich Stephen Herrero: „Einmal bin ich", schreibt er, „dreiviertel Kilometer weit auf allen Vieren einem solchen Trail (Bärentrail) gefolgt, als wir uns vom Strand des Katmai National Monument in Alaska ins Landesinnere vorarbeiten wollten. Es war im Jahr 1965, und ich wusste damals noch nicht viel über Bären. Jeder kann sich die Gefahr und meinen Leichtsinn vergegenwärtigen, denn diese Region erfreut sich einer beträchtlichen Braun- (Grizzly)bären-Population."

Neben unserer Unerfahrenheit ist ein weiterer Grund anzuführen, der unser fahrlässiges Verhalten zumindest teilweise erklärt (ich werde später ausführlicher darauf zurückkommen): die aus meiner Sicht tendenziell verharmlosende Darstellung der Bärenproblematik in Zeitungen, Reiseführern oder auch den Informationsblättern der Nationalparks. Wenn wir beispielsweise immer wieder lasen, dass die Gefahr, mit dem Flugzeug abzustürzen oder vom Blitz erschlagen zu werden, größer sei als das Risiko, beim Wandern im Bärenland von einem Grizzly verletzt oder getötet zu werden, ermunterte uns das nicht eben zu übertriebenen Vorsichtsmaßnahmen. Wer stürzt schon mit dem Flugzeug ab? Wer wird schon vom Blitz erschlagen? Das waren doch Risiken, die wir nicht allzu ernst zu nehmen hatten.

Eigenartig ist, dass der „Mitternachtsgrizzly" den Proviantsack während unserer langen Abwesenheit nicht anzurühren wagte, dann aber, als wir zurückgekehrt waren und am Feuer saßen, unverfroren genug war, direkt auf uns zuzukommen. Wie ist dieser Widerspruch zu erklären? Warum kam er überhaupt so direkt auf uns zu? Was wollte er von uns? Spielte vielleicht die Tatsache eine Rolle, dass wir an einem Ort zelteten, wo offenbar schon öfter Jäger campiert hatten, so dass er mit Menschen und menschlicher Nahrung zumindest bis zu einem gewissen Grad vertraut war? Diese Fragen müssen letztlich offen bleiben. Vielleicht war er einfach nur neugierig – „Neugier gehört zum Bären wie sein Pelz" (Herrero) – , aber auch und gerade neugierige Bären können gefährlich werden.

AUFSTIEG INS HINTERLAND

Es ist inzwischen Mittag. Wir haben einen langen, anstrengenden Aufstieg mit schwerem Gepäck durch unwegsames Gelände vor uns, deshalb wird es Zeit aufzubrechen. Wir lassen die Luft aus dem Boot, verpacken es und deponieren es in ein paar Büschen oberhalb des Strandes. Dann sortieren wir Proviant und Ausrüstung: alles, was irgendwie entbehrlich ist, wird ausgemustert (eine Wissenschaft für sich, die wir aber im Lauf der Jahre zu ziemlicher Perfektion entwickelt haben) und in einen großen Sack gestopft, den wir, wie gehabt, an ein hoch zwischen zwei Bäume gespanntes Seil hängen. Noch ein Blick auf den Strand – haben wir alles verpackt, nichts irgendwo im Gras oder zwischen den Ufersteinen liegen gelassen? – , dann marschieren wir los.

Wir wandern erst ein Stück auf dem Strandstreifen am Ufer entlang Richtung Osten. Unsere Rucksäcke sind schwer und hoch wie Türme, schwitzend stolpern wir über die Steine und werfen lange, schwankende Schatten auf die goldgelben Pollenteppiche, die fast die ganze Bucht bedecken. Nach vielleicht hundert Metern biegen wir rechts ab und steigen über steile Blaubeerenhalden den Hang hinauf. Anders als damals sind wir sehr wachsam und machen uns durch laute gelegentliche Rufe usw. bemerkbar. Wir erreichen eine kleine Anhöhe und steigen auf der anderen Seite in eine bewaldete Senke hinab, in der ein kleines Seelein liegt. Der Boden hier unten ist feucht und sumpfig, mehrfach versinken wir bis über die Knöchel in sumpfigem Gras oder Schlamm. Schilfgras und Blumen wachsen am Ufer des Tümpels, der blaue Himmel und kleine weiße Wölkchen spiegeln sich in ihm. Wir durchqueren die Senke und steigen auf der anderen Seite durch dichten Fichtenwald bergwärts. Wir kämpfen uns durch dichtes, schwer durchdringliches Gestrüpp, über moosige Felsbrocken hinweg, glitschige Wurzeln, verwitterte Baumstämme, aus denen Hunderte kleiner Mückchen aufsteigen. Das mürbe Holz dieser Stämme ist manchmal auseinandergebrochen und in Splittern über den Boden gestreut – Bären haben in ihnen nach Ameisen und anderen Insekten gesucht. Immer wieder fällt unser Blick durch das Spalier der Fichten auf die sonnenbeschienene Wasserfläche des Telaquana Lake, die nun schon tief unter uns liegt, und die Berge hinterm Delta. Wir benutzen ab und zu die Pfade der Elche und Karibus, die sich überall am Hang entlangziehen. Es ist dunkel auf diesen Pfaden, das Tageslicht dringt nur spärlich durch das dichte Dach der Fichtenäste. Irgendwann wird es dann heller, der Wald geht in eine dichtverfilzte Buschzone über. Dieses kaum mannshohe Erlen- und Weidendickicht ist ausgesprochen unangenehm, teilweise kommen wir nur voran, indem wir auf den tiefeingegrabenen Tierwechseln unter dem dichten Astgewirr durchrobben und die Rucksäcke hinter uns herziehen. Schließlich gelangen wir auf eine von Erlenbüschen umsäumte lange Lichtung, die zu den weiten Wiesenhängen oberhalb des Buschgürtels hinaufleitet. Die Lichtung ist geradezu übersät von Bärenhaufen, eine solche „Bärenhaufendichte" ist uns noch nie begegnet. Wir wissen, dass wir hier – wie schon während des ganzen Aufstiegs – sehr vorsichtig sein müssen, der oder die Grizzlys, von denen diese Haufen stammen, können nicht weit weg sein. Wir beeilen uns, die Lichtung rasch hinter uns zu lassen und zu den Wiesenhängen darüber zu gelangen, über die wir schräg nach rechts höhersteigen. Noch eine Querung durch ein ausgetrocknetes Bachbett und in Serpentinen ein paar steile Grasflanken hinauf, dann erreichen wir endlich den Kamm.

Die Sonne, blutrot zwischen dunkelblauen und violetten Wolkenbänken, steht schon tief im Westen und taucht das weite, hügelige Grasland der Hochfläche in grelles rotgoldenes Licht. Die Hochfläche scheint zu brennen, doch weht ein eiskalter Wind. Er pfeift um einige im Gras herumliegende Felsblöcke und treibt einzelne Nebelfetzen vor sich her, die im Licht der sinkenden Sonne magisch funkeln: blau, rot, golden, silbern, violett. Die Nebelfetzen kommen von Süden, wo eine dichte Nebelsuppe brodelt, aus der sich nur ab und zu einige Felswände und Eiszacken herausschälen, die zum Massiv des Telaquana Mountain gehören. Auch unser Ziel, der Trail Creek, der unmittelbar im Süden des Kamms, auf dem wir stehen, fließen muss, steckt im Nebel. Wir queren südwärts über den Kamm und steigen in Richtung Trail Creek bergab. Rasch tauchen wir in den Nebel, der immer dichter wird, je tiefer wir nach unten kommen. Wir wissen, dass wir uns nicht verirren können, wir brauchen nur einfach bergab zu steigen, bis wir den laut Karte höchstens hundert Höhenmeter unter uns fließenden Trail Creek erreichen. Doch wir steigen und steigen in die neblige Tiefe hinab, ohne dass der Fluss auftaucht. Was ist los? Haben wir uns doch verirrt? Endlich hören wir lautes Rauschen vor uns im Nebel und sehen die schemenhaften Umrisse von Büschen und niederen Bäumen. Wir sind offenbar im Nebel zu weit nach rechts in den Canyon geraten, durch den der Fluss westwärts zum Telaquana River hinunterrauscht. Wir richten unser Lager ein, das Zelt oberhalb des Flusses, die Feuerstelle, wie immer in angemessener Distanz, am Flussufer. In einiger Entfernung finde ich am Flussufer einen einzelnen Baum, der halbwegs hoch und stabil genug ist, dass ich den Sack in seinen Wipfel hängen kann. Schwarzbären, die den Baum leicht erklettern könnten, gibt es hier nicht, denn sie sind Waldbewohner und verlassen die Waldzone so gut wie nie.

Dichter Nebel auch am nächsten Morgen, der sich aber allmählich auflöst. Wir brechen auf und wandern an den allmählich flacher werdenden Talhängen oberhalb des im Talgrund rauschenden Trail Creek entlang, immer auf die hohen Fels- und Gletscherberge im Osten zu, aus denen der Trail Creek kommt. Irgendwo dort oben wollen wir unser Zelt ans Ufer des Trail

Creek stellen, um dort eine Weile zu bleiben und die umliegenden Berge zu erkunden und, soweit möglich, zu besteigen. Allmählich wird der Talgrund breiter und flacher, wir queren schräg hinunter zum Fluss, weil es sich auf dem breiten Geröllstreifen an seinem Ufer vermutlich besser gehen lässt als hier an den Hängen. Plötzlich sehen wir in ca. 40 Metern Entfernung einen von ein paar Büschen halb verdeckten braunen Tierkörper, darüber ein hohes, vielendiges Geweih. Ein großer Karibubulle, reglos steht er zwischen den Büschen und starrt uns unverwandt an. Ich greife vorsichtig zu meiner Kamera, doch schon setzt er sich in Bewegung – eher gemächlich, als wüsste er, dass wir sehr langsame Wesen sind und ihm nicht gefährlich werden können –, trabt zum Fluss hinunter, überquert ihn und verschwindet im Gebüsch auf der anderen Seite. Auch wir gehen zum Fluss und machen im Halbschatten einiger Birken eine kurze Pause. Es ist inzwischen sehr warm geworden, im Westen brauen sich gewittrige Wolken zusammen.

„Schau mal", ruft Gitte, „dort drüben sind noch mehr Karibus, eine ganze Herde!" Tatsächlich, in langer Kette ziehen Karibus über die grünen Tundrahügel im Südwesten des Trail Creek, es müssen Hunderte sein. Nach einiger Überlegung beschließen wir, den Fluss zu überqueren und unser Zelt erst einmal irgendwo dort drüben auf der Hochfläche aufzustellen, um die Karibus zu beobachten; unser eigentliches Ziel, die Berge am östlichen Rand der Hochfläche, erreichen wir dann eben ein, zwei Tage später. Wir ziehen Schuhe und Strümpfe aus und statt ihrer Turnschuhe an – die Schuhe und Strümpfe hängen wir an den Rucksack –, krempeln die Hosen hoch, bewaffnen uns mit einem der hier herumliegenden Äste und waten zum anderen Ufer. Wo sind die Karibus? Wir sehen sie nicht mehr, sie sind weitergezogen und irgendwo hinter dem hügeligen Tundrakamm im Südwesten von uns verschwunden. Um sie wieder aufzuspüren, müssen wir auf diesen Kamm hinaufsteigen, von dem aus wir vermutlich die Hochfläche in alle Richtungen gut überblicken können. Wir durchqueren einige mit dichtem, übermannshohem Erlendickicht bestandene Seitentäler, durch die schmale, aber recht tiefe Bäche zum Trail Creek hinunterfließen, und steigen dann in südwestlicher Richtung zum Kamm hinauf.

Von hier aus haben wir wie erwartet einen weiten Ausblick auf das sich endlos nach Westen und Süden ausbreitende hügelige Grasland der Hochfläche. Es wirkt etwas eintönig in der drückenden Mittagshitze, ganz anders als gestern abend, als der Wind um die Steine pfiff und die flatternden Nebelschwaden im Licht der untergehenden Sonne farbig funkelten. Von den Karibus keine Spur. Wir suchen systematisch die Wiesen mit dem Glas in alle Richtungen ab, doch ohne Erfolg. Noch einmal schaue ich prüfend durchs Glas – da fällt mir eine kleine Erhebung weit drüben im Südwesten auf, die aussieht, als ob auf ihr ein paar zinnenbewehrte Mauern stehen würden, die halbzerfallenen Reste einer Burg oder kleinen Siedlung. „Vermutlich Felsblöcke", sage ich halb zu mir und gebe Gitte das Glas. „Schau mal, der kleine Hügel da drüben, ziemlich genau im Südwesten, es sieht aus, als ob da eine Burg drauf steht." Gitte schaut lange durchs Glas. „Ich bin mir nicht sicher", sagt sie schließlich, „aber ich glaube nicht, dass das Felsblöcke sind." „Was dann?" „Karibus!" Sie gibt mir das Glas zurück, ich inspiziere noch einmal gründlich die ominöse „Burg". Gitte hat recht, es sind Karibus, vielleicht die Tiere, die vorhin an uns vorüberzogen, vielleicht andere. „Wir müssen näher an sie heran, damit wir sie genauer beobachten können!" Wir gehen nach rechts in eine Senke hinunter, von dort eine lange Strecke westwärts, dann südwestwärts zu einer grasigen Anhöhe hinauf, hinter der wir den Hügel mit den Karibus vermuten. Tatsächlich, dort drüben in vielleicht dreihundert Metern Entfernung erhebt sich der Hügel, auf dem die Karibus stehen, und die vielen Karibukörper mit den hohen Geweihen darüber erinnern auch aus dieser geringen Distanz ein wenig an eine von zinnengekrönten Mauern umschlossene mittelalterliche Burg. Wir setzen uns auf unsere Rucksäcke und beobachten die Herde.

Die Karibus stehen dichtgedrängt auf dem Gipfel des Hügels und an seinen Hängen, manche liegen auch. Einzelne Tiere weiden in der Talsenke am Fuß des Hügels und auf den angrenzenden Wiesen, doch entfernen sie sich kaum einmal weiter als hundert oder zweihundert Meter. Warum stehen die Tiere so dichtgedrängt dort drüben, als hätte sie jemand zusammengetrieben und hinter unsichtbare Zäune gesperrt? Vermutlich, weil dort ein kühlender Wind weht, der ihnen die Moskitos ein wenig vom Leib hält, gegen die sie sich nicht wie unsereiner mit Repellent schützen können. Aber auch, weil sie, wenn sie so dicht zusammenstehen, Angriffe von Raubtieren – Wölfen oder Bären – nicht fürchten müssen und deren Annäherung von dem Berg aus leicht erkennen können. Uns haben sie allerdings noch nicht entdeckt.

Die dunklen Wolken im Westen rücken langsam näher. Es wird Zeit, irgendwo unser Lager einzurichten, damit wir, falls es zu regnen beginnt, in unser Zelt verschwinden können. Da die Karibus keine Anstalten machen weiterzuziehen, hoffen wir, sie heute abend oder morgen noch genauer beobachten zu können. Wo sollen wir unser Zelt aufschlagen? Am besten hier irgendwo in der Nähe, nur gibt es hier nirgendwo Wasser. Auf unserer Karte ist aber im Westen von uns eine kleine Wasserfläche eingezeichnet, an der wir sicher gut zelten können. Wir nehmen unsere Rucksäcke auf und bewegen uns vorsichtig aus dem Blickfeld der Karibus hinaus in die Senke hinab, durch die wir vorhin hinaufgestiegen sind. Da der Wind von ihnen zu uns herüber weht, haben sie unsere Anwesenheit bis zuletzt nicht wahrgenommen. Wir durchqueren die Senke und wandern an leicht geneigten Tundrahängen entlang dem kleinen Seelein entgegen, das wir nach ungefähr einer halben Stunde erreichen. Eine Möwe schwimmt auf dem See, die uns mit wütenden Scheinattacken begrüßt und sich nur langsam wieder beruhigt. Wir nennen sie „Möwe Jonathan" (nach dem gleichnamigen Buch von Richard Bach) und das kleine Seelein, das sie offenbar als ihr Zuhause betrachtet und vor uns unangenehmen Eindringlingen schützen wollte, „Lake Jonathan". Unmittelbar im Westen des Sees ragt ein ziemlich hoher, kegelförmiger Grasberg auf, auch der hat gleich seinen Namen weg: „Mount Jonathan". Wir schlagen unser Zelt in der Nähe des Ufers auf; Bäume für unseren Proviantsack gibt es hier nicht, deshalb legen wir ihn in rund hundert Metern Entfernung in eine grasige Mulde, die ihn zumindest dem Zugriff des Winds einigermaßen entzieht.

DIE „EISBÄRIN"

Nach dem Abendessen steigen wir auf den Berg am westlichen Ufer des kleinen Seeleins, den wir „Mount Jonathan" getauft haben, und setzen uns auf seinem Gipfel ins Gras. Es ist noch immer schwül und drückend, obwohl eine leichte Abendbrise über die Gipfelkuppe streicht. Im Osten breitet sich in grünen, hügeligen Wellen die Hochfläche aus, über die wir heute hierhergewandert sind. Die Karibus sehen wir nicht, sie sind irgendwo zwischen den Hügelwellen verborgen oder vielleicht doch schon weitergezogen. Im Nordosten bricht die Hochfläche zum grünen Wasserspiegel des Telaquana Lake ab, dahinter türmen sich die gezackten Grate der „Nordkette". Im Nordwesten erheben sich andere hohe, teilweise vergletscherte Bergketten, die Cairn Mountains vielleicht, wie wir unserer nicht sehr genauen Karte entnehmen, die Relevation Mountains, die Berge um das breite Tal des Stony River und den Stony Glacier. Im Westen breiten sich endlose bewaldete Ebenen aus, durch die sich der Telaquana River und andere Wasserläufe in weitgeschwungenen Mäandern schlängeln. Weit drüben im Nordwesten schimmert eine schmale, langgezogene Wasserfläche: der Whitefish Lake. Nirgendwo ist ein Zeichen menschlicher Präsenz zu sehen, kein Ort, kein Haus, kein Weg, keine Straße. Die nächsten Siedlungen sind Port Alsworth am Lake Clark und das ca. 100 Kilometer westlich gelegene Lime Village.

Lime Village ist ein kleiner Indianerort, einer von nur noch wenigen – Nondalton, Pedro Bay, Stony River etwa – in den weiten Gebieten westlich der Chigmit, Neacola und Tordrillo Mountains. Indianer lebten hier seit Hunderten, ja Tausenden von Jahren. Auf dem Gipfel eines Berges im Süden des Outlet des Telaquana Lake wurden Reste eines palaoindianischen Lagerplatzes gefunden, der möglicherweise aus dem 7. bis 10. Jahrtausend vor Christus stammte – gut möglich, dass es genau der Gipfel war, auf dem wir jetzt sitzen, denn er ist die markanteste Erhebung auf dem Tundrakamm im Süden des Telaquana Lake und ein idealer Aussichtspunkt. Auch am Telaquana Lake entdeckte man Relikte aus paläoindianischer Zeit, ebenso an den Twin Lakes und dem westlich von den Twin Lakes gelegenen Snipe Lake. In späteren Jahrhunderten siedelten hier die Nachfahren der Paläoindianer, die Dena´ina; ihre Dörfer wurden, von den erwähnten Ausnahmen abgesehen, spätestens zu Beginn des 20. Jahrhunderts aufgegeben. Genau unter uns am Trail Creek, ungefähr auf halber Strecke zwischen dem Ende des Canyons, an dessen Beginn wir gestern gezeltet haben, und der Mündung des Trail Creek in den Telaquana River, stand beispielsweise das schon erwähnte Dorf, zu dem das Fisch-Camp in der Nähe des Outlet des Telaquana Lake gehörte – eine Reihe von Blockhäusern mit grasbewachsenen Dächern und „Fensterscheiben" aus den Eingeweiden von Dallschafen, von denen heute nichts mehr zu sehen ist außer ein paar Löchern im Boden, die ungefähr erkennen lassen, wo die Hütten standen. Die Dena´ina nannten den Trail Creek „Ch´qulch´ishtnu", „Junge-Weiden-Fluss", das Dorf trug den gleichen Namen. Seine Bewohner standen in engem Kontakt mit Kijik, einem Ort am Nordufer des Lake Clark, ein Trail (nach dem der Trail Creek benannt ist) verband die beiden Siedlungen, der bis ins frühe 20. Jahrhundert hinein häufig benutzt wurde. Er führte von „Ch´qulch´ishtnu" ziemlich schnurgerade südwärts, überquerte westlich vom Turquoise Lake und den Twin Lakes den Mulchatna und Chilikadrotna River und im Südwesten des Lachbuna Lake den Kijik River und erreichte nach rund 50 Meilen Kijik. Der Trail war der wichtigste in einer Vielzahl von Pfaden, die die Siedlungen der Dena´ina im südwestlichen Alaska miteinander verbanden, aber auch über den Telaquana Pass oder den Lake Clark Pass zum Cook Inlet und von dort weiter ins innere Alaska führten. Man kann heute auf dem allerdings nicht mehr sichtbaren und gänzlich unmarkierten Trail vom Telaquana Lake zum Lake Clark oder umgekehrt wandern; es wird aber empfohlen, die Tour am Kijik River zu beenden oder zu beginnen, weil dieser Fluss nur schwer und oft gar nicht zu überqueren ist. Es handelt sich um eine lange und anstrengende Tour, die wegen des wechselhaften Wetters, der manchmal gefährlich anschwellenden Flüsse und der großen Einsamkeit nicht zu unterschätzen ist.

Immer wieder suchen wir die Wiesen und Berghänge unter uns mit dem Fernglas ab. Von den Karibus ist nach wie vor nichts zu sehen, sie sind und bleiben verschwunden. Doch tief unter uns an den Hängen, die sich vom „Mt. Jonathan" nach Norden hinunterziehen, entdecke ich plötzlich ein auffallend helles, fast weißes Tier, hinter ihm drei deutlich kleinere Jungtiere. Dallschafe, so tief da unten? Nicht denkbar; außerdem sind die Jungen sehr viel dunkler als die Mutter. Das Glas schafft Klarheit: es ist eine führende Grizzlybärin. Sie ist so weit unten, dass sie uns auf unserer runden Gipfelkuppe nicht wahrnehmen kann, deshalb können wir sie in aller Ruhe beobachten. Ihr zottiges Fell ist tatsächlich auffallend hell, man könnte fast glauben, dass da unten eine Eisbärin durch die Beerenstauden zöge (weshalb wir sie im nachhinein „die Eisbärin" taufen). Sie bewegt sich langsam ostwärts, vermutlich folgt sie einem Wechsel, auf dem sie mit ihren Jungen öfter unterwegs ist, denn die Jungen kennen den Weg, springen bisweilen weit voraus. Die Mutter, so scheint es, kümmert sich nicht um sie, interessiert sich ausschließlich für die Beeren in ihrer Umgebung. Sie rechnet mit keiner Bedrohung für ihre Jungen, außerdem weiß sie, dass die Jungen trotz noch so mutwilliger Ausreißversuche immer sehr rasch wieder zu ihr zurückkehren. Jetzt sind sie auch schon wieder ganz in ihrer Nähe, als wäre es ihnen auf dem einsamen Berghang doch plötzlich unheimlich geworden. Gemeinsam queren sie an dem steilen Berghang entlang, mühelos, elegant wie Bergziegen. Immer wieder fällt mir auf, dass sich Grizzlys in steilem alpinem Gelände ausgesprochen geschickt bewegen, obwohl sie die eigentlichen Felsregionen meiden. Die Empfindungen, die der Anblick dieser einträchtig im tiefen Frieden des herabsinkenden Abends am Hang entlangziehenden Bärenfamilie in uns wachruft, sind schwer mit Worten zu umschreiben; ich denke nur immer: grandios! Schließlich verschwinden sie in einem dichten Erlengehölz.

Kaum sind sie abgetaucht, entdecken wir noch tiefer unten, direkt am Waldrand, einen weiteren Bären; er ist schwarz, so dass es sich eigentlich nur um einen Schwarzbären handeln kann. Im Glas erkenne ich, dass er zwar auffallend groß (und erkennbar wohlgenährt) ist und sogar den Ansatz eines kleinen Höckers über den Schultern trägt, aber doch, v. a. seiner gelblichen Schnauze wegen, eindeutig als Schwarzbär zu identifizieren ist. Auch er frisst Beeren, manchmal legt er sich auf den Boden und streift sie mit den Zähnen und seiner langen, roten Zunge genüsslich von den Sträuchern – ein gleichermaßen geschickter wie bequemer Bär offenbar, entsprechend rundlich ist er auch.

Es donnert irgendwo. Rasch stehen wir auf – ein Gewitter darf uns nicht hier oben auf der ausgesetzten Bergkuppe ereilen – und steigen in Serpentinen den grasigen Osthang hinunter Richtung „Lake Jonathan". Er hat, wie man erst von hier oben aus sieht, eine verblüffend herzähnliche Form, und mitten im Herzen dieses Herzens schwimmt unsere kleine Nachbarin, nach der wir das Seelein getauft haben, die „Möwe Jonathan". Sie ist aber nicht allein, sondern hat Besuch bekommen von einer anderen Möwe, die neben ihr schwimmt und mit der sie sich offenbar sehr angeregt unterhält – vermutlich über uns, doch tun sie beide so, als gäbe es uns nicht. Wir erreichen den See und gehen an seinem Ufer zurück zu unserem Lager. Ein schweflig gelbes Licht liegt auf der Tundra, Wolken türmen sich über den Bergen, vermutlich wird sich bald ein kräftiges Gewitter über uns entladen; trotzdem genehmigen wir uns noch eine Tasse Tee.

Es wird jetzt immer dunkler – dunkler, als es um diese Zeit – nicht lange nach Sonnenuntergang – sein dürfte. Schwarze Wolkenschwaden ziehen über die Tundra und den „Lake Jonathan", Nebelfetzen flattern und tauchen uns in diffuses Zwielicht. Wieder donnert es, diesmal sehr nahe, irgendwo hinterm „Mount Jonathan". Sturmböen fegen heran, eine packt die Plastiktüte, in der wir die Teebeutel verpackt haben, und wirbelt sie über die Wiese, ich rase hinterher und erwische sie gerade noch rechtzeitig. Erste Regentropfen fallen. Eilig räumen wir unser Zeug zusammen und flüchten ins Zelt.

Die Donnerschläge kommen rasch näher, heftiger Regen prasselt aufs Zelt, der Sturm rüttelt an den dünnen Zeltwänden wie unten im Outlet vor ein paar Tagen. Rings um uns zucken Blitze, krachen Donnerschläge; jedes Mal, wenn ein Blitz in die Tundra fährt, bebt sie, als schlüge eine Bombe ein. Doch Gott sei Dank verzieht sich das Gewitter bald wieder, der Sturm flaut ab, der Regen lässt nach.

MAGISCHE NACHT

Ich erwache mitten in der Nacht. Irgendetwas stimmt draußen nicht. Auch Gitte ist wach.

Noch immer klopft der Regen aufs Zelt, wenn auch nur noch sehr leise. Zwischen den gleichförmigen Regengeräuschen sind aber noch andere Laute zu vernehmen, die zunächst ganz unerklärlich scheinen: leises Tappen von Schritten, sachtes Rupfen von Gras. Wer ist da draußen? Tiere, die auf den Wiesen rund um unser Zelt weiden? Was für Tiere? Und plötzlich dringt von weither ein seltsam unerklärlicher, fremdartiger Klang an unser Ohr, wie wenn da weit draußen auf der öden Hochfläche, mal leiser, mal lauter, ein paar Glocken läuteten.

Tief im Gebirge – woher der Glockenklang?

Die Zeile aus einem Gedicht von Wang Wei fällt mir ein. Doch der Glockenklang ertönt nun auch deutlich näher und verwandelt sich in einen seltsam traurigen, sehnsüchtigen, wilden und tief unheimlichen Gesang. Er klettert die Tonleiter hinauf und hinab, verstummt, setzt wieder ein, schwillt an, ebbt ab – Wolfsgeheul! Dazwischen die leisen Geräusche der weidenden Tiere, die in einem seltsamen Kontrast zu dem durchdringenden Geheul der Wölfe stehen. Das Geheul wirkt beunruhigend, ja bedrohlich, das leise Herumtappen und Rupfen von Gras erinnert dagegen an eine friedlich ums Zelt herumweidende Kuhherde, wie wir es öfter in den Alpen erlebt haben, wenn wir irgendwo auf einer Almwiese zelteten (zu Zeiten, als das noch erlaubt war). Fehlt nur das leise, idyllische Geläut von Kuhglocken. Aber was ist das für eine weidende „Kuhherde" da draußen? Vorsichtig öffnen wir die Reißverschlüsse unserer Schlafsäcke und dann des Zelteingangs, kein lautes Geräusch soll die mysteriösen Tiere verscheuchen, und kriechen aus dem Zelt. Ziehende Nebelschwaden draußen, die aber immer wieder den Blick auf die dunklen, regennassen Hügel der Tundra im Hintergrund und die wolkenverhangenen Bergketten im Norden und Nordwesten freigeben – und ziehende Karibus! Hunderte! Sie ziehen am Ufer des kleinen Sees und den Hängen des Hügels entlang, manche auch über die Wiesen, auf denen unser Zelt steht. Sie sind nicht so nahe am Zelt, wie wir dachten, sie wahren eine gewisse Distanz, doch kümmern sie sich wenig um uns. Wir sehen sie zum Teil nur schemenhaft im ziehenden Nebel, zumal es noch nahezu dunkel ist, obwohl ein bleicher Lichtstreifen im Osten schon den heraufdämmernden Morgen ankündigt. Die Wölfe sehen wir nicht. Doch jetzt hallt wieder ihr vielstimmiges, durchdringend-unheimliches Geheul von Osten her über die neblige Tundra. Seltsamerweise nehmen die Karibus keine Notiz davon, so wenig wie von uns, ruhig weiden sie auf den Wiesen und Hängen. Ihre Ruhe überträgt sich auf uns: wenn die sich von den heulenden Wölfen nicht beeindrucken lassen, warum dann wir. Ja, es kommt uns so vor, als ob sie einen magischen Kreis um uns zögen, eine schützende Mauer, die kein Wolf (oder Bär oder sonst irgendein bedrohliches Wildnisgespenst) überwinden kann. Dabei wissen wir doch, dass nicht wir, sondern die Karibus von den Wölfen bedroht sind, denn Wölfe fürchten Menschen und attackieren sie nur äußerst selten.

Ziehende Nebel, ziehende Karibus, heulende Wölfe, die schwarze Wasserfläche des kleinen Sees, auf die die Regentropfen ihre kleinen Kreise zeichnen, die kalte, nasse Einöde der Tundra dahinter im ersten Licht des grauenden Morgens, im Osten hinter dunklen Bergketten zuckende Blitze, letzte Grüße des längst abgezogenen Gewitters – und weit drüben in den westlichen Ebenen ein fahler Feuerschein, vermutlich hat ein Blitz dort den Wald in Brand gesetzt. Magische Nacht.

SIE SIND WIE GEISTER, DIE KARIBUS

Ziehende Nebel, ziehende Karibus auch am nächsten Morgen, aber die Wölfe sind verstummt. Viele Stunden lang ziehen die Karibus an uns vorüber, in kleineren oder größeren Gruppen, die Wiesen sind wie gesprenkelt von ziehenden und vielfach so gemächlich weidenden Karibus, dass wir wieder das Gefühl haben, von einer weidenden Kuhherde umgeben zu sein. Erst wenn man die äsenden Tiere eine Weile beobachtet, erkennt man, dass sie, anders als eine Kuhherde, in ständiger, wenn auch langsamer Bewegung sind und irgendwann im Westen hinter den Hängen des „Mount Jonathan" verschwinden, während von Südosten her immer neue Tiere nachrücken. Sie ziehen und ziehen und ziehen, ruhelose Wanderer und Nomaden, die sie sind wie alle Karibus –

sie sind wie Geister, die Karibus,
sie kommen und gehen, kommen und gehen,

wie es in einem indianischen Gedicht heißt. Wie Geister ziehen sie jetzt auch an uns vorüber, wie Geister verschwinden sie in den Nebelschwaden im Westen von uns.

Die Karibus gehören zur sogenannten Mulchatna-Herde, die im Gebiet des Lake Clark Nationalparks und der weiten Räume im Westen des Parks beheimatet ist. Sie zählt 10 000 bis 40 000 Tiere (irgendwo stieß ich auch einmal auf die Zahl 150 000), wobei die Zahlen von Jahr zu Jahr stark schwanken können. Ihren Namen hat sie vom Mulchatna River, der südlich des Telaquana Mountain entspringt, in den Turquoise Lake und von dort südwestwärts fließt, bis er oberhalb von Dillingham in den Nushagak River mündet. Die weiblichen Tiere der Mulchatna-Herde kalben (im Frühjahr) auf der weiten, hügeligen Hochfläche zwischen Turquoise Lake und Twin Lakes im

Osten und Snipe Lake und Bonanza Hills im Westen – der Trail Creek, den wir gestern überquert haben, fließt exakt am nördlichen Rand dieses Gebiets. Wenn hier noch zu viel Schnee liegt, kalben sie weiter westlich in den tiefer gelegenen Regionen um den Fishtrap Lake und den Koksetna River. Die Mulchatna-Herde macht im Sommer und Herbst weite Wanderungen, deren Richtung aber nie vorhersagbar ist. Mal taucht sie im Gebiet um den Tutna Lake im Westen des Koksetna River auf, mal im Nordwesten am Holitna und Hoholitna River, mal am Stony River im Norden des Telaquana Lake. Sie überwintert in den Niederungen westlich vom Iliamna Lake.

Irgendwann ist das letzte Karibu an uns vorbeigezogen, die Wiesen und Hänge um unser Zelt sind wieder leer wie zuvor. Es müssen – wir haben sie nicht gezählt – viele Hunderte gewesen sein, trotzdem kann es sich nur um einen kleinen Teil der Mulchatna-Herde gehandelt haben, sonst hätte der Vorbeimarsch tagelang gedauert. Wir brechen, da der Nebel steigt und das Wetter besser wird, unser Lager ab und wandern zurück zum Trail Creek, um, wie geplant, irgendwo an seinem Ufer in der Nähe der Berge ein Standlager einzurichten.

Spät am Abend erreichen wir den Trail Creek, durchwaten ihn an der gleichen Stelle wie gestern und wandern an seinem nördlichen Ufer entlang ostwärts, unserem Ziel, den Bergen, entgegen. In einem kleinen Birken- und Zwergerlenwäldchen am Flussufer machen wir halt und bauen das Lager auf. Die Bäume sind zwar so nieder, dass wir unseren Proviantsack nicht bärensicher hochhängen können, aber wir können unser Regendach zwischen sie spannen, außerdem liefern sie Feuerholz. Wir spannen das Dach zwischen zwei Erlen in der Nähe des Flusses, das Zelt stellen wir ungefähr hundert Meter weg an den Rand des Talbodens auf eine erhöhte Kiesbank, die vom Wasser des nach einem langanhaltenden Regen möglicherweise stark anschwellenden Trail Creek nicht erreicht werden kann.

Eine grellrote Sonne steht knapp über dem Hügelkamm im Norden des Trail Creek, das Flusstal und die felsigen Bergflanken im Osten glühen dunkelrot und violett, schwarzblaues, schwammiges Gewölk hängt in den Steilwänden des Telaquana Mountain, dort, nur wenige Kilometer von uns entfernt, regnet es offensichtlich, hoffentlich nicht bald auch bei uns.

HUNDERT BUNTE BILDER

„Prrrego, prrrego" – irgendwelche Vögel lärmen um unser Zelt und reißen uns aus dem Schlaf. Sie bitten uns anscheinend um irgendwas, vielleicht um etwas Essbares, vielleicht fordern sie uns auch nur auf, endlich aufzustehen. Aber wir verstehen kein Italienisch, drehen uns auf die andere Seite und schlafen weiter. „Prrrego, prrrego" – die Biester geben keine Ruhe. Auch ein anderes Tier ist unweit unseres Zeltes unterwegs, raschelt im Gras, pfeift oder besser „zwitschert" ab und zu. Ein Erdhörnchen vermutlich. Ich bequeme mich schließlich doch aus dem Schlafsack, öffne den Zelteingang und schaue hinaus. Das Erdhörnchen huscht wie ein Blitz durchs Gebüsch, hüpft über ein paar Steine, verschwindet in einem Loch. „Prrrego, prrrego" macht es wieder drüben in den Erlen am Flussufer – aha! es sind Schneehühner. Ich dachte es mir doch. Drei, vier, fünf, acht zähle ich. Eine ganze Schneehuhnfamilie offensichtlich. Sie wohnt hier, genauso wie das Erdhörnchen. Und jetzt wir. Nun, wir werden uns schon vertragen. Allerdings, ganz ohne Probleme scheint´s nicht abzugehen: als wir zum Regendach hinübergehen, entdecken wir Kratzspuren, Risse und kleine Löcher an unserem Proviantsack, den wir über Nacht unterm Regendach stehen ließen – irgendwer hat, während wir schliefen, versucht, an unsere Lebensmittel zu kommen. Wer? Die Schneehühner? Das Erdhörnchen? Wir haben letzteres im Verdacht: dort hüpft es schon wieder durchs Gebüsch, knabbert an Grashalmen und Zweigen, macht Männchen, beobachtet uns, wartet offenbar nur darauf, dass wir verschwinden und es sich wieder an den Proviantsack machen kann. Wir verschwinden auch und gehen zum Flussufer, aber vorher hängen wir den Sack so hoch an den Ast eines besonders kräftigen Erlenbäumchens, dass ihn zumindest ein Erdhörnchen nicht erreichen kann.

Wir frühstücken am Fluss. Ein kühler, grauer, nebliger Morgen. Die Berge sind nicht zu sehen, nicht einmal die Hügelkuppen der Hochfläche auf beiden Seiten des Flusstals. Der Fluss rauscht, irgendwo hinter den Erlen an seinem Ufer quaken Enten.

Gegen Mittag, ähnlich wie gestern, lockern sich die Wolken auf und steigen langsam nach oben; nach ungefähr einer Stunde haben sie sich so weit verzogen, dass wir zu einer ersten Wanderung aufbrechen können. Wir packen in unsere kleinen Rucksäcke, was wir in der Regel auf unsere Wanderungen mitzunehmen pflegen (Karte, Kompass, Stativ, Regenschutz, Proviant, Kocher, Kochgeschirr) und gehen los.

Unser Ziel ist ein felsiger, nicht allzusteiler Bergkegel, der im Nordosten von uns aufragt und den höheren Gletscherbergen im Osten etwas vorgelagert ist. Wir nennen ihn „Hausberg", weil er unserem Lager am nächsten steht und am leichtesten erreichbar scheint. Wir wandern erst durch das mehrere hundert Meter breite Trogtal des Trail Creek Richtung Osten und steigen dann nordwärts die Hänge hoch, um zum Fuß des „Hausbergs" zu gelangen. An einem kleinen Bächlein stehen blaue Glockenblumen, auch roter Fireweed wächst da und dort. Überall springen Erdhörnchen herum; wenn sie uns entdecken, richten sie sich auf, beobachten uns, warten – ähnlich wie ihre größeren Vettern, die europäischen Murmeltiere – , bis wir ihnen nahe gekommen sind, und verschwinden dann aufgeregt „zwitschernd" in ihren Löchern. Ihre Löcher sind weit über die Hänge gestreut, manche von ihnen haben Grizzlys aufgebrochen, denen die kleinen putzigen Tiere gewiss so gut schmecken wie Blaubeeren, nur sind sie deutlich schwerer zu kriegen.

Wir erreichen den breiten, hügeligen Kamm über uns und wandern auf ihm ostwärts. Im Norden sehen wir den vertrauten länglichen Wasserspiegel des Telaquana Lake, über dem einige dunkle Regenwolken hängen, während bei uns hier oben und drüben im Tal des Trail Creek die Sonne scheint. Die grüne, wellige Tundra, auf der wir gehen, wirkt im warmen Sonnenlicht freundlich wie eine idyllische Sommerwiese – um so schärfer ist der Kontrast zu den schwarzgrauen, zerrissenen Felswänden und wilden Hängegletschern des Telaquana Mountain gegenüber auf der anderen Seite des Trail Creek. Die Regenwolken überm Telaquana Lake ziehen rasch näher, auch die Wände des Telaquana Mountain nebeln sich allmählich ein. Ein Weißkopfadler fliegt an ihnen entlang, seine in der Sonne glänzenden Schwingen zeichnen sich scharf von den grauen Nebelschleiern ab. Als wir einen grünen Hügel zwischen zwei kleinen Tundraseen überqueren, holen uns die vom Telaquana Lake heranziehenden Wolken ein: erste Regentropfen fallen auf den linken See, der rechte glitzert noch im Sonnenlicht. Über dem Felsgipfel des „Hausbergs" steht ein breiter Regenbogen. Jetzt regnet es auch bei uns, rasch schlüpfen wir in unsere Goretexjacken und -hosen. Dichte Regen-, dann Graupelschauer prasseln auf uns herab, doch lassen wir uns von ihnen nicht stören, wir ignorieren sie einfach. Es wird auch bald wieder hell, so dass wir unsere Regenkleider wieder im Rucksack verstauen können.

Wir erreichen nun die felsige Westflanke des „Hausbergs" und steigen in weiten Serpentinen bergan. Über nasse, rutschige Schutthalden, dann wieder steile Grashänge. In einer Mulde liegen die Reste eines offenbar von Wölfen gerissenen Karibus – Schädel, Wirbelsäule, Rippen, Fellfetzen. Überall ziehen Wildwechsel entlang, von Karibus, weiter oben vermutlich von Dallschafen. Wir rasten kurz und setzen uns auf die Steine. Im Nordwesten öffnet sich ein von schroffen Felsgraten umrahmtes Hochgebirgskar. Weiter nördlich ragt ein markanter Doppelgipfel auf, der über einen breiten Fels- und Graskamm relativ einfach zu erreichen scheint. Wie bunt – wenn man genauer hinsieht – der karge Schuttfleck ist, auf dem wir sitzen. Steine in allen Farben, schon herbstlich verfärbte Flechten und Gräser, eine blaue Glockenblume, ein kleiner, roter Pilz, weiße Graupelkörner. Wir steigen weiter, sind nun dem Gipfel schon recht nah. Eine große, dunkle Wolke kommt von Nordwesten her auf uns zugesegelt, ein richtiges Wolkenmonster, stürzt sich auf die Berge und uns, schüttet heftige Graupelschauer über uns, die allmählich in Schnee übergehen. Sturmböen fegen über die Hänge, Nebel flattern. Plötzlich bricht wieder die Sonne durch und taucht die schräg fliegenden Schneeflocken in gleißendes Licht. Links über uns sehen wir den Gipfel, eine runde Felskuppe, von der sich ein schrofiger Felskamm im Bogen nach rechts zu höheren Fels- und Schneebergen hinüberspannt. Die Wolken schließen sich wieder, in dichten Flocken fällt der Schnee. Irgendwo, vermutlich drüben am Telaquana Mountain, grollt dumpfer Donner – ein Gewitter schon wieder? eine Eislawine? Wir erreichen den Gipfel, kehren rasch um und klettern so rasch wie möglich bergab. Die Orientierung ist schwierig, irgendwann merken wir, dass wir zu weit nach rechts abgetriftet sind, in die steile, splittrige Nordflanke des Bergs hinein. Über ein schneebedecktes Band queren wir zur Westseite zurück. Das Band ist rutschig, der Fels darüber, an dem wir uns halten, brüchig, wir müssen vorsichtig sein. Doch alle Vorsicht hilft nichts: ein Block, den Gitte bei einer schwierigen Passage als Griff benutzt, bricht aus und knallt unmittelbar vor ihren Füßen auf das Felsband. Glück gehabt – eine schwere Verletzung können wir uns hier nicht erlauben, es gibt kein Tal, in das wir absteigen können, um Hilfe zu holen, kein Nottelefon, keinen Rettungshubschrauber. Die Sicht wird besser, die Sonne bricht wieder durch, aber es schneit noch immer. Als wir endlich die Tundrahänge am westlichen Fuß des Bergs erreichen, hat der Schneefall endgültig aufgehört, die Wolken haben sich verzogen und die Sonne scheint wieder wie zuvor. Doch schon sind neue Wolkenbänke im Anzug.

Wir steigen südwärts zum Trail Creek hinunter und wandern an seinem Ufer entlang über Sand und Geröll zu unserem Lager. Irgendwo liegt eine alte, halbverwitterte Elchschaufel herum, wir nehmen sie mit als Dekoration für unser Zelt. Endlich taucht das Lager auf, schon von weitem hören wir das „Prrrego, prrrego" der Schneehühner. Bitte, bitte, scheinen sie uns zuzurufen, bitte hereinspaziert in die gute Stube im kleinen Erlenwäldchen! Sie scheinen gut gelaunt, die Schneehühner – vielleicht weil sie sich in unserer Abwesenheit an unserem Proviantsack gütlich gemacht haben? Nein, er ist unberührt. Damit ist der Beweis erbracht: nicht sie haben unseren Proviantsack angenagt, sondern das Erdhörnchen, das, im Gegensatz zu den Schneehühnern, den Sack jetzt nicht mehr erreichen kann. Wo ist es? Dort knabbert es an einem Grashalm, äugt zu uns herüber, zwitschert, macht Männchen – oder Weibchen. Wir legen die Elchschaufel dekorativ vor unser Zelt – Forsthäuser und Jagdhütten in mitteleuropäischen Breiten pflegen sich mit einem Hirschgeweih zu schmücken, wir dekorieren unsere „Jagdhütte" mit einer Elchschaufel. Sie wird uns später auf ungeahnte Weise noch gute Dienste leisten. Dann kochen und essen wir.

Es dämmert schon wieder. Nebelschwaden kriechen über die Bergkuppen und die Wiesenhänge herab. Obwohl es inzwischen sehr kühl ist, sitzen wir noch lange vor unserem Regendach und trinken Tee. Erst spät gehen wir ins Zelt.

Ich liege im Schlafsack, schließe die Augen. Ich sehe hundert bunte Bilder. Die blauen Glockenblumen auf der Tundra. Den roten Fireweed. Die blaugrünen Hängegletscher des Telaquana Mountain. Die glänzenden Adlerflügel vor den grauen Nebelschleiern. Die grünen, gelben, roten Flechten und Gräser auf der Felsflanke des „Hausbergs". Den Regenbogen über seinem Gipfel. Das grelle Silberlicht der Sonne im Flockenwirbel des Schneesturms. Zahllose andere. Muss er nicht sehr hohl sein, mein Kopf, dass so viele bunte Bilder in ihm Platz haben können? Je hohler, desto besser.

NEBEL, WAS SONST!

Ich öffne den Zelteingang und schaue ins Freie.
„Wie sieht's aus?" fragt Gitte.
„Nebel", antworte ich, „was sonst!"
Seit wir den Telaquana Lake verlassen haben, hatten wir an jedem Morgen mehr oder minder dichten Nebel, der sich dann im Lauf des Tages allmählich auflöste, doch gegen Abend meist wiederkehrte. Auch heute morgen stecken wir erst mal in einer dichten Nebelsuppe.

Wir frühstücken und überlegen, wohin wir gehen könnten, wenn der Nebel sich zurückzieht.

„Wir könnten", schlägt Gitte vor, „auf den Doppelgipfel nordöstlich von unserem ‚Hausberg' gehen, vielleicht sieht man von dort direkt auf den Telaquana Lake hinunter."

„Ja, aber dazu brauchen wir absolut klare Sichtverhältnisse. Der Grat, der auf den Gipfel führt, ist im Nebel leicht zu verfehlen, und wenn wir von ihm abkommen, wird es sofort gefährlich, weil die Wände nach allen Seiten steil abfallen."

„Oder ins Tal des Trail Creek hinauf bis zu den Gletschern, aus denen er kommt."

„Das wäre besser, weil man sich nicht verirren kann, wenn der Nebel zurückkehrt. Aber auch diese Tour würde ich lieber bei stabileren Wetterverhältnissen machen, weil ich auch gerne die Berge, die das Tal auf beiden Seiten begrenzen, erkunden möchte, vor allem die Nordflanke des Telaquana Mountain. Vielleicht können wir über sie auf einen der Gipfel des Telaquana Mountain hochkommen, auch wenn das vermutlich nicht ganz einfach ist."

„Jedenfalls machen wir irgendwas. Und wenn wir nur ein paar Kilometer am Fluss entlanggehen."

Es dauert tatsächlich wieder bis zum Nachmittag, bis der Nebel sich soweit gehoben hat, dass wir zu einer Wanderung aufbrechen können. Wir werden nicht allzu weit kommen, weil es sich allem Anschein nach nur um eine sehr kurzfristige Aufhellung handelt, deshalb kommt keines der Ziele, die Gitte heute morgen vorgeschlagen hat, in Frage. Wir wandern am Flussufer entlang und steigen dann in ein Tal hinauf, an dessen unterem Rand ein Creek durch einen schmalen, dichtbewachsenen Canyon rauscht. Über mehrere sanftgerundete Grasterrassen steigen wir höher. Die Gipfel der Berge sind ringsum von Wolken verhüllt, nur ihre steilen, regennassen (es hat am Vormittag auch längere Zeit geregnet) Sockel sind sichtbar. Einmal reißt die Wolkendecke kurz auf und wir sehen unter einem felsigen Kamm einige auffallend weiße Flecken, die sich bewegen; es sind Dallschafe, die langsam höherziehen und schließlich hinter dem Kamm verschwinden. Und schon schließt sich die Wolkendecke wieder und sinkt rasch tiefer, wir erkennen, dass es sinnlos ist weiterzugehen, kehren um und wandern zurück ins Tal des Trail Creek. Als wir den Talboden erreichen, ist der Nebel auch schon da und so dicht, dass wir uns direkt am Fluss halten und seinen Mäandern unmittelbar folgen müssen, um uns nicht in dem breiten Trogtal zu verlaufen. Prompt stolpern wir auch an unserem Lagerplatz vorbei, der nicht direkt am Fluss liegt und deshalb im Nebel verborgen bleibt. Es dauert eine Weile, bis wir ihn dann doch gefunden haben, weshalb wir uns entschließen, vor der nächsten Wanderung die Höhe des Lagerplatzes durch ein orangerotes Wollknäuel an einem Baum am Flussufer zu markieren.

    Gitte macht Feuer und kocht, während ich mit unserem Holzsack noch einmal losziehe, um weiteres Feuerholz zu holen. Des Nebels wegen halte ich mich wieder nah am Fluss, muss aber ein Stück flussaufwärts gehen, weil im näheren Umkreis des Lagers wenig Holz zu finden ist. Ich gehe vielleicht hundert Meter weit, der Nebel ist so dicht, dass ich von hier aus das Lager nicht mehr sehen kann. Ich stopfe das nur spärlich herumliegende Holz in meinen Sack und schaue immer wieder nach frischen Tierspuren aus, kann aber keine entdecken. Während ich mich gerade bücke, um ein angeschwemmtes Stück Treibholz aufzulesen, streift ein feiner, würziger Duft meine Nase. Ich richte mich auf und schaue flussabwärts in die Richtung, aus der der Duft kommt. Natürlich, es ist der Duft des Feuers und des Essens, das Gitte gerade dort zubereitet. Wortwörtlich läuft mir das Wasser im Mund zusammen. Ich rieche, denke ich beiläufig, den Duft des Essens aus hundert Metern Entfernung, ein Grizzly würde ihn aber aus der Distanz von einem oder gar mehreren Kilometern riechen. Vielleicht steht eben jetzt irgendwo einer und wittert gleich mir zu der Feuerstelle hinunter, und es läuft ihm gleich mir das Wasser im Maul zusammen. Es ist sehr wahrscheinlich, dass es in unserer Umgebung Bären gibt, die unser Lager und die Düfte unserer Mahlzeiten längst gewittert haben, aber sie halten sich offensichtlich fern und machen einen großen Bogen um uns. Dies ist im Grund erstaunlich, da Bären einen bekanntermaßen gewaltigen Hunger haben, vor allem im Hoch- und Spätsommer, wo sie kaum etwas anderes tun als fressen, fressen und nochmal fressen, um sich die nötigen Fettreserven für den langen Winterschlaf zuzulegen. Man darf nie vergessen, dass Bären während des Winterschlafs keinerlei Nahrung zu sich nehmen, daher ihr sprichwörtlicher Bärenhunger während des Rests des Jahres. Warum meiden die Bären uns dann trotzdem und gehen uns aus dem Weg? Warum kommt der Grizzly, der jetzt vielleicht irgendwo dort oben steht und den Duft unseres Abendessens wittert, nicht über die Tundrahänge herabgepirscht, um nachzuschauen, ob und was es vielleicht hier für ihn zu fressen gäbe? Weil ihm zugleich auch ein anderer Geruch in die Nase steigt, der ihm zuwider ist und den er fürchtet, der Geruch des Menschen. Unser wirksamster Schutz im Grizzly Country ist unser Geruch (dies allerdings nur, solange die Grizzlys diesen Geruch fürchten).

Ich schultere meinen mittlerweile einigermaßen gefüllten Holzsack und stapfe zurück zum Lager. Gitte hat schon „gedeckt", sprich: den Topf mit dem Abendessen (gefriergetrocknete „Lasagna") samt Besteck ins Gras unters Regendach gestellt. Wir essen und gehen dann bald ins Zelt.

Wir freuen uns, nach dem langen, kalten Nebeltag in den warmen Daunenschlafsack tauchen zu können, doch empfinden wir auch eine gewisse Unruhe, nachdem wir den Zelteingang geschlossen haben und nicht mehr sehen, was draußen vorgeht – nicht zum ersten Mal, doch heute mehr als in den vergangenen Tagen bzw. Nächten (was auch daran liegen mag, dass uns das kalte Nebelwetter hier an die kalte und neblige Zeit am Camsell River und v. a. an den ungemütlichen Nebeltag erinnert, an dem wir – allerdings nicht nachts, sondern am hellichten Nachmittag – im Zelt lagen und plötzlich die hungrige Schwarzbärin auf uns zutraben hörten). Aus langjähriger Erfahrung wissen wir, dass sich diese heimliche Unruhe am besten durch Gespräche vertreiben oder zumindest überspielen lässt, oft auch über philosophische Themen verschiedener Art: sie fokussieren die Gedanken auf die wirklich wichtigen und wesentlichen Dinge des Lebens und lenken ab vom leisen Gewisper und Geraschle des Winds und anderen dubiosen Nachtgeräuschen draußen. Deshalb entspinnt sich rasch ein philosophischer Diskurs zwischen uns, der allerdings bald endet, weil wir, obwohl oder weil wir heute eigentlich nicht viel getan haben, sehr müde sind. Gitte eröffnet ihn.

„Nichts", sagt sie, „würde mir jetzt so gut schmecken wie ein Leberwurstbrot. Dir auch?"

„Es wäre jedenfalls nicht zu verachten."

„Mit Gürkle und Senf."

„Mit Gürkle ja, aber nicht mit Senf."

„Warum nicht mit Senf?"

„Bratwurst mit Senf ja, Leberwurst mit Senf nein."

„Das verstehe, wer will."

„*Du* jedenfalls verstehst es nicht."

„Ein Käsebrot wäre auch gut."

„Den Käse hätten wir ja" – ich deute auf unsere im warmen Schlafsack verpackten Füße –, „nur das Brot fehlt."

„Oder ein Zitronenkuchen."

„Mit Schokoladeglasur."

„Wie im ‚Starbucks' in Stuttgart."

„In Anchorage gibt´s auch einen ‚Starbucks'."

„Wenn wir wieder in Anchorage sind, gehen wir in den ‚Starbucks'."

„Nein, in den ‚Sweet Basil', wie am Anfang unserer Reise."

Und schon werden wir müde und dämmern langsam, aber unaufhaltsam hinüber ins Reich des Schlafs und der Träume. Mein letzter Gedanke: „Sweet Basil".

DES FLUSSES LIED

„Noch eine Runde?" fragt Gitte.

„Noch eine Runde."

Gitte kocht eine weitere Runde Tee, wir trinken ihn langsam, mit kleinen, vorsichtigen Schlucken, um uns nicht den Mund zu verbrennen. Trotzdem trinken wir ihn so rasch wie möglich, weil er schon nach wenigen Minuten erkalten würde, und wir brauchen die heiße, belebende Flüssigkeit.

Es ist der Nachmittag des sechsten Tages hier am Trail Creek, und seit den Anfangstagen weicht der Nebel nicht mehr oder allenfalls in ganz kurzen Aufhellungsphasen. Es ist kalt und feucht, manchmal regnet es, allerdings nur leicht. Die Feuchtigkeit dringt uns in die Kleider, die Kälte in die Knochen, mit jedem Tag mehr. Hinzu kommen die Moskitos, die die Kälte anscheinend wenig beeindruckt, die hohe Luftfeuchtigkeit dagegen ausgesprochen „beflügelt". Manchmal sind sie so aufdringlich, dass wir Mückenschleier über unsere Köpfe ziehen und unsere Hände durch Handschuhe gegen sie schützen müssen. Wir sehen dann wie Imker aus. Auch beim Angeln heute Vormittag trat ich als „Imker" auf – vielleicht war das der Grund, weshalb keine Fische anbissen. Dafür hat Gitte Blaubeeren gesammelt, die da und dort an den Tundrahängen wachsen. Sie schmecken gut, machen aber nicht wirklich satt, eher im Gegenteil. Trotzdem, wir verhungern hier nicht, wir hungern nur. Hungern und frieren. Wärmen unsere klammen Finger in den Hosentaschen oder an unserem kleinen Feuer. Stochern mit einem langen Ast in dem Feuer herum, schieben die halberloschenen Äste zusammen, damit sich neue Flammen entwickeln können, legen ab und zu einen neuen Ast dazu. „Köhlern" nennt das Gitte. „Köhlern tut mir gut", sagt sie oft. Schauen dem Rauch nach, der von den Flammen aufsteigt und durch das Erlenwäldchen wandert. Er erinnert uns an die kleinen Rauchwölkchen, die der Wind von dem Wurststand am Peratrovic Park in Anchorage über die Straße Richtung „Sweet Basil" trieb. Ein Wurststand hier am Trail Creek, das wär´s. Schauen einem Zitronenfalter zu, der um die Steine des Flussbetts flattert. Schauen auf die Uhr, obwohl wir wissen, dass dadurch die Zeit nur langsamer verstreicht. Straffen das Regendach, indem wir die Schnüre besser zwischen den Erlenzweigen verspannen. Nass ist das Regendach, nass und kalt wie ein Fisch. Erschlagen eine Mücke, die sich trotz einer dicken Schicht von Repellent auf unsere Hand oder Stirn gesetzt und zu saugen begonnen hat. Gittes Unterlippe ist von einem Mückenstich geschwollen – so sehr, dass ich ihr nicht verschweigen kann – sie sieht sich ja selber nicht –, dass sie jetzt selber wie eine Mücke mit einem kleinen Rüssel aussieht. Machen ein bisschen Gymnastik, damit wir hier nicht ganz einrosten. „Wer rastet, rostet", sagt der Dichter Jürgen Theobaldy, „Rost rastet nie."

Kurzfristig legen wir uns ins Zelt, um uns aufzuwärmen, dann gehen wir wieder vor zu unserer Feuerstelle. Der Nebel ist so dicht, dass man einen Kompass bräuchte, um zu wissen, in welche Richtung man zu gehen hat, wenn einem nicht der rauschende Fluss den Weg wiese. Wir allerdings sind diesen Weg schon so oft gegangen, dass wir ihn wahrscheinlich auch ohne Kompass oder rauschenden Fluss, ja sogar mit verbundenen Augen finden würden.

Dann wird es ein wenig heller, der Nebel steigt und lockert sich auf. Die nassen Grashänge, die das Flusstal säumen, werden sichtbar, vorübergehend sogar die runden Kuppen der Hochfläche. Weicht der Nebel endlich, zeichnet sich eine durchgreifende Wetterbesserung ab? Nein, schon kriecht er wieder die Hänge hinab und sinkt bis ins Flussbett hinunter.

Wieder trinken wir Tee. Danach „köhlern" wir.

„Prrrego, prrrego" rufen die Schneehühner. Ein kleiner, grüner Vogel hüpft irgendwo zwischen den Erlen herum. Vom Fluss her ertönt das Geschnatter von Enten. Das Erdhörnchen zwitschert. Ein zweites haust in einer Höhle weiter oben am Hang; wenn es sonst nichts zu tun hat – und es hat sonst nichts zu tun – , steht es unbeweglich wie eine Säule auf einem Felsblock neben der Höhle, beobachtet uns, bewacht, nein, überwacht uns. Die Erdhörnchen haben anscheinend keine Angst, weder vor uns noch vor Bären und anderen tierischen Räubern, die sie doch ständig bedrohen. Einmal beobachtete ich, wie ein Adler ein Erdhörnchen schlug: es stand gemütlich und rundlich wie ein gutgenährter Familienvater in der Nähe seiner Höhle und genoss, so schien mir, den freundlichen Sommertag – da bog plötzlich der Adler um eine Felskante und trug es in seinen Klauen mit sich fort. „Er trägt es in seinen Klauen", dachte ich aus unerfindlichen Gründen, „wie eine Mutter ihr Kind."

Gitte deutet auf ein paar gelbe Blättchen an einer Birke am Flussufer. „Es wird immer herbstlicher", sagt sie.

Ja, es wird immer herbstlicher. Nirgendwo zeigt sich das so deutlich wie an dem Erlenbäumchen, an das wir unser orangerotes wollenes Markierungszeichen gehängt haben: vor ein paar Tagen waren seine Blätter noch grün, jetzt haben sie gelbe Ränder, die zusehends breiter werden.

Das Jahr vergeht. Langsam, langsam, aber es vergeht.

Auch der Tag vergeht. Langsam, langsam, *zu* langsam.

Ich habe den ewigen Nebel allmählich satt, die ewige Nässe und Kälte, die ewige einförmige Untätigkeit. Ein, zwei Tage lässt sich das ertragen, aber wir hocken schon fast eine Woche hier. Und keinerlei Aussicht auf Besserung. Auch Gitte merkt man an, dass die Grenze ihrer Geduld näher rückt – man merkt es vor allem daran, dass sie weniger sagt und – vor allem – weniger lacht. Kein Zweifel: die Moral der Truppe sinkt.

Abend.

Gitte sitzt unterm Regendach und liest („Siddharta" von Hermann Hesse); ich sitze auf einem Felsblock in der Nähe des

Flussufers und lese auch: „Jenseits der weißen Wolken" von Wang Wei.

Ich lese und lese, doch finde ich heute keinen Zugang zu den Gedichten. Selbst Strophen oder Zeilen, die ich seit Jahren auswendig kenne, erreichen mich nicht, sprechen mich nicht an, bleiben mir fremd – so fremd, wie ich mir selber bleibe, fremd, fremd, fremd. Ich klappe das Buch zu und starre ins Leere.

Drüben geht Gitte. Sie hat ihr Buch zur Seite gelegt – ging es ihr wie mir? – und holt Wasser am Fluss für's Abendessen. Ihre Schritte knirschen zwischen den Ufersteinen, sie hallen förmlich in der tiefen Stille, die uns umgibt, wie wenn sie durch eine leere Kirche ginge. Alle Geräusche hallen in dieser Nebelkirche oder scheinen zu hallen: das Klirren des Topfs, wenn wir ihn vom Feuer nehmen und auf die Steine stellen; das Klappern des Löffels, wenn wir den Zucker im Tee verrühren oder das Salz in der Suppe; die gelegentlichen Rufe der Schneehühner; das Gezwitscher der Erdhörnchen. Und wenn – außer dem leisen Plätschern des Flusses – gar kein Geräusch zu hören ist, hallt sogar die Stille selber. Bin ich nicht auch und gerade um der Stille willen in die Wildnis gegangen, die es dort drüben, wo ich herkomme und wohin ich wieder zurück muss, nicht oder kaum mehr gibt?

Ich schließe die Augen. Kein Laut ist zu hören, auch Gittes Schritte sind verstummt. Nur der Fluss plätschert und rauscht. Der Fluss, den die Indianer „Cha´qulch´ishtnu" nannten, „Junge-Weiden-Fluss". Wir würden ihn eher „Junge-Erlen-Fluss" nennen, denn hier oben wachsen vor allem (Zwerg-)Erlen.

Ich öffne die Augen wieder. Nebel um mich, Nebel, Nebel, Nebel. Und drüben beim Regendach ein kleines, leicht flackerndes Lämpchen: das Feuer, auf dem Gitte das Abendessen kocht.

Ich schlage mein Büchlein wieder auf und lese weiter. Und jetzt finde ich doch noch zwei Zeilen, die mich in der Tiefe anrühren, ergreifen, packen. Wie damals der Adler das Erdhörnchen packte. Sie lauten:

Du fragst mich, wie ich stehe zu Misslingen und Erfolg? –
Des Fischers Lied klingt weit das Flussufer herauf ...

Des Fischers Lied ... Des Flusses Lied ...
„Essen ist fertig", ruft Gitte.
„Ich komme."
Wir essen – wieder „Lasagna" – , dann gehen wir zum Fluss und spülen das Geschirr; die Reste der „Lasagna" sind ziemlich klebrig, wir brauchen einige Zeit, bis Topf und Besteck gereinigt sind. Eine Entenfamilie unterhält uns dabei: die Küken üben unter Anleitung ihrer Mutter den Fluss hinaufzuschwimmen – keine einfache Übung, in die andere Richtung geht´s leichter. Auch hier gilt: gegen den Strom schwimmt sich´s schwerer als mit ihm. Danach räumen wir den Platz auf: Tee, Zucker, Salz, die Töpfe, das Besteck kommen zurück in den Proviantsack – ebenso die Plastiktüte, die tagsüber an einem Baum hängt und als „Mülleimer" fungiert – , das an der Feuerstelle gestapelte Holz in den Holzsack, damit es nicht nass wird, wenn es regnen sollte, womit immer zu rechnen ist. Blitzsauber ist der Platz – sehr im Unterschied zu uns selber, die ein reinigendes Bad allmählich ziemlich nötig hätten. Aber eine Reise, von der man nicht „nachhaltig" dreckig nach Hause zurückkommt, ist keine Reise, oder? Und eine Reise, auf der es einem nicht auch einmal nachhaltig dreckig geht, ist keine Reise, oder? Wir müssen, sagt der bekannte japanische Zen-Dichter Basho, den Unbilden des Wetters und anderen Unannehmlichkeiten – Läusen und Flöhen etwa oder gar einem „neben das Kopfkissen pissenden Pferd" – ausgeliefert sein, wenn wir auf einer Reise sind, von der wir

tiefgreifende Impulse und Erfahrungen erwarten, wir müssen hungern, frieren, einsam sein. Hungern und frieren, das tun wir hier, und nicht zu knapp; einsam sind wir auch, Basho auf seinen Reisen dürfte kaum je einsamer gewesen sein; statt der Flöhe und Läuse belästigen uns die blutgierigen Moskitos; und statt eines Pferdes pisst uns die ewige Nebelnässe aufs Zelt, wenn auch nicht auf das (allerdings gar nicht vorhandene) Kopfkissen. So gesehen haben wir keinen Grund, uns hier über irgendetwas zu beklagen, im Gegenteil.

Es beginnt leicht zu regnen, wir gehen hinüber ins Zelt und verkriechen uns in unsere Schlafsäcke. Die Regentropfen klopfen aufs Dach, der Wind raschelt in den Erlenblättern, von fern hört man das leise Rauschen des Flusses. Wie lang halten wir dies einförmige Nebelleben noch aus? Warum bleiben wir überhaupt noch hier – schließlich könnten wir jederzeit zum Telaquana Lake zurückgehen (mit Karte und Kompass kein Problem)? Warum gehen wir nicht morgen schon zurück? Worauf warten, was erwarten wir noch? Was erwartet uns?

Des Flusses Lied klingt weit das Flussufer hinauf ...

AUF MESSERS SCHNEIDE

Der Nebel ist weg!

Wir packen unsere kleinen Rucksäcke für eine Wanderung, die uns am Ufer des Trail Creek entlang zu seiner Quelle im Nordosten des Telaquana Mountain führen soll. Wenn irgend möglich, wollen wir versuchen, von dort aus auch ein Stück in Richtung Telaquana Mountain oder auf einen anderen niedereren Gipfel auf der nördlichen Talseite aufzusteigen.

Es ist zehn Uhr vormittags. Der Nebel hat sich zwar verzogen, aber der Himmel hängt tief und grau über der Tundra und den Bergketten im Osten, viele Gipfel sind verhüllt. Trotzdem: Wir brechen auf.

Wir folgen dem Fluss, bis er in einer weiten Schleife nach Süden biegt, um sich dann wieder nach Nordosten zurückzuwenden. Wir kürzen die Schleife ab, indem wir direkt über die Tundra ostwärts gehen, dem markanten V-förmigen Taleinschnitt entgegen, aus dem der Trail Creek kommt. Wir wandern rasch, wir fliehen förmlich vor dem Lagerplatz und der Erinnerung an die langen, eintönigen Nebeltage. Wir wandern in eine grandios wilde, einsame Urlandschaft hinein, die wir nie gesehen haben, auch nicht auf Postkarten oder in Bildbänden, die kein Wander-, Berg-, Reiseführer beschreibt, in der, außer dem Telaquana Mountain, kein Berg einen Namen trägt. Terra incognita, weites, wildes, unbekanntes, unberührtes Land. „Woher mein Hunger nach unberührter Landschaft kommt, kann ich nicht sagen", schreibt Reinhold Messner. Und Peter Handke: „Dafür suche ich um so bedürftiger nach unberührter Landschaft." Ja, warum hungert der Mensch nach unberührter Landschaft? Mancher Mensch zumindest? Weil es sie nicht mehr gibt – bald jedenfalls nicht mehr gibt. Hier gibt es sie noch.

Wir verlassen die Hochebene und wandern am nördlichen Rand des Flusstals in die Berge hinein, die auf beiden Talseiten steil in die Höhe schießen. Von links zieht ein runder, grasbewachsener Kamm ins Tal hinab, der uns den Blick in den weiteren Talverlauf versperrt. Wir übersteigen den Kamm und queren auf seiner Ostseite schräg ins Tal hinein. Plötzlich erstarre ich zur Salzsäule. „Ein Grizzly", sage ich leise zu Gitte, die mir in geringem Abstand folgt, „nein, zwei, drei!" „Wo?" „Dort drüben, auf der anderen Seite des Flusses, wo der kleine Bach mündet!"

Wir stehen unmittelbar gegenüber den schwarzgrauen, wolkenumzogenen Felswänden des Telaquana Mountain, die hinter dem am rechten Rand des Tals fließenden Trail Creek aufsteigen. Das Tal ist hier noch recht breit, verengt sich aber nach Osten hin rasch. Ein Bach kommt aus einem Seitental, schlängelt sich über steile, schwarze Geröllhalden, dann grüne Wiesenhänge ins Tal hinab und mündet schließlich im Trail Creek. Dort, in der Nähe der Mündung, ziehen die Grizzlys langsam hin und her. Sie sind schätzungsweise (mindestens) 600 bis 800 Meter weg von uns und nur als auffallend hellbraune Flecken zu erkennen. Sie haben uns nicht bemerkt, weil kein Wind weht, der ihnen unseren Geruch zutragen könnte, außerdem rauscht vermutlich der Fluss so laut, dass sie unsere Glöckchen trotz ihrer so empfindlichen Ohren nicht hören konnten. Ich beobachte sie durchs Glas.

„Eine Grizzlymutter mit zwei Jungen", sage ich. „Die Jungen sind zweijährig, fast ausgewachsen, das eine etwas größer als das andere."

Wir sind kurz unschlüssig, ob wir den Rückzug antreten oder sie eine Weile von hier aus beobachten sollen. Die Bären haben uns nicht bemerkt und werden es wohl auch nicht, wenn wir uns vorsichtig wieder zurückziehen. Aber sie sind so weit weg, dass wir keine Gefahr darin sehen, uns hier auf die Wiese zu setzen und sie zu beobachten, selbst wenn sie uns irgendwann entdecken sollten. Deshalb entscheiden wir uns dafür zu bleiben – was uns beinahe das Leben kosten wird.

Wir setzen uns vorsichtig ins Gras und betrachten die Grizzlys weiterhin durchs Glas. Die Bärin ist ein auffallend großes und schönes Tier, ihr Rücken hellblond, Kopf und Bauch dunkelbraun. Die beiden Jungen sind ähnlich gezeichnet. Sie fressen vermutlich Beeren, wir können es im Glas nicht genau erkennen. Ein faszinierendes Bild: die friedlich am Ufer entlangbummelnde Bärenfamilie (ganz ähnlich wie die „Eisbärin" mit ihren Jungen an den Hängen des „Mt. Jonathan"), darüber die wilden Wände, Eisbrüche, Gratzacken des Telaquana Mountain. Wir sitzen, schauen, rühren uns nicht.

Die Sonne tritt aus den Wolken, ihr bleiches Licht fällt auf den Fluss und die Bären an seinem Ufer. Ich hole das Stativ aus dem Rucksack und schraube die Kamera darauf. Ich knipse eine Reihe von Bildern, obwohl ich weiß, dass die Bären für mein 200er Teleobjektiv zu weit entfernt und die Lichtverhältnisse – die Sonne ist nach wenigen Minuten wieder verschwunden – zu ungünstig sind, als dass gute Bilder entstehen könnten. Ich verhalte mich dabei äußerst vorsichtig und vermeide jede heftige Bewegung, um die Bären nicht auf uns aufmerksam zu machen.

Plötzlich richtet sich die Bärin auf. Vielleicht hat sie doch irgendeine meiner zeitlupenhaft langsamen Bewegungen wahrgenommen, vielleicht hat ihr auch irgendein Lufthauch unsere Witterung zugetragen, obwohl es nach wie vor so gut wie windstill ist (das Klicken der Kamera kann sie wegen des Flusses und der großen Distanz nicht gehört haben). Ich setze wieder das Glas an die Augen. Sie sitzt auf ihren Hinterkeulen (ein eher ungewöhnliches Verhalten, normalerweise stellen sich Bären in solchen Situationen auf die Hinterbeine) und wittert. Sie spürt, dass irgendwas nicht stimmt, irgendwas „in der Luft liegt", aber sie kommt nicht dahinter, was. Unruhig wiegt sie das Haupt hin und her, wittert ins Tal hinunter, äugt aber auch immer wieder zu uns herüber, die wir völlig ungetarnt auf der Wiese sitzen. Kein Zweifel, dass sie uns sieht, aber da wir uns nicht bewegen, wird sie nicht klug aus uns. Dies ist interessant, da Grizzlys immer wieder Kurzsichtigkeit oder jedenfalls ein eher begrenztes Sehvermögen nachgesagt wird; hier wird deutlich, dass zumindest diese Bärin genauso oder fast so gut sieht wie wir. Nur hat sie im Unterschied zu uns kein Fernglas. Ich sehe ihren massigen, dunklen Kopf, die runden Ohren, meine, ihr direkt in die kleinen Augen zu blicken, die uns argwöhnisch fixieren. Es ist mir trotz der großen Distanz nicht ganz wohl, wir sind nicht im Zoo, kein massives Raubtiergitter trennt uns von den Tieren. Wir sitzen auch nicht im Bus wie im Denali Park oder auf einer Touristenplattform wie am Brooks oder McNeil River. Und wir sind absolut allein. Nun trabt sie zu ihren ca. zehn oder zwanzig Meter entfernten Jungen hinüber, sie wittert Gefahr, die Jungen brauchen ihren Schutz. Dann beruhigt sie sich aber offensichtlich wieder und wendet sich erneut den Beeren zu. Sollen wir jetzt aufstehen und uns vorsichtig zurückziehen? Wir hoffen, dass sie mit ihren Jungen irgendwann im Busch verschwindet, ohne noch einmal auf uns aufmerksam zu werden, deshalb bleiben wir. Sie beginnt nun im Boden zu graben, vermutlich nach einem Erdhörnchen, heftig schaufelt sie mit ihren gewaltigen Pranken und setzt dabei ihren ganzen riesigen Körper ein, es sieht fast drollig, komisch aus. Die Jungen schauen ihr interessiert zu. Plötzlich dreht sich eines wie ein Kreisel um sich selbst, vielleicht ist ein Erdhörnchen dort aus einem Erdloch gekommen und rennt um sein Leben. Das Erdhörnchen, wenn es denn eins ist, entwischt dem Jungen, jedenfalls kümmert es sich nicht weiter um die Sache und konzentriert sich wieder auf die Beeren. Die Mutter ebenso. Uns scheint sie vergessen zu haben.

Aber wir können nicht ewig dasitzen, zumal wir allmählich zu frieren beginnen. Und da die Bären keinerlei Tendenz zeigen, von der Bildfläche zu verschwinden, müssen wir es tun. Wir erheben uns, verpacken Stativ und Fotoapparat und treten den Rückzug an.

Wir bewegen uns nach wie vor vorsichtig, aber – vielleicht weil wir vom langen Sitzen steif und durchfroren sind, vielleicht auch, weil wir uns einfach nicht vorstellen können, dass uns bei der großen Distanz zwischen den Bären und uns eine Gefahr drohen könnte – nicht vorsichtig genug. Denn die Bärin bemerkt uns diesmal sofort und bäumt sich blitzschnell auf – eine Bewegung von erstaunlicher Eleganz, die in auffallendem Gegensatz zu der komisch-drolligen Tollpatschigkeit steht, mit der sie vorhin nach dem Erdhörnchen gegraben hat, aber auch von unverkennbarer Aggressivität, die mich an einen vielzitierten Ausspruch des Bärenforschers Andy Russell erinnert: „Wenn man den Grizzly mit seinem minderen Cousin (dem Schwarzbären) vergleicht, ist das wie der Unterschied zwischen einem Paket Dynamit und einem Sack voll Gänsedaunen." Hier gehen offensichtlich keine Gänsedaunen in die Luft, hier explodiert ein Paket Dynamit. Trotzdem hoffen wir noch, dass die Bärin die Flucht ergreift – entweder in das Seitental, aus dem der Creek kommt, oder in das lange Tal des Trail Creek hinauf. Aber das tut sie nicht – vielmehr eilt sie, wie vorhin, zu ihren etwas entfernten Jungen hinüber, sammelt sie gewissermaßen ein, setzt dann, die Jungen im Schlepptau hinter sich, in wenigen eleganten Sprüngen über den Fluss und trabt auf uns zu.

„Du, die kommt, die verfolgt uns!" ruft Gitte ängstlich.

„Nicht in Panik geraten, nicht rennen!" rufe ich zurück.

Aber Gitte weiß, dass man vor attackierenden Grizzlys nicht davonlaufen darf, sie zwingt sich ruhig zu bleiben. Wir gehen eilig, aber ohne Hast, westwärts, auf den ungefähr zehn Meter entfernten Kamm zu, den wir vorhin überquert haben und hinter dem wir aus dem Blickfeld der Bärin verschwinden würden. Mehrfach schielen wir über die Schulter hinweg zu der Bärin, um uns zu vergewissern, ob sie näherkommt oder sich möglicherweise doch beruhigt und in die andere Richtung abdreht. Nein, sie dreht nicht ab, sie trabt, gefolgt von den beiden Jungen, unbeirrt hinter uns her. Es ist wie in einem kitschigen Abenteuerfilm oder einem düsteren Alptraum: drei mächtige Raubtiere (denn die Jungen sind kaum kleiner als die Mutter) verfolgen uns, wir versuchen zu entrinnen, kommen aber nicht oder nur schneckengleich langsam vom Fleck, weil jedes hektische Fluchtverhalten den Jagdinstinkt der Tiere wecken würde. Ich weiß, dass unser Leben jetzt auf Messers Schneide steht; wenn die Bärin nicht in letzter Sekunde noch umkehrt, wird sie uns töten oder zumindest schwer verletzen – aber auch schwere Verletzungen wären in unserem Fall tödlich, denn wir wären auf rasche ärztliche Versorgung dringendst angewiesen, und wo sollte die hier oben herkommen? Dennoch empfinde ich keine Todesangst, vielmehr durchströmt mich – paradoxerweise – ein Gefühl überwältigenden, fast rauschhaften *Lebendigseins*, nie zuvor vielleicht habe ich mich so lebendig gefühlt wie in dieser Extremsituation, in der ich dem in Gestalt der Bärin herannahenden Tod nahezu wörtlich in die Augen sehe. Gott sei Dank beschleunigt die Bärin ihr Tempo nicht – sonst hätte sie uns sehr rasch erreicht, denn Bären sind auf kurze Strecken so schnell wie Rennpferde – , sondern bleibt bei ihrem leicht verhaltenen Galopp; dennoch kommt sie näher und näher.

Endlich erreichen wir den Kamm und steigen auf seiner anderen Seite rasch bergab, bis wir die Bärin mit ihren Jungen nicht mehr sehen – und sie nicht mehr uns.

Wir atmen ein wenig auf, aber wir wissen, dass wir noch längst nicht gerettet sind; vielmehr entscheidet sich endgültig erst jetzt, ob wir mit heiler Haut aus dieser Konfrontation herauskommen: entweder brechen die Bären ihre Verfolgung ab oder nicht, entweder tauchen sie auf dem Kamm hinter uns auf – dann werden sie uns vermutlich attackieren – oder nicht. Sie tauchen nicht auf.

„Das war knapp", sage ich.

Während wir auf dem ganzen Rückzug sehr ruhig und diszipiniert waren, zittern wir jetzt am ganzen Körper. Gitte schildert ihre Empfindungen beim Angriff der Bärin so:

Ich kann es nicht fassen, dass sich im Bruchteil einer Sekunde eine denkbar friedliche Situation in eine lebensgefährliche Konfrontation verwandelt hat und dass wir jetzt genau das erleben, was alle Experten als die bedrohlichste Situation überhaupt einschätzen: den Angriff einer führenden Grizzlybärin. Aber es ist mir klar, dass jetzt alles darauf ankommt, die Nerven zu behalten und Ruhe zu bewahren. Ich spüre, während wir dem Tundrakamm zustreben, hinter dem wir aus dem Blickfeld der Bärin verschwinden können, keine Angst, nur eine extreme Anspannung. Mein Gehirn funktioniert glasklar und messerscharf, Empfindungen sind weitgehend ausgeschaltet; es sagt mir, dass das Vorgehen der Bärin jetzt entscheidend von unserem Verhalten abhängt und dass wir ihr gleichermaßen unsere Bereitschaft, ihr auszuweichen und die Bedrohungssituation für ihre Jungen aufzuheben, signalisieren müssen wie unsere Entschlossenheit, uns entschieden zur Wehr zu setzen, falls sie ihre Attacke nicht abbrechen sollte. Als wir schließlich den Kamm erreichen und in die Senke hinabsteigen, die uns den Augen der Bärin entzieht, habe ich nur einen einzigen Gedanken im Hirn: wenn die Bärin mit ihren Jungen auf der Anhöhe erscheint, werden wir diese Konfrontation vermutlich nicht überleben. Sie erscheint nicht, wir sind gerettet. Als dies endgültig klar ist, scheint mein Herz förmlich zu explodieren: es klopft so heftig, dass ich wirklich glaube, gleich springe ein rasendes Wesen aus meinem Hals heraus. Dann beginne ich zu zittern, so sehr, dass ich vorübergehend die Kontrolle über beide Hände verliere. So eindeutig klar mir die Todesgefahr vor Augen stand, so eindeutig klar ist mir jetzt aber, dass sie vorüber ist. Körper und Seele waren gleichermaßen zu einem äußersten Kulminationspunkt hochgespannt, mit der plötzlichen Entspannung tritt ein Zustand ein, der mir fast wie eine Art Lähmung vorkommt. Gleichzeitig formt sich eine Ahnung, die erst später zu einem klaren Gedanken wird: dieser Augenblick der Todesnähe war zugleich ein Augenblick der Nähe zu etwas gänzlich Unbegreiflichem, Unfassbarem, Unsagbarem.

Wir gehen so rasch wie möglich talauswärts, wobei wir uns immer wieder umdrehen und unruhig zu dem Tundrakamm zurückspähen. Aber dort rührt sich nichts, die Bären sind und bleiben verschwunden. Die Lust auf eine Fortsetzung unserer Wanderung, wohin auch immer, ist uns vergangen, andererseits haben wir ein ausgesprochenes Bedürfnis, uns zu bewegen und dadurch zu beruhigen. Wir gehen zum Fluss hinunter, durchwaten ihn – dass wir dabei nasse Füße kriegen, nehmen wir gar nicht wahr – und steigen einen den Wänden des Telaquana Mountain vorgelagerten graswachsenen Bergkegel hinauf. Einmal sehen wir noch in das Tal des Trail Creek hinein, wo uns die Bären begegneten – sie sind fort, haben sich vermutlich talaufwärts in den Buschgürtel am Flussufer verzogen. Der Gipfel des Berges steckt schon wieder im Nebel, die Wetterbesserung war, wie zu erwarten, nur von kurzer Dauer. Wir gehen bis zur Nebelgrenze und setzen uns dort ins Gras. Es dämmert, der Nebel sinkt und umhüllt uns bald wie ein weicher, wallender Mantel aus Watte. Ein Satz aus einem Brief, den Everett Ruess an seine Familie schrieb, fällt mir ein: „Ich bin praktisch am abgelegensten Ort Amerikas." Er schrieb ihn aus dem damals noch unentdeckten, unberührten Monument Valley in Utah. Everett Ruess, der legendäre „Poet der Canyons", der mit siebzehn in die Wildnis des amerikanischen Südwestens aufbrach, nur von einem, später zwei Eseln begleitet, und dort drei Jahre später, mit gerade zwanzig, spurlos verschwand. Wo bin ich, wo sind wir? Am abgelegensten Ort Amerikas.

WARUM ATTACKIERTE UNS DIE GRIZZLY-BÄRIN?

Die dramatische Begegnung mit der Bärin und ihren beiden Cubs verfolgt uns noch tief in den Schlaf hinein, und sie verfolgt uns auch noch am nächsten Morgen. Wir wissen aber, dass die Bärin hier in unserem Lager keinerlei Bedrohung für uns darstellt, dass sie vielmehr alles tun wird, um uns aus dem Weg zu gehen. Wir sitzen – wieder im dichten Nebel – an unserer Feuerstelle und diskutieren die Begegnung.

Es ist klar, dass wir auf keinen Fall mehr in eine solche lebensgefährliche Situation kommen dürfen, deshalb müssen wir unbedingt zu klären versuchen, wie und warum es zu ihr kam.

Warum floh die Bärin nicht, sondern griff uns an? Obwohl sie genug Raum zur Flucht hatte (im oberen Teil des Flusstals wie im nach rechts abzweigenden Seitental) und obwohl wir so weit entfernt waren?

Griff sie uns womöglich gar nicht an – sondern wollte sich nur vergewissern, ob sie es mit Menschen und deshalb mit einer ernsten Bedrohung zu tun hatte (wie es Grizzlys öfter tun, wenn sie menschliche Eindringlinge in ihrem Revier nicht sofort zweifelsfrei identifizieren können)?

Wenn sie uns angriff – griff sie uns nur zum Schein an? „Bluffte" sie nur (viele Angriffe von Bären sind reine Bluffangriffe)? Um uns zu verjagen und dadurch die Gefahr für ihre Jungen zu beseitigen?

Was wäre geschehen, wenn wir nicht die Möglichkeit gehabt hätten, in relativ kurzer Zeit den Tundrakamm zu überqueren und damit aus ihrem Gesichtskreis zu verschwinden?

Wäre die Konfrontation vermeidbar gewesen? Haben wir Fehler gemacht? Wenn ja, welche?

Viele Fragen, und nur teilweise können wir sie schlüssig beantworten. Die Bärin „explodierte wie Dynamit", als sie uns auf der Tundrawiese entdeckte – das kann nur bedeuten, dass sie uns sofort als Menschen identifizierte, die sie als gefährliche Bedrohung für ihre Jungen empfand. Deshalb gab es keinen Grund für sie, frontal auf uns zuzutraben, um sich zu vergewissern, mit wem sie es zu tun hatte. Sie musste die Bedrohung aus der Welt schaffen, entweder durch Flucht oder durch Angriff – sie entschied sich trotz der großen Distanz für Letzteres, aus Gründen, die uns unerklärlich bleiben, jedenfalls zunächst. Es spricht einiges dafür, dass es sich um einen Scheinangriff handelte – dann wäre unser Leben nur scheinbar bedroht gewesen – , v. a. auch das eher verhaltene Tempo, mit dem sie auf uns zukam. Wir wissen allerdings, dass Grizzlys, die in vollem Tempo auf Menschen zupreschten, vielfach auch nur blufften und ihren Angriff irgendwann abbrachen, manchmal erst im letzten Augenblick, und dass es andererseits auch Fälle gab, in denen Bären, die sich langsam annäherten, plötzlich beschleunigten und ihre Opfer anfielen, verletzten, töteten. Im übrigen vermuten wir, dass ein Bär, der einen Angriff startet, in vielen Fällen selbst noch nicht weiß, ob er nur bluffen oder seinen Angriff zu Ende führen will; diese Entscheidung fällt er vielleicht erst während seines Angriffs oder sogar ganz am Schluss. Deshalb können wir letztlich nicht wissen, wie die Bärin sich verhalten hätte, wenn wir nicht hinter dem Tundrakamm und damit aus ihrem Gesichtskreis verschwunden wären.

Wenn wir auf diese Minuten zurückblicken, können wir uns eines leisen Fröstelns nicht erwehren. Zahllose Berichte belegen, wie gefährlich attackierende Grizzlybärinnen sind – statt hier zu sitzen und zu diskutieren könnten wir jetzt genauso gut tot oder schwer verletzt dort oben auf der Tundra liegen. Aber wir leben.

Wir leben und sehen: die Wolkendecke steigt – wieder einmal – nach oben, Sonnenlicht sickert, die Bäume und wir selber beginnen, blasse Schatten auf die Steine zu werfen, die Konturen der Berge im Osten werden sichtbar, steile Schutthalden, blaugrün schillernde Hängegletscher, scharf gezackte Grate, darüber, hoch und entrückt wie ein Himalayagipfel, die schwach von der Sonne bestrahlten Eisgipfel des Telaquana Mountain. Wir sehen – seltsamerweise (doch ohne uns dessen in diesem Augenblick wirklich bewusst zu sein) – die charakteristische Eigenart und Schönheit dieser entlegenen Bergwelt klarer, genauer, schärfer als vor unserer Begegnung mit der Bärin und ihren Jungen, wir sehen sie gleichsam mit neugeborenen Augen.

Die Seele des Bären heißt ein Buch von Charles Russell und seiner Frau Maureen Enns. Wir versuchen zu ergründen, was in der Seele der Bärin vorging. Schreck sicherlich und heftige Aggression gegen den (vermeintlichen) Aggressor zunächst; kompromisslose Entschlossenheit dann, den Aggressor durch eine vorgetäuschte Attacke einzuschüchtern und aus der Nähe der Jungen zu vertreiben; kompromisslose Entschlossenheit auch, ihn zu verletzen und zu töten, wenn er sich nicht rasch genug aus dem Staub macht; im Lauf des Angriffs möglicherweise abebbende Aggression, weil wir uns tatsächlich, wenn auch langsam, zurückziehen; das im gleichen Maß wachsende Bedürfnis, den Konflikt nicht auf die Spitze zu treiben und, wenn irgend möglich, unbeschadet aus ihm hervorzugehen. So oder ähnlich mögen die teilweise einander auch widersprechenden Prozesse im Hirn der Bärin abgelaufen sein, vielleicht aber auch ganz anders. Ganz gewiss stand die Bärin aber während der ganzen Konfrontation – genauso wie wir – unter sehr großem Stress.

Beim Gedanken an diesen Stress fällt uns ein Aspekt ein, der uns bislang entgangen ist: die extrem aggressive Reaktion der Bärin hatte möglicherweise mit der Tatsache zu tun, dass sie unsere Anwesenheit schon vorher irgendwie gewittert oder gespürt hatte und deshalb von da an, obwohl sie sich scheinbar beruhigte und wieder der Nahrungssuche zuwandte, nervös war. Nervosität bedeutet Stress, und Stress bedeutet erhöhtes

Aggressionspotenzial. Hätten wir deshalb, wie wir es kurzfristig überlegt hatten, uns vorsichtig zurückziehen sollen, als die Bärin uns wahrgenommen und danach sich aber wieder beruhigt hatte? Vielleicht; aber vielleicht war es auch besser, sitzen zu bleiben und zu warten, bis sie mit ihren Jungen irgendwo im Busch am Trail Creek oder in dem Seitental verschwunden sein würde. Wir glauben deshalb, dass wir uns hier – instinktiv – eher richtig als falsch verhielten, wie wir überhaupt keine gravierenden Fehler erkennen können, die wir uns im nachhinein vorzuwerfen hätten. Wir sind uns aber einig, dass wir von nun ab noch sehr viel vorsichtiger als bisher sein und, wenn wir wieder in eine solche Situation kommen sollten, sofort umdrehen wollen – denn hätten wir das getan, wäre es nach menschlichem Ermessen zu dieser gefährlichen Konfrontation nicht gekommen (wir tun dies auch von nun an konsequent auf dieser Reise, trotzdem – um das hier vorwegzunehmen – werden wir ein weiteres Mal in eine extrem gefährliche Konfrontation mit Grizzlybären geraten, die wir nur um Haaresbreite überleben).

Nach unserer Rückkehr aus Alaska habe ich mich weiterhin mit dem Fall und den Fragen, die er aufwirft, befasst. Ich fand die meisten unserer Überlegungen bestätigt, v. a. auch die, dass die Bärin vermutlich nervös war, weil sie zuvor schon einmal Verdacht geschöpft und sich nur scheinbar wieder beruhigt hatte, und deshalb so aggressiv reagierte. Rainer Höh schreibt (in *Sicherheit in Bärengebieten*): „Hört der Bär auf zu fressen oder unterbricht eine sonstige Aktion, so ist dies bereits ein subtiles, aber klares Zeichen der Drohung, auf das Sie unbedingt mit Rückzug reagieren sollten!" Wir hatten also recht, wenn wir die hohe Aggressivität der Bärin damit erklärten, dass sie bereits verunsichert und nervös war; nicht recht hatten wir mit unserer Vermutung, dass es wahrscheinlich richtig war, sitzen zu bleiben und zu warten, bis sie sich wieder beruhigte oder mit ihren Jungen im Busch verschwand. Es war nicht richtig, es war falsch, wir hätten sofort aufstehen und verschwinden müssen. Wir hatten zweimal die Möglichkeit, die lebensgefährliche Konfrontation mit der Bärin durch vorsichtiges Verhalten zu vermeiden: erstens, als wir über den Tundrakamm kamen und die Bärenfamilie am anderen Ufer des Trail Creek erblickten – wären wir hier sofort umgedreht, wäre nichts passiert (Stephen Herrero: „Sobald man einen Grizzly sichtet, der einen aber noch nicht einmal wahrgenommen hat, heißt es sich zurückziehen, ehe der Bär überhaupt Verdacht schöpfen kann"). Zweitens, als die Bärin Verdacht geschöpft und uns, ohne letztlich klug aus uns zu werden, auf der Wiese entdeckt hatte.

Es gibt andererseits aber auch etliche Argumente, die diese Einschätzung relativieren und unsere Überlegungen und Reaktionen mehr oder minder „rechtfertigen". Wenn jeder sich an den Rat halten würde, sofort umzudrehen, wenn er irgendwo einen Grizzly sichtet, müsste man fragen, wie dann überhaupt brauchbare Fotos oder Filmdokumentationen von Grizzlys entstehen könnten. Ferner: Die Angaben der Experten über die erforderliche Sicherheitsdistanz zwischen Grizzlys (auch führenden weiblichen Grizzlys) und Menschen schwanken zwar, bewegen sich aber nahezu ausnahmslos im Bereich von hundert bis allenfalls zwei- oder dreihundert Metern. Helmut P. Heft etwa sagt (in *Bärenjahre*): „Mir ist kein nachweislicher Fall bekannt, dass eine Grizzly- oder Schwarzbärin einen Menschen auf 150 Meter oder noch größere Distanz angegriffen hätte." Selbst geringere Distanzen lösen nach Auskunft der Experten vielfach keinen Angriff der Bärin aus. Stephen Herrero beispielsweise berichtet von dem Wildbiologen Al Johnson, der im Denali Nationalpark eine führende Grizzlybärin verfolgte, um Aufnahmen zu machen. „Ohne jemals näher als 90 m auf sie zuzukommen, fotografierte er drei Stunden lang die Bärenfamilie. Er war im Abwind und verhielt sich ruhig (...)." Die Bärin bemerkte ihn deshalb nicht oder ließ sich jedenfalls durch ihn nicht stören – erst als er auf einen Baum stieg und dort oben wie ein Kaninchen quiekte, um die Bärin wegen der hereinbrechenden Dämmerung näher heranzulocken (und dadurch weiterhin gute Fotos machen zu können), griff sie ihn an, zog ihn vom Baum herunter und verletzte ihn schwer. Immer wieder schildern im übrigen Autoren wie Enos A. Mills, Doug Peacock, Roland Cheek, Helmut P. Heft und andere, wie sie Bärenfamilien aus einer Distanz von wenigen hundert Metern problemlos beobachteten, manchmal halbe Nachmittage lang. Maureen Enns, die, wie erwähnt, mit Charles Russell das Buch *Die Seele des Bären* verfasste, berichtet sogar, dass sie stundenlang ruhig im Blickfeld führender Grizzlybärinnen saß und malte, ohne dass ihr je ein Härchen gekrümmt wurde. Deshalb ist die Frage naheliegend: Warum hätten nicht auch wir eine Weile auf unserer Wiese sitzen bleiben sollen, um Grizzlys zu beobachten und zu fotografieren, die so weit weg waren, dass wir sie mit bloßem Auge gerade mal als Grizzlys identifizieren konnten? Umso mehr, als wir schließlich auch deshalb zum Telaquana Lake und in sein Hinterland gezogen waren, weil wir Grizzlys in freier Wildbahn beobachten und erleben wollten?

Ich glaube deshalb, dass wir die lebensgefährliche Attacke der Bärin auf uns zwar hätten vermeiden können, wenn wir sofort umgekehrt wären, dass es aber auch durchaus verantwortbar war, das nicht zu tun. Die Distanz zwischen der Bärin und uns war einfach zu groß.

Wie „unnormal" die Attacke der Bärin aus einer so großen Distanz war, zeigt die Tatsache, dass ich in der gesamten mir zugänglichen Bärenliteratur nur einen einzigen Fall gefunden habe, in dem eine Bärin aus einer ähnlich großen Distanz angriff: den von Herrero geschilderten Angriff einer Bärin mit drei Jährlingen (also Jungen, die, anders als die Jungen am Trail Creek, im gleichen Jahr geboren waren) auf Norm Woodie, einen Parkwächter im Banff Nationalpark in Kanada. Woodie ritt mit seiner Frau auf einem abgelegenen Trail, als er weit vor sich eine Bärenfamilie entdeckte. Er beziffert die Entfernung auf „500 bis 600 Yards", also rund einen halben Kilometer (was die deutsche Übersetzung des Buchs von Herrero irreführend mit „gut 150, vielleicht 200 m" wiedergibt) und fährt fort: „Die Bären waren mit bloßem Auge nur unklar zu sehen, aber der Blick durchs Fernglas ließ keinen Zweifel daran, dass es sich um eine Grizzlyfamilie handelte." Während Woodies Entfernungsangaben genauso wie unsere auf Schätzungen beruhen, also zwangsläufig ungenau sind, zeigt diese Beschreibung zweifelsfrei, dass Woodies Bärenfamilie ziemlich exakt genauso weit entfernt war wie unsere am Trail Creek. Die Bären gruben nach Wurzeln, ähnlich wie die Bärin am Trail Creek, die zwar vermutlich keine Wurzeln, sondern ein Erdhörnchen aus der Erde zu schaufeln versuchte. Herrero schildert den weiteren Verlauf der Begegnung: „Norm ist in der Nähe von Grizzlys immer ausgesprochen vorsichtig; er saß ab und nahm sein Gewehr aus dem Futteral. Da die Bärenfamilie nahe des Trails auf Futtersuche war, entschied er sich dafür, ihnen eine Fluchtchance zu geben und dann mit seiner Frau weiterzureiten. Auf alle Fälle hatten die Bären genügend Bewegungsspielraum, sich nicht bedroht zu fühlen. Norm versuchte, den Bären die Anwesenheit von Menschen zu vermitteln. Er rief ihnen etwas zu. Die Bärin hörte ihn trotz der Entfernung, richtete sich auch für einige Sekunden auf den Hinterläufen auf. Sie fiel dann auf alle Viere zurück und galoppierte direkt auf Norm zu, der einen Schuss abgab, – sie dadurch aber nicht bremsen konnte. In seinem Tagesprotokoll klingt das so:

‚Sie befand sich nicht mehr in meinem Blickfeld, aber ich war mir darüber im klaren, dass sie nur 12 m entfernt von mir sein würde, wenn sie wieder auftauchte. Ich gab mein Pferd frei, weil ich mich unmöglich mit beiden Tieren gleichzeitig beschäftigen konnte, und wartete ab.

Ich war sicher, dass die Bärin in Sekundenbruchteilen vor mir den Hügel hinaufpreschen würde – immer noch in vollem Galopp. So war es denn auch. Ich gab einen weiteren Schuss ab, der ihr Erdreich ins Gesicht spritzte und sie für einen Augenblick verhalten ließ. Dann war sie vielleicht – so um die 6 m – weg, als ich noch einmal schoss, sie glücklicherweise zwischen den Augen traf und sofort tötete.

Während der ganzen Zeit waren ihre drei Jungen immer an ihrer Seite – und das war für mich der ausschlaggebende Moment. In diesem letzten, alles entscheidenden Augenblick war mir klar, dass sie sich durch nichts aufhalten lassen würde, dass ich sie sofort töten musste – wollte ich nicht selbst getötet oder schlimm verletzt werden'".

Die Parallelen zwischen diesem und unserem Fall springen ins Auge. Der Unterschied ist, dass Woodie die Bärin durch laute Rufe verscheuchen wollte und dadurch den Angriff auslöste und dass er bewaffnet (und beritten) war. Und, vor allem, dass die Bärin ihren Angriff auch dann nicht abbrach, als er aus ihrem Blickfeld geriet.

Herrero schreibt abschließend zu diesem Fall: „Der Angriff der Bärin aus dieser großen Distanz heraus war *äußerst ungewöhnlich*" (Hervorhebung von mir). Und Woodie selbst in seinem Bericht: „Während meiner 42 Jahre in der Wildnis bin ich 150 oder 200 Grizzlys begegnet, und ich habe mich immer wie eingangs beschrieben verhalten und sie (durch Rufe) fortgescheucht. Aber wie heißt es doch: ‚einmal und nie wieder'. Ich hoffe, diese Redewendung stimmt – wie für die Bärin, so auch für mich."

FLUCHT ZUM TURQUOISE LAKE

Wir überlegen, ob wir unser Lager abbrechen und hinüber zum Turquoise Lake gehen, besser gesagt, „fliehen" sollen, um aus der Reichweite der Bärin zu kommen, der wir hier doch bei jeder Tour, wohin auch immer, wieder über den Weg laufen können. Es ist zwar nach wie vor sehr neblig, aber mit Karte und Kompass ist der Weg zu dem genau im Süden von uns gelegenen Turquoise Lake unschwer zu finden. Die Frage stellt sich allerdings, ob wir dabei nicht erneut das Risiko eingehen, in eine gefährliche Situation zu geraten – was wir doch von jetzt ab unbedingt vermeiden wollen – , weil die Bären uns im dichten Nebel nicht sehen können und es deshalb leicht zu einer plötzlichen Begegnung auf sehr geringe Distanz kommen kann. Wir sind aber letztlich davon überzeugt, dass dieses Risiko, wenn wir durch regelmäßige Rufe u. Ä. auf uns aufmerksam machen, kaum größer ist, als wenn wir bei klaren Sichtverhältnissen unterwegs wären. Denn Bären „sehen" primär mit ihrer Nase und ihren Ohren, nicht mit ihren Augen, also „sehen" sie uns auch im Nebel. Wir entscheiden uns deshalb für den Weitermarsch zum Turquoise Lake, wobei zweifellos auch die Tatsache eine Rolle spielt, dass wir unseren Lagerplatz nun endgültig satt haben und dringend einen „Tapetenwechsel" brauchen, obwohl wir dort gewiss die gleichen „Tapeten" vorfinden werden wie hier: graue, feuchte Nebelwände.

Wir schlagen das Lager ab und brechen auf.

„Prrrego, prrrego" rufen uns die Schneehühner hinterher, „bitte, bitte, bleibt nicht zu lange weg, kommt wieder, wenn ihr zurück zum Telaquana Lake geht, einen besseren Lagerplatz als den hier werdet ihr am ganzen Trail Creek nicht finden!" „Keine Sorge", antworten wir, „wir kommen zurück, deshalb haben wir doch die Markierung an dem kleinen Bäumchen hängen lassen, sonst würden wir den Platz womöglich gar nicht mehr finden!"

Auch die Erdhörnchen und Enten zwitschern und quaken uns freundlich hinterher.

Wir durchwaten den Fluss, wandern die Hänge des Flussbetts hoch und über die anschließende Hochfläche südwärts. Die Sicht wird etwas freier, so dass wir auf Kompass und Karte verzichten und uns an den unteren Partien der Berge im Osten (die Gipfel bleiben verborgen) orientieren können, an denen wir nur entlang gehen müssen, um früher oder später zum Turquoise Lake zu gelangen. Wir sind immer noch ein wenig nervös, rufen regelmäßig und lassen unsere Blicke immer wieder über das leicht gewellte Grasland der Hochfläche schweifen. Steht dort drüben nicht die Bärin mit ihren Jungen auf einem Hügel und sichert zu uns herüber? Nein, es sind nur ein paar Felsblöcke, die die Gletscher der letzten Eiszeit hier auf die Hochfläche geschoben haben. Aber sie bewegen sich doch? Nein, nur ein paar Nebelfetzen bewegen sich, die an den Steinen entlangziehen. Und dort drüben, der helle, gelbe Fleck im Erlengebüsch? Eben war er da, jetzt ist er verschwunden. Was war das? Was, wenn nicht die Bärin oder irgendein anderer Grizzly, der hier nach Beeren, Wurzeln oder Erdhörnchen sucht? Nein, es war nur ein flüchtiger Sonnenstrahl, der sich durch den hochsteigenden Nebel stahl und, sekundenkurz, auf den schon herbstlich verfärbten Busch fiel. Aber je länger wir voran- und vom mutmaßlichen Lebensraum der Grizzlybärin wegkommen, desto ruhiger werden wir.

Nichts rührt sich auf der Tundra, über die wir, immer am Rand der Ausläufer des Telaquana Mountain entlang, südwärts wandern. Nur der Nebel verdichtet sich wieder ein wenig, doch haben wir weiterhin so viel Sicht, dass wir keinen Kompass brauchen. Wir steigen in eine weite, steinige Talmulde hinab und machen dort Pause, um die Karte zu studieren. Wir müssen schon recht nahe am Turquoise Lake sein, aber wir sehen ihn noch nicht. Die Frage ist, wo wir am Turquoise Lake unser

Lager aufstellen sollen. Es kommen wohl, laut Karte, nur die Ufer im Westen und Osten des Sees in Frage, die Nord- und Südufer sind zu steil. Also zum West- oder zum Ostufer? Die Entscheidung fällt nicht schwer: wir können zwar, wenn wir das wollen, vom Westufer besser in Richtung Twin Lakes weiterwandern, aber interessanter ist erst einmal das östliche Ufer, weil dort die interessanteren Berge stehen. Vor allem lockt uns die Möglichkeit, von dort aus die Südflanken des Telaquana Mountain zu erkunden und evtl. über sie einen Aufstieg zu seinem Gipfel zu finden.

Also queren wir, über Grashänge und ziemlich steile Geröllhalden, ostwärts. Plötzlich flattern und fließen die Nebelschwaden auseinander, und wir sehen, schon sehr nahe, doch tief unter uns, eine leicht gewellte, grüne Wasserfläche, im Hintergrund, von Nebel- und Wolkenfetzen umzogen, gezackte Grate und Bergspitzen. Der Turquoise Lake, keine Frage. Wir müssen noch ein gutes Stück ostwärts queren, dann steigen wir über Geröllhalden in ein Tal hinab, das zum Ostende des Sees hinunterführt. Wir durchqueren einen dichten Buschgürtel, durchwaten einen kleinen Bach – und stehen am Ostufer des Turquoise Lake.

Der See und seine Ufer wirken auf uns, anders als die dicht bewaldeten Ufer des Telaquana Lake, bedrückend karg und abweisend. Grüne Steilhänge im Norden und Süden, die sich in Nebelschleiern verlieren. Im Westen flache Tundra, auch sie verschwimmt im Nebeldunst. Rings um uns im Osten des Sees Felshänge und düstere Schutthalden, an denen graue Wolken entlangkriechen. Dazwischen das Delta des Mulchatna River, der in den Turquoise Lake fließt, ähnlich wie das Delta des Telaquana River, nur breiter. Und ohne Bäume. Der Mulchatna River hat sich in viele kleine Arme aufgespalten, die in weitverzweigten Mäandern durch das Delta dem See entgegenfließen. Ein ziemlich starker, kalter Ostwind bläst durch das Delta.

„Kalt ist es hier", sage ich.

„Ja, ungemütlich."

„Aber jede Menge Feuerholz!" Ich deute auf einen riesigen Holzhaufen im nordöstlichen Winkel des Sees.

Leider ist das Holz für uns nicht nutzbar, weil es nicht uns gehört, sondern denen, die es hier zusammengetragen und aufgeschichtet haben: Bibern. Sie haben hier ihre Burg gebaut und den kleinen Bach, den wir eben überquert haben und der unweit der Burg in den See mündet, zu einem kleinen Teich aufgestaut. Wo sind sie? Nicht zu sehen, vermutlich sitzen sie in ihrer Burg und beobachten uns. Aber wir wissen nun, dass wir hier nicht ganz allein sind, dass eine Biberfamilie in unserer Nachbarschaft wohnt, wie drüben am Trail Creek eine Schneehuhnfamilie. Und sieh, schon huscht auch hier ein kleines Erdhörnchen durchs Gebüsch, zwitschert, macht Männchen, zuckt mit dem Schwanz, hebt den Kopf und äugt zu uns herüber. Gleich fühlen wir uns ein wenig heimischer.

Wir müssen eine Weile suchen, bis wir geeignete Plätze für Zelt und Regendach bzw. Küchenzelt finden. Das Regendach spannen wir ca. 200 Meter östlich vom Seeufer zwischen einige niedere Büsche am Rand eines kleinen Abhangs, das Zelt stellen wir noch einmal 100 Meter weiter östlich auf ein graswachsenes, von Zwergerlen umgebenes und deshalb einigermaßen windgeschütztes Plateau. Die Feuerstelle richten wir wie immer neben dem Regendach ein, dort deponieren wir auch den Proviantsack.

Wir sammeln Holz (im Delta, nicht vom Biberbau), kochen, essen – und sind zufrieden. Es braucht wenig, um zufrieden zu sein: Ein Zelt, ein Küchenzelt, ein kleines Feuer, eine heiße Suppe, einen heißen Tee.

Der Wind pfeift (doch im Schutz des kleinen Abhangs, an dem wir unser Regendach installiert haben, kriegen wir wenig von ihm ab), der See rauscht, der Nebel zieht um steile Bergflanken, felsige Gipfel tauchen aus den Wolken auf und verschwinden wieder, im Osten blinken hinter scharfen Gratzacken ein paar blaue Himmelsstreifen. Es dämmert und wird noch kälter. Wir gehen zum See und an seinem Ufer ein paar Schritte hin und her, um uns ein wenig zu bewegen. Plötzlich ein heftiger Schlag auf dem See, nicht weit weg von uns, dann noch einer, wir fahren zusammen. Was ist das? Natürlich, es sind die Biber, die mit dem Schwanz warnend aufs Wasser schlagen, als sie uns entdecken, und dann abtauchen. Weit draußen auf dem See kommen sie wieder an die Oberfläche. Es sind zwei, gemächlich ziehen sie dort ihre Kreise und kümmern sich nicht weiter um uns. Wir kehren zu unserem kleinen Feuer zurück, denn hier am Strand ist es wegen des starken Winds noch kälter als in unserer Senke unterm Regendach. Während den langen Nebeltagen am Trail Creek wehte nur selten ein Wind und wenn, dann schwach; vielleicht lag es daran, dass der Nebel nie oder nur ganz kurzfristig weichen wollte und beinahe unablässig schwer wie Blei auf der Hochfläche lastete. Hier und heute abend jedenfalls ist der Wind zwar beißend kalt und unangenehm, aber er bringt zunehmend die Nebelmassen in Bewegung; wie ein Besen fegt er sie von den Bergen und aus den Tälern und treibt sie in die weiten Ebenen im Westen hinaus. Auch die blauen Wolkenlücken im Osten vergrößern sich zusehends und breiten sich immer weiter aus. War eben noch der Himmel über uns ein graues Wolkenmeer, in dem ein paar blaue Himmelsinseln schwammen, so ist es jetzt umgekehrt: graue Wolkeninseln schwimmen in einem glasklaren, stahlblauen Himmelsmeer. Sie schwimmen westwärts und verflüchtigen sich immer mehr, ebenso der Nebel. Gegen 22 Uhr ist alles frei, der See, das Delta des Muchatna River, der Zackenkranz der Berge dahinter, der nachtblaue Himmel darüber.

Plötzlich blitzt auf einer Felsscharte am linken Rand einer hohen Bergspitze im Südosten ein kleines, gelbes Licht auf. In der steinernen Einöde der langsam in die Nacht tauchenden Bergwelt rings um uns wirkt dies plötzliche Licht geradezu unheimlich. Dort, zumal so hoch oben, kann ja niemand sein, zumindest kein Mensch. Oder ist doch jemand dort, irgendwelche Bergsteiger vielleicht, die dort oben biwakieren, um morgen den von der Scharte steil zum Gipfel der Bergspitze hochziehenden Grat hinaufzuklettern? Das Licht wird stärker, breiter, unbegreiflicher, unheimlicher. Und dann – steigt ein riesiger dottergelber Vollmond hinter der Scharte herauf und klettert langsam an eben diesem Grat hinauf, bis er den Gipfel des Berges erreicht und lautlos in den weiten Nachthimmel hinausgleitet.

AUF DEN „SHEEP MOUNTAIN"

Ein nahezu wolkenloser Himmel spannt sich am nächsten Morgen über uns. Die Sonne ist noch verborgen hinter den hohen Bergen im Osten, es ist schattig und sehr kalt, Raureif liegt auf den Grasbüscheln zwischen den Steinen des Deltas, der Nachttau auf dem Zelt ist gefroren. Wir kramen unseren „Waschbeutel" – eine Plastiktüte mit Zahnbürsten, Zahnpasta etc. – aus dem Proviantsack und gehen vor zum See. Die Biber sind auch schon da, einer schwimmt draußen auf dem See, ein anderer knabbert am Ufer in der Nähe des Baus an einem Busch herum – man kann es nicht genau erkennen, sieht nur, dass der Busch kräftig hin- und herschwankt –, dann folgt er seinem Gefährten auf die offene Wasserfläche hinaus. Gitte ruft ihnen freundlich zu, sie hat ein besonderes Talent, das Vertrauen von Tieren zu wecken, ihnen deutlich zu machen, dass sie vor ihr keine Angst haben müssen. Die Biber spitzen, so scheint es, die Ohren, horchen nach uns hinüber und schwimmen langsam näher. Bis auf ca. hundert Meter kommen sie heran, dann schlagen sie wieder mit dem Schwanz aufs Wasser, tauchen ab und ein Stück entfernt wieder auf, wo sie ruhig hin- und herschwimmen. Im Westen des Sees ragen einige duftigblaue Hügel auf, die Bonanza Hills; es sieht aus, als ob die Biber unmittelbar am Fuß dieser Hügelkette hin- und herschwömmen, doch ist sie rund dreißig Kilometer entfernt.

Wir waschen uns, putzen die Zähne. Das Wasser ist eiskalt und so klar, dass man kaum einen Unterschied zwischen den Steinen am Ufer und denen im Wasser bemerkt. Es ist, obwohl es noch tief im Schatten der Berge liegt, von einem auffallend intensiven, leuchtkräftigen Grün – man muss bei seinem Anblick nicht lange rätselraten, woher der Turquoise Lake seinen Namen hat. Die Dena´ina tauften ihn allerdings nicht nach seiner Farbe, sondern nach den Haaren von Karibus und Dallschafen, die offenbar manchmal in ihm schwammen: „Vandaztun Vena", „Tierhaare-See". Wir sehen keine Tierhaare und außer den Bibern keine Tiere, aber wir wissen, dass es in den Bergen ringsum viele Dallschafe gibt und dass sich im Frühjahr zahllose Karibus auf den weiten Tundraflächen im Westen des Sees versammeln (außerdem waren die vielen Karibus, die wir kürzlich gesehen haben, nicht weit weg von hier); deshalb können wir uns gut vorstellen, dass auch heute noch gelegentlich Tierhaare herumschwimmen auf diesem „Tierhaare-See".

Der See ist viel kleiner und schmaler als der Telaquana Lake, doch ist er ähnlich wie dieser am östlichen Rand von hohen Felsbergen umgeben, deren Ausläufer sich am See entlangziehen und schließlich in die weiten Ebenen im Westen hinabsenken. Weil er wesentlich höher liegt als der Telaquana Lake, ist er nicht wie dieser von einem breiten und dichten Waldgürtel gesäumt, den man erst mühsam durchqueren muss, wenn man auf die Berge steigen will – ein großer Vorteil. Dafür fehlen die idyllischen Waldbuchten und – zumindest an seinem nördlichen und südlichen Ufer – die breiten Sand- und Steinstrände, auf denen man, egal ob Mensch oder Bär, so schön promenieren kann. Und es fehlt das für den Telaquana Lake so charakteristische schrill-melodische Konzert der vielen Wasservögel. Wir überlegen, wohin wir von hier aus wandern und welche Gipfel wir besteigen könnten. Im Süden, uns unmittelbar gegenüber, ragt ein markanter Felsberg auf, dessen steile, von langen Schuttreißen durchzogene Nordflanke direkt zum See und zum Delta hin abfällt. Er ist vermutlich gut zu besteigen, allerdings von Westen her, nicht über die steile und brüchige Nordflanke. Im Südosten fließt ein Creek durch ein steiles, felsiges Tal zum Mulchatna River hinunter; er kommt aus einem Gletscher, der hoch oben unter einer grauen Felswand hängt. Auch dieses Tal scheint begehbar zu sein, man könnte in ihm zu dem Gletscher hochsteigen und über einen Pass auf die andere Seite der Bergkette gelangen, wo man schon irgendwo im Süden vielleicht die Twin Lakes sehen könnte. Im Osten türmen sich hohe, zerklüftete Felsklötze, die uns an manche Gipfel der Brooks Range in Nordalaska erinnern, in denen wir auch einmal lange unterwegs waren. Irgendwo muss sich das Tal des Mulchatna River durch diese Felsberge winden, aber wir können keinen Talausschnitt erkennen, das Delta sieht dort hinten wie zugemauert aus. Gewiss können wir auch dieses Tal finden und erkunden. Und wie steht es mit der Ersteigung des Telaquana Mountain? Er stürzt von Nordosten in gewaltigen, fast senkrechten, düsteren Granitwänden, in denen hoch oben mehrere Hängegletscher kleben, ins Delta hinab. Unmöglich, an diesen Wänden irgendwo hochzukommen, das zeigt ein flüchtiger Blick. Aber an ihrem Fuß scheint ein Tal nach Norden in das Massiv hineinzuführen, vielleicht ist über dieses Tal ein Aufstieg möglich. Die gewaltige, schwarzgraue Wandflucht des Telaquana Mountain, die uns schon beim Flug zum Telaquana Lake ins Auge fiel, beherrscht das Delta und die umliegenden Berge; ihr stiller, grüner Kontrapunkt: der heute von keiner Welle getrübte Wasserspiegel des Turquoise Lake.

Gitte deutet auf den uns gegenüberliegenden Felsberg mit den zwei Schuttreißen hinüber: „Dallschafe!" Jetzt sehe ich sie auch: ein kleines Rudel von fünf oder sechs Tieren, sie stehen hoch oben auf einem steilen Hang in der Nähe des Grates und bewegen sich nur wenig. Vielleicht können wir uns von Westen her an sie heranpirschen und ein paar gute Fotos machen? Damit ist auch klar, dass wir heute auf diesen Berg mit seiner steilen Nordflanke steigen oder es zumindest versuchen werden. Wir nennen ihn der Dallschafe wegen „Sheep Mountain".

Wir gehen zurück zum Lager und frühstücken. Es ist neun Uhr. Auf den Gipfeln im Südwesten, auch dem des „Sheep Mountain", liegt schon strahlendes Sonnenlicht, während wir hier noch im tiefen, kühlen Schatten sitzen. Ein paar erste Sonnenstrahlen streifen nun auch die Wände des Telaquana Mountain und fangen sich in einigen Wolkenflöckchen oben am Grat. Das Sonnenlicht wandert von Westen her über den See; es ist, als scheuche es die Schatten vor sich her und treibe sie zurück in die Schluchten und Couloirs der hohen Felsberge im Osten, wo sie den Tag verbringen werden, bis sie am Abend wieder herauskriechen und das Tal in Besitz nehmen. Auch vom Gipfel des „Sheep Mountain" und den Tundrahügeln im Norden wandert das Licht ins Tal hinab; jetzt erreicht es den Sockel des „Sheep Mountain" aus grünen Wiesen und Schutthalden, jetzt den Biberbau im nordöstlichen Winkel des Sees, der grell auffunkelt, als hätte er Feuer gefangen, und jetzt – fangen wir selber Feuer, das Licht, die Sonne ist da.

Das uralte und doch ewig neue Schauspiel des Sonnenaufgangs. Doch ist es wirklich ein Schauspiel? Weder Schau noch Spiel.

Wir brechen auf zum „Sheep Mountain". Wir ziehen Schuhe und Strümpfe aus und durchqueren barfuß das Delta in der Nähe des Seeufers (die vielen Mündungsarme des Mulchatna River sind flach und leicht zu durchwaten), um zum Südufer des Turquoise Lake zu gelangen. Die Biber sind verschwunden, statt ihrer kommt eine Möwe vom See her auf uns zugeflogen, umkreist uns mit aggressivem Gezeter, schießt wie ein Pfeil auf uns zu und bricht ihren Angriff erst im letzten Augenblick ab. Eine zweite „Möwe Jonathan". Am anderen Ufer steigen wir ein Stück die Wiesen hinauf und queren dann unterhalb der steilen Nordflanke des „Sheep Mountain" nach Westen. Wir gehen fast bis zur Mitte des Sees, dann biegen wir nach links ab und steigen auf butterweichen Grasteppichen bergwärts. Überall wachsen Beerenstauden, an denen reife und süße Blaubeeren hängen, ab und zu bleiben wir stehen und stopfen uns eine Handvoll in den Mund. Doch sind wir sehr vorsichtig, auch hier kann uns jederzeit ein Grizzly oder auch eine führende Grizzlybärin über den Weg laufen. Die Sonne steigt, es wird warm, ja heiß. Auf einem Karibuwechsel queren wir in ein ausgetrocknetes, steiles Bachbett hinein; auf seinem Grund wachsen Erlenbüsche, die ein wenig Schatten geben. Wieder einmal, wie so oft an heißen Tagen in Alaska, bilde ich mir ein, in Griechenland zu sein, irgendwo im Pindos in Nordgriechenland vielleicht oder im Chelmosgebirge auf dem Pelopponnes; eine Ziegenherde könnte hier gut zwischen den Büschen herumliegen oder an den Hängen des Bachbetts entlangziehen, mit leise klingelnden Glöckchen; und irgendwo im Schatten eines kleinen Bäumchens oder Felsens säße ein braungebrannter alter Hirte, mit halbgeschlossenen Augen und einer Zigarette im Mundwinkel. Aber keine Ziegen liegen hier herum, nur Steine, und keine Ziegen-, nur unsere Bärenglöckchen klingeln. Allerdings müssen hoch über uns irgendwo die Dallschafe sein – wenn sie denn noch dort und nicht längst über den Grat südwärts weitergezogen sind. Wir verlassen den Canyon und steigen an seinem rechten Rand aufwärts. Über steile Grashänge und felsige Stufen erreichen wir ein mit großen Felsblöcken übersätes Plateau, durch das ein kleiner Bergbach sprudelt. Überall hört man die langgezogenen Pfiffe der Murmeltiere („Pfiffe" ist das falsche Wort, die europäischen Murmeltiere pfeifen, die hier „flöten" eher); eines watschelt ganz nahe bei uns durch die Steine und verschwindet in einem Loch. Wir verlassen das Plateau und steigen auf der rechten Seite des Baches eine steile Blockhalde hoch; die Blöcke wackeln manchmal wie Kuhschwänze, sind aber doch so gut ineinander verkeilt, dass sie nicht ins Rutschen geraten. In halber Höhe der Blockhalde queren wir über Gras und Geröll nach links und erreichen eine weitere Schutthalde, die steil nach oben zum Grat führt. Der Schutt ist splittrig und rutschig, ich als Vorausgehender muss sehr achtgeben, dass ich keine Steine auslöse, die Gitte unter mir treffen könnten, zumal wir direkt in die Sonne steigen, sie also, wenn sie zu mir hochsieht, möglicherweise fallende Steine nicht sehen kann, weil das grelle Sonnenlicht sie blendet. Wir erreichen den Grat. Weiße Wolken kommen von der anderen Seite heraufgestiegen, ein kühler, erfrischender Wind weht. Die Dallschafe, die hier oben irgendwo zwischen den Felsen standen, sind nicht zu sehen, sie haben sich offenbar verzogen, was kein Wunder ist, da wir auf der steilen, splittrigen Schutthalde viel Lärm machten. Über eine schmale, brüchige Gratschneide balancieren wir nordwärts, klettern noch ein paar Schritte und sind am Ziel – dem Gipfel unseres „Sheep Mountain". Wir setzen uns auf die Steine und ruhen uns aus.

Tief unter uns und weit weg: das Delta. An seinem nördlichen Rand, kaum erkennbar, ein kleiner, grüner Fleck: unser Zelt. Weiter vorn, Richtung See, ebenso klein, das Regendach. Das weitverzweigte Mündungsgeflecht des Mulchatna River blitzt silbern zu uns herauf; grün schimmert der See. Er hat nicht die strahlend türkisgrüne Farbe von heut morgen, es sieht fast so aus, als hätte jemand am Ostufer Milch hineingeschüttet, die nun langsam westwärts triftet. Der „Jemand" ist der Mulchatna River, der von den in der Hitze des Mittags tauenden Schneefeldern und Gletschern im Osten her, von denen er kommt, milchiggrünes Schmelzwasser in den Turquoise Lake hineinspült. Im Nordosten und Osten türmen sich die hohen Felsbastionen des Telaquana Mountain und seiner Trabanten, die unseren Gipfel weit überragen. Nach Norden dehnt sich die grüne Hochebene, über die wir gestern hierhergewandert sind; das Tal des Trail Creek, in dem uns der Nebel so lange gefangen hielt, ist nur zu erahnen, ebenso die tiefe Senke, in der der Telaquana Lake liegt. Dahinter ragen die Berge der „Nordkette" und der anderen wilden Bergmassive auf, die wir schon vom Gipfel des „Mount Jonathan" gesehen haben. Im Westen dehnt sich die weite Ebene, durch die sich der Telaquana und der Mulchatna River schlängeln; die Hügel der Bonanza Hills sind jetzt weit weg und zerfließen nahezu im blauen Dunst des westlichen Horizonts. Wir sitzen auf unserer luftigen Gipfelzinne hoch über dem See und den endlosen Ebenen im Westen und Nordwesten, an deren Rand er liegt, wie zwei Vögel auf einer hohen Felsklippe überm Meer; schade, dass wir keine Vögel sind, denn dann könnten wir uns den langen, beschwerlichen Rückweg ins Tal ersparen und einfach von hier zu unserem Zelt hinunterfliegen. Aber hier oben zu hocken und hinauszuschauen in die endlose Weite der Wälder und Berge ist auch Fliegen.

Wir erheben uns. Der Grat, auf dem wir hoch gestiegen sind, senkt sich nach Süden zu einem Sattel und schwingt sich dann zu einem weiteren Berg hinauf, der deutlich höher ist als unser „Sheep Mountain". Sollen wir auch noch auf diesen Gipfel steigen? Man hätte vielleicht von dort aus einen guten Blick auf die Berge rund um die Twin Lakes, die von hier aus nicht sichtbar sind. Aber der Grat ist ausgesetzt, brüchig und steil, im oberen Teil vermutlich zu steil. Wir steigen ab.

Wir stapfen die langen Geröllhalden hinunter, verfehlen irgendwo unsere Aufstiegsroute und geraten nach rechts in steile Grashänge, die rutschig und anstrengend sind. Trotzdem rückt die grüne Wasserfläche des Turquoise Lake rasch näher. Eine Möwe schwimmt auf ihr, nahe am diesseitigen Ufer, genau in der Fallinie unseres Abstiegs. Es ist gewiss die aggressive Möwe von heute Vormittag; sie könnte überall auf dem See schwimmen, aber nein, sie schwimmt genau dort, wo wir hinunterkommen. Sie beobachtet unseren Abstieg, bis wir fast unten im Delta sind, erst dann fliegt sie weg. Wir queren das Delta, durchwaten die Bäche des Mulchatna River, sie sind durch das Schmelzwasser nach dem warmen Tag viel tiefer geworden. Wir erreichen das Lager, kochen Wasser (wir kochen grundsätzlich alles Wasser mehrere Minuten lang, diesmal ist das, der nahen Biber wegen, besonders nötig), trinken Unmengen Tee, denn wir sind sehr durstig – Bier wäre uns lieber. Dann legen wir uns faul ins Gras und schauen zum Himmel hinauf. Zwei leuchtend weiße Wolken schwimmen im Blau, sie bewegen sich direkt aufeinander zu. Werden sie zusammenprallen? Nein, die eine segelt eine Etage höher als die andere, sie zieht Richtung Telaquana Mountain davon, die andere Richtung Bonanza Hills.

NDUK´EYUX DGHIL´U

Wir kämpfen uns durch den dichten Buschwald, der unmittelbar im Norden unseres Zeltes die Hänge bedeckt. Weiter oben folgen wir einem ausgetrockneten Bachbett nach links und klettern über steile Grashänge und Geröllhalden höher. Über uns ragen einige bizarre Felstürme in den blauen Morgenhimmel, weiter rechts glatte, schwarzgraue Felswände. Dazwischen spannt sich ein felsiges Joch, zu dem brüchige, aber gut begehbare Felsplatten hinaufführen. Wir klettern in Serpentinen hoch und queren unterhalb der Felstürme nach rechts. Ein scharfer Wind faucht vom Joch herab, Steinschlag kracht in den Steilwänden im Osten. Vielleicht sind es auch abbrechende Eisblöcke von einem Hängegletscher, der in einer Schlucht dort oben hängt. Wir erreichen das Joch und schauen nach Norden in ein wüstes Steintal hinab. Enttäuschung.

Wir haben gehofft, über dieses Joch einen günstigen Zugang zur Westflanke des Telaquana Mountain zu finden, über die wir, wenn irgend möglich, zu einem der Gipfel dieses imposanten Bergmassivs aufsteigen können. Aber hier kommen wir nicht weiter, die brüchigen, steilen Wände und steinschlaggefährdeten Schluchten jenseits des Joches sind absolut unbegehbar. Also müssen wir zurück und unterhalb der Felstürme nach rechts zu den Tundrahängen queren, die vom Turquoise Lake nordwärts ziehen, um auf die westliche Seite des Massivs zu gelangen. Wir kehren dem Joch den Rücken und klettern bergab. Wieder schauen wir von hoch oben auf unser Zelt herunter, das silberne Geäder der Mündungsarme des Mulchatna River, den stillen, grünen Wasserspiegel des Turquoise Lake, doch diesmal von der genau gegenüberliegenden Seite, von Norden her. Wir verlassen die Felsplatten, steigen nach rechts in eine weite Tundramulde hinein und von dort über leicht ansteigende Wiesenhänge nordwärts. Im Südwesten sehen wir jetzt die Mäander eines großen Flusses; es ist der Chilikadrotna River, der aus den (nicht sichtbaren) Twin Lakes kommt und in den Mulchatna River fließt. Wir wenden uns nach rechts und steigen einen recht hohen braunen Felsrücken hinauf, der nach Osten zu den Abstürzen des Telaquana Mountain hinüberführt. Weit drüben im Norden leuchtet der untere Teil des Telaquana Lake zu uns herauf, auch mit bloßen Augen können wir die Bucht erkennen, an deren Ende die Hütte von Jerry und Jeanette steht; der östliche Teil des Sees ist hinter den Hügeln der Hochfläche verborgen. Wir folgen dem Felsrücken, der sich jetzt immer mehr verflacht, ostwärts, bis er steil zu einem Gletscher abbricht, der von den Wänden des Telaquana Mountain nach Westen in die Tundra hinabfließt. Von hier aus haben wir einen guten Überblick über die steilen Bergflanken, die die Tundra im Osten begrenzen und über die wir zum Gipfelgrat des Telaquana Mountain hochsteigen wollen. Wir studieren sie mit dem Glas. Schwarze, graue, rote Felsfluchten, wild zerrissene Zackengrate, schmutzige Schneefelder, zerklüftete Gletscherbrüche – es kommt uns vor, als sähen wir tief in die Eingeweide des Telaquana Mountain hinein. Ständig rumort es in diesen Eingeweiden, Steine krachen in die Schluchten hinab, manchmal richtige Steinlawinen, wenn sie auf die Geröllhalden am Fuß der Wände knallen, steigen graue Staubwolken auf.

„Nduk´eyux Dghil´u", „Tiere-gehen-hinein-Berg" nannten die Dena´ina den Telaquana Mountain. Der Name bezieht sich auf einen uralten Mythos der Dena´ina: Die Menschen hatten alles Wild so heftig verfolgt, dass ihm die Berggeister das Innere des Telaquana Mountain öffneten; die Tiere flohen hinein und waren so, von den Berggeistern geschützt, dem Zugriff der Menschen entzogen. Die Folge war, dass unter den Menschen eine große Hungersnot ausbrach, denn kein Tier zeigte sich mehr, „nicht einmal ein Erdhörnchen". Die Menschen baten den Schamanen um Hilfe; er bestieg mit Pika, seinem Hasen, den

Berg und schlug mit seinem Stock auf die Gipfelfelsen. Die Felsen öffneten sich ein wenig, der Schamane steckte seinen Stock hinein, ließ Pika hineingehen und folgte ihm dann. Im Innern des Berges wanderten alle Tiere herum und hungerten, wie die Menschen draußen hungerten. Der Schamane begann zu singen, Pika tanzte. Die Berggeister wurden aus der Tiefe des Berges herausgetrieben und beobachteten den Schamanen; die Tiere verließen das Berginnere durch den jetzt offenen Eingang und begannen draußen zu grasen. Als die Berggeister realisierten, was geschehen war, versuchten sie, die Tür ins Innere des Berges zu verschließen. Der Schamane ging hinaus und hielt mit seinem Stock die Tür offen, damit auch Pika herauskommen könne. Pika schaffte es nur halb, deshalb lebt er bis heute im Innern des Telaquana Mountain.

Beim Blick in die steinigen, brüchigen „Eingeweide" des Telaquana Mountain fallen uns der alte indianische Name des Telaquana Mountain und die Geschichte, auf die er sich bezieht, ein. Wenn die Tiere irgendwo von den Berggeistern ins Innere des Berges gelotst werden konnten, dann hier; wenn sie irgendwo, befreit durch den Gesang des Schamanen und Pikas Tanz, wieder ins Freie gelangen konnten, dann hier. Sie grasen jetzt wieder auf den Wiesen und in den Wäldern ringsumher, die Erdhörnchen, Elche, Karibus, Dallschafe, Grizzlybären. Und die Berggeister? Sie hausen gewiss, wie Pika, der Hase, noch immer dort oben und werfen mit Fels- und Eisbrocken nach jedem, der ihrem finsteren Felsenreich zu nahe kommt. Deshalb wären wir schlecht beraten, wenn wir uns hier einen Weg nach oben und in ihren Herrschaftsbereich ertrotzen wollten. Davon abgesehen: es ist schlicht unmöglich, durch dieses wüste und steinschlaggefährdete Labyrinth aus Schluchten, Schutthalden, Gletschern, Graten zum Gipfel des Telaquana Mountain zu kommen. Wir kehren um und steigen ab.

VANDAZTUNHTNU

Wir wandern durchs Delta des Mulchatna River, direkt auf die Sonne zu, die eben über einem Felsgrat im Osten aufsteigt. Ihr Licht ist so grell, dass wir fast blind über die Steine und durch die rasch fließenden, aber nicht allzu tiefen Seitenarme des Flusses stolpern. Ein scharfer, kalter Ostwind bläst und wirbelt graue Staubwolken durch das Tal. Nach ungefähr zwei Kilometern biegen wir nach links ab, um das Tal zu erreichen, das, wie wir schon am ersten Abend gesehen haben, vom Delta nordwärts ins Massiv des Telaquana Mountain hineinführt; nachdem wir auf der Westseite des Massivs gescheitert sind, wollen wir es nun auf dem Weg durch dieses Tal von Süden her probieren. Laut Karte mündet dieses Tal allerdings in einem großen Gletscher, der möglicherweise schwer zu überqueren ist, und der Gipfelkamm des Telaquana Mountain scheint nur über diesen Gletscher zu erreichen. Trotzdem, wir probieren es. Wir steigen einen Wiesenhang hoch und queren in das Tal hinein. Ein grandioses Tal. Steil, schmal, schattig, eiskalt. Düstere Geröllströme, gewaltige Felsmauern. Rechts die fast senkrechten Felswände mit ihren hoch oben hängenden Hängegletschern, die das Delta des Mulchatna River dominieren und die wir bisher immer „Telaquana Mountain" genannt haben – es handelt sich aber, wie wir jetzt sehen, nur um einen Felskamm, der vom Hauptmassiv des Telaquana Mountain südwärts führt und schließlich ins Tal des Mulchatna River abbricht; links die felsigen Abstürze einer dem Telaquana Mountain vorgelagerten Berggruppe. Im Talgrund ein tiefeingegrabener Canyon, durch den ein Bach rauscht. Weiter hinten im Tal Schneefelder und wolkenverhangene Steilhänge. Nur wenn die Wolken dort sich auflösen, haben wir eine Chance, den Gletscher zu erreichen und über ihn oder an seinem Rand entlang dem Gipfel näher zu kommen. An einer kleinen Wiesenfläche in der Nähe des Canyons machen wir halt, um zu warten, bis die Wolken sich auflösen oder wenigstens so weit nach oben steigen, dass wir sehen, wo und wie es dort hinten im Tal weitergeht. Eigentlich ist es hier recht gemütlich, man würde nicht glauben, in dieser gigantischen Felseinöde ein so idyllisches Plätzchen zu finden; die Wiese ist nahezu topfeben und weich wie ein Teppich, überall wachsen reife und süße Blaubeeren – ein Zeichen, dass auch in dieses schattige Tal irgendwann die Sonne kommt, sonst wären sie nicht so reif und süß. „Wie wär´s mit einem zweiten Frühstück" frage ich, „Kaffee und Blaubeeren?" Ich hole Wasser im nahen Creek und koche auf unserem Gaskocher Kaffee, Gitte sammelt Blaubeeren und breitet sie auf einer Plastiktüte aus, die sie, sozusagen als Tischdecke, auf einen oben flachen Steinblock gelegt hat. Mehrere solcher Steinblöcke stehen hier auf der Wiese herum, sie sehen aus wie kleine Cafétischchen, wir sitzen, nein, stehen hier in einem richtigen kleinen „Eiscafé" – „Eiscafé" deshalb, weil es eiskalt wie ein Kühlschrank ist. Der heiße Nescafé tut gut in diesem Kühlschrank, doch lässt seine wärmende Wirkung bald nach, zumal die Blaubeeren ihrerseits so kalt sind, dass sie eher nach Blaubeereneis als nach Blaubeeren schmecken (ein weiterer Grund, den Kühlschrank ein „Eiscafé" zu nennen). Meine Klettereraugen gleiten an den glatten Wänden, die direkt über uns im Osten des Tals aufwuchten, hinauf und suchen nach möglichen Aufstiegsrouten. Das untere Drittel ist splittrig, abwärtsgeschichtet, kaum kletterbar; weiter oben sieht´s nach zwar schwerem, aber festem, gut strukturiertem Kletterfels aus. Ob da schon mal jemand hochgestiegen ist? Gewiss nicht. Zu labil sind die Wetterverhältnisse, zu weit weg von der Zivilisation sind diese einsamen Wände. Die Zeit vergeht, wir fangen an zu frieren und frieren immer mehr. Ein kleines Sprüchlein aus Kindheitstagen geistert in meinem Kopf herum: „Zehn Uhr hat´s geschlagen, die Räuber kommen nicht." Zehn Uhr hat´s geschlagen, die Wolken weichen nicht. Elf Uhr hat´s geschlagen, die Wolken weichen nicht. Zwölf Uhr hat's geschlagen, die Wolken weichen nicht. Es ist wie verhext: die Berggeister wollen einfach nicht, dass wir auf den Gipfel des Telaquana Mountain oder auch nur in seine Nähe kommen; mal hetzen sie eine aggressive Grizzlybärin auf uns, um uns fernzuhalten, mal werfen sie mit Fels- und Eisbrocken nach uns, mal vermauern sie den Zugang mit dicken Wolkenbänken. „Überall scheint die Sonne, nur hier nicht", meint Gitte und deutet ins Delta hinunter und hinüber zum „Sheep Mountain", dessen Hänge im warmen Sonnenlicht glänzen. Sie hat recht, es hat keinen Sinn, hier noch länger zu warten. Lassen wir dieses Tal und den Telaquana Mountain – für heute jedenfalls – , steigen wir ab. Wohin sollen wir gehen? Die Antwort ist rasch gefunden: ins Tal des Mulchatna River.

Wir steigen wieder hinunter ins Delta und wandern am Fuß der Felswände, die es im Osten begrenzen, südostwärts. Es ist uns schleierhaft, wo hier das Tal des Mulchatna River in die Berge hineinziehen könnte, wir sehen nur einen undurchdringlichen Wall hochaufragender Felsmauern. Aber wir brauchen nur zu den Wasserarmen des Mulchatna River hinüberzugehen und ihnen zu folgen, sie werden uns unfehlbar dorthin führen. Wir queren hinüber, biegen um eine Felsecke, dann noch um eine – und stehen unmittelbar vor einem schmalen Felsentor, durch das sich der Mulchatna River zwängt, bevor er sich in die vielen Mündungsarme des Deltas verästelt. Wir passieren am Rand des wild schäumenden Flusses das Tor und wandern ins Tal des Mulchatna River hinein.

Hohe Felswände flankieren das hier wieder ziemlich breite Tal. In mehreren Armen durchrauscht der Mulchatna River den steinigen Talgrund, ähnlich wie im Delta auf der anderen Seite des Felsentors. Ein tiefblauer Himmel wölbt sich über das Tal, warm scheint die Sonne – der Kontrast zu unserem „Eiscafé" eben ist geradezu absurd – , allerdings weht noch immer ein starker, kühlender Ostwind; nur wenige Wolken hängen noch an einigen Gipfeln. Wir gehen am linken Talrand entlang, mal direkt am braunen, tosenden Gletscherwasser eines Seitenarms des Flusses, mal weiter oben auf Geröll und schmalen Grasbändern. Die Talwände treten nach einiger Zeit zusammen, wir vermuten schon das Ende des Tals und den Beginn des Gletschers, aus dem der Mulchatna River kommt. Eine Illusion, wir biegen um einen Felssporn und treten in ein zweites sonnenüberflutetes, winddurchblasenes, wasserdurchbraustes Talbecken. Das wiederholt sich noch ein, zwei Male. Die gigantische Felskulisse beflügelt die Phantasie. Man könnte glauben, durch die geheimen Gemächer eines gewaltigen Felsenschlosses zu gehen: ihre Decke der tiefblaue Himmel, ihre Wände die senkrechten Felsmauern, ihr Boden das blendend weiße Geröll des Talgrunds. Ein geheimnisvolles, magisches Schloss, das man nie mehr verlässt, wenn man es einmal betreten hat, oder wenn, als ein anderer, Verwandelter. Plötzlich bleibt Gitte stehen und starrt angespannt auf die andere Seite des Flusses hinüber. „Was ist?" frage ich. „Ein Bär!" Sie deutet auf einen auffallend hellen Fleck mit unklarem Umriss auf der anderen Talseite. Nervös greife ich zum Glas. „Ein Busch, kein Bär!", sage ich erleichtert. „Mit gelben Herbstblättern. Was sollten auch Bären hier? Bären sind nur dort, wo´s was zu fressen gibt. Hier wächst doch außer ein paar Büschen nichts." Es ist kein Zufall, dass Gitte hier einen Bären zu entdecken meint. Das Tal des Mulchatna River zieht sich am südlichen, das des Trail Creek, in dem wir der Bärin mit ihren Jungen begegneten, am nördlichen Fuß des Telaquana Mountain entlang. Beide Täler haben miteinander gemein, dass sie in eine wilde, einsame Bergwelt hineinführen und bei den großen Gletschern im Osten des Telaquana Mountain enden. Möglicherweise kann man am Rand sogar von einem Tal in das andere hinüberwechseln. Jedenfalls fühlte auch ich mich beim Hineinwandern in dieses Tal mehrfach an das des

Trail Creek und unsere Begegnung mit der Bärin erinnert. Wir marschieren weiter. Steine, Steine, Steine. Felsen, Felsen, Felsen. Himmelhohe Mauern, bis hoch hinauf von dem Gletscher glattgeschliffen, der hier mal vor zehntausend Jahren floss. Statt seiner fließt, braust, rauscht, tost das braune Gletscherwasser des Mulchatna River. Der Wind ist abgeflaut, es ist fast schwül zwischen den hohen Wänden. Wir haben jetzt das hinterste, letzte Gemach des Felsenschlosses erreicht. Kein Busch wächst hier mehr, kein Grashalm. Aber wir entdecken Tierspuren, Karibuspuren. Also kommen doch Tiere in dieses Tal. Was suchen die hier? Und dann entdecke ich noch etwas. „Komm mal her!" rufe ich Gitte zu, die gerade, der zunehmenden Schwüle wegen, ihren Pullover ausgezogen und im Rucksack verstaut hat. Ich zeige ihr, was ich entdeckt habe: eine Bärenpranke hat sich in einer sandigen Fläche zwischen den Steinen eingegraben, daneben eine zweite, sehr kleine – ein winziger, runder Sohlenabdruck, davor fünf hauchdünne Kralleneinstiche – , putzig wie ein Babyhändchen. Eine Grizzlybärin mit zumindest einem Jährling ist hier durchgewechselt, und zwar eindeutig nach Osten, genauso wie wir. Doch, der Spur nach zu urteilen, schon vor ein, zwei Tagen, deshalb ist nicht anzunehmen, dass sie sich noch hier oben irgendwo herumtreibt. Trotzdem suchen wir angestrengt das Tal und seine Ränder ab, erst mit dem bloßen Auge, dann mit dem Glas. Wir entdecken nichts.

Wir erreichen das Ende des Tals und setzen uns auf die Steine. Unmittelbar vor uns zieht sich ein Gletscher steil nach oben und verschwindet dann in ein von hier aus nur vermutbares Becken hinein; auch die Gipfel, die hinter diesem Becken aufragen, sind hinter dem steilen, grünschillernden, teilweise geröllbedeckten Eisbruch versteckt. Von rechts kommt ein Bach aus den Bergen herab, springt über Felsen und Geröll und mündet nicht allzu weit von uns im Fluss. Wir sitzen unmittelbar vor dem Gletschertor, aus dem der Fluss herausströmt, schon an seinem Beginn so tief, dass man ihn nicht durchqueren könnte (man müsste über den Eishang dahinter steigen, wenn man auf die südliche Seite des Flusses wollte). Hier beginnt die lange Reise des Mulchatna River, die ihn erst zum Turquoise Lake führt, dann zu den Bonanza Hills, die er in einem schmalen, tiefeingeschnittenen Canyon durchbricht, dann in die weiten Ebenen zwischen Iliamna Lake und Kuskokwim Mountains, schließlich, 65 Meilen nordöstlich von Dillingham, zum Nushagak River, der hinunter in die Bristol Bay fließt. Wenn unser Boot am Turquoise Lake statt am Telaquana Lake läge – und wenn wir genug Zeit und Proviant hätten – , bräuchten wir nur hineinzusteigen und den Fluss hinunterzupaddeln – nach ungefähr zwei Wochen wären wir am Nushagak River, nach weiteren vier oder fünf Tagen in Nushagak an der Bristol Bay. Wir könnten unterwegs da oder dort eine Pause einlegen, könnten zum Beispiel eine Weile in den Bonanza Hills bleiben und dort wandern oder weiter unten am Nushagak River die Dörfer der Yup´ik-Eskimos aufsuchen, die dort wohnen (und die in früheren Jahrhunderten die größten Feinde der Dena´ina am Telaquana Lake, am Lake Clark, am Stony River waren – und umgekehrt), Ekwok etwa, New Stuyahok, Koliganek. Eine faszinierende Idee, nur leider nicht realisierbar, nicht in diesem Jahr. Aber vielleicht in einem anderen? Wir spüren, dass der Mulchatna River uns in seinen Bann geschlagen hat und so bald nicht wieder loslassen wird. Wie damals der Camsell River, auf den wir durch Zufall in einer Buchhandlung in Vancouver stießen, als wir in *Son of the North*, der Autobiographie von Charles Camsell, einem kanadischen Geographen und Entdecker, blätterten und darin lasen, dass er auf einem bis dahin unbekannten Fluss vom Großen Bären- zum Großen Sklavensee gepaddelt sei. Der Fluss hieß seither Camsell River, doch hatten wir von ihm noch nie gehört. Wir kauften das Buch und paddelten Jahre später auf dem Camsell River vom Großen Bärensee nach Rae Lakes, einem kleinen Indianerort im Nordwesten von Yellowknife. Wir kamen nie in Rae Lakes an und hatten großes Glück, dass wir überhaupt zurückkamen von dieser Reise, doch konnte uns das nicht abhalten, auch weiterhin mit dem Boot in der nordamerikanischen Wildnis unterwegs zu sein. Jetzt haben wir eine neue Idee, ein neues Projekt: auf dem Mulchatna River vom Turquoise Lake zur Bristol Bay. Ich habe sogar schon einen Namen dafür, wenn auch einen ziemlich zungenbrecherischen: Vandaztunhtnu.

„Vandaz – wie?" fragt Gitte.

„-tunhtnu!"

„Vandaztun Vena" nannten die Dena´ina den Turquoise Lake, „Tierhaare-See". Und nach dem See nannten sie den Fluss, der den See durchfließt: „Vandaztunhtnu", „Tierhaare-Fluss".

Stille. Nur der „Tierhaare-Fluss" rauscht. Der Fluss, auf dem wir irgendwann zum Nushagak River und zur Bristol Bay paddeln wollen. Irgendwann – doch jetzt sind wir hier. Hier am Beginn des Flusses, hier am Ende der Welt. Hier im innersten Gemach des Schlosses, aus dem man nie oder nur als ein anderer, Verwandelter zurückkehrt. Von senkrechten Felswänden umstellt, zwischen denen kein Leben gedeiht, zwischen denen zu atmen schwer fällt. Scheinbar. Denn es flattern Schmetterlinge über den Steinen, braune mit hellen Rändern an den Flügeln, auch ein weißer mit schöner, bunter Zeichnung, der aussieht wie ein Deltaflieger. Und es haben Tiere ihre Spuren in den Sand gegraben: Karibus, eine Grizzlybärin mit ihrem Cub. Und wir atmen nicht schwer hier, nur anders. Wir atmen den Atem dieser kargen, einsamen Felsenwelt rings um uns, dieser gigantischen steinernen Ewigkeit, an der doch jeder Tag, jedes Jahr nagt wie an uns. Fels, was ist das? Berg, was ist das? Jedenfalls etwas, das seit Jahrmillionen aufragt, seit Jahrmillionen zerbröckelt, zerbröselt, zerfällt. Zu Schutt. Die grünlichen Gletscherzungen dort drüben: übersät mit Schutt. Das Bett des kleinen Creeks rechts: übersät mit Schutt. Der Talboden, auf dem wir sitzen: übersät mit Schutt. Schutthalden und -ströme von allen Seiten ins Tal hinab. Schutt auf dem Grund des Mulchatna River, wir hören ihn rumpeln. Schutt, Schutt, Schutt.

Es donnert irgendwo. War das Rumpeln im Fluss also ein fernes Donnergrollen? Eine dunkle Wolkenwand schiebt sich von Westen herein, bald fallen dicke, schwere Regentropfen. Eilig schlüpfen wir in unser Goretex und flüchten talauswärts. Die Regenwolken verziehen sich wieder, aber es hört nicht auf zu donnern, mal da, mal dort, doch – noch? – ziemlich weit weg.

BLITZ AUS HEITEREM HIMMEL

Wir sind wieder am Zelt. Es ist weiterhin schwül. Über den Bonanza Hills hängt eine pechschwarze Wolkenwand, auch am „Sheep Mountain" und an den Wänden und Graten im Osten kleben dunkle Wolkenballen. Wir sind froh, dass wir unseren Versuch, den Telaquana Mountain zu besteigen, abbrechen mussten, sonst würden wir vielleicht noch da oben auf irgendwelchen ausgesetzten Steilhängen und Graten herumkrabbeln. Es grummelt und rumpelt überall, allerdings noch in einiger Entfernung; es scheint, dass wir von Gewittern eingekreist sind, aber sie ziehen nicht oder nur langsam näher.

Wir unterhalten uns über die Spur der Bärin mit ihrem Cub hinten im Tal des Mulchatna River.

„Ich hätte nicht gedacht", sage ich, „dass sich auch in dieses karge Tal ein Grizzly verirren würde."

„Sie sind eben überall."

„Ja, überall, wo´s was zu fressen gibt. Und wo es nichts zu fressen gibt, sind sie auch."

„Trotzdem siehst du sie nur ganz selten. Es erstaunt mich immer wieder, dass so große Tiere sich so unsichtbar machen können."

„Und dann tauchen sie doch plötzlich auf. Irgendwann, irgendwo, und oft genau dort, wo man am wenigstens mit ihnen gerechnet hätte. Wie am Trail Creek kürzlich."

„Oder wie damals in der Brooks Range. Erinnerst du dich?"

Allerdings erinnere ich mich. Es war sicher eine ausgesprochen gefährliche Grizzlybegegnung, obwohl sie doch scheinbar ganz harmlos war. Wir zelteten in einer einsamen Bergregion, die der wilden Szenerie rund um den Turquoise Lake nicht unähnlich war. Unser Zelt stand auf einem grasigen Hochplateau, das in einiger Entfernung in einen tiefen Canyon abbrach. Wir waren schon seit gut einer Woche hier und hatten nie einen Bären gesehen. An einem vergleichsweise recht warmen Nachmittag stiegen wir auf einen nahe gelegenen Kamm; als wir ihn erreichten, tauchten wir sofort auf den Boden hinunter, weil wir unter uns eine Grizzlybärin mit zwei sehr dunklen, einjährigen Cubs entdeckten und vermeiden wollten, dass sie unsere Anwesenheit wahrnahm. Die Bärin zog recht tief unter uns an den Hängen entlang und querte schließlich in den Canyon hinein, wo sie verschwand. Zwei Tage später saß ich in vielleicht 50 Metern Distanz zum (von mir aus nicht sichtbaren, weil von einer kleinen Bodenwelle verdeckten) Zelt und mit dem Rücken zu der etwa 15 Meter entfernten Abbruchkante des Plateaus in den Canyon auf der Wiese und las (Rilkegedichte); Gitte lag beim Zelt und schlief. Plötzlich hörte ich in meinem Rücken ein seltsames, schwer identifizierbares Geräusch, eine Art Fauchen oder Brummen; ich drehte mich um und gewahrte einen kleinen, dunklen Grizzly, der unmittelbar an der Abbruchkante stand und verwundert und neugierig zu mir herüberäugte. Er sah drollig aus, wie ein junger, verspielter, ein wenig tollpatschiger Schäferhund, aber ich wusste, dass die Mutter des Kleinen ganz in der Nähe sein musste und in jedem Augenblick auftauchen konnte. Blitzschnell stand ich auf und bewegte mich rasch, aber mit ruhigen Bewegungen und mit Blick auf den jungen Grizzly, also rückwärts, vom Rand des Canyons weg, um rasch eine möglichst große Distanz zwischen mich und den jungen Bären zu bekommen. Der Kleine beobachtete mich verblüfft eine Weile, dann zog er sich hinter die Kante zurück und tauchte nicht wieder auf.

Ich schnappte mein Buch, ging zu Gitte hinüber, weckte sie und sagte:

„Du, ich wäre eben ums Haar von einer Grizzlybärin angegriffen worden!"

Sie starrte mich an, konnte es nicht fassen. Ich auch nicht.

Ich erzählte ihr die Geschichte; wir waren uns einig, dass mein Leben in dieser Situation an einem sehr dünnen Faden hing, denn führende Grizzlybärinnen pflegen bei einer plötzlichen Konfrontation auf so kurze Distanz in aller Regel sofort anzugreifen. Ein Blitz war aus heiterem Himmel (schließlich hatte ich eben Rilkegedichte gelesen!) auf mich herabgezuckt – dass er mich und letztlich uns beide nicht traf, war pures Glück.

Auch in diesem Fall stellten wir uns später die Frage, ob wir irgendwelche Fehler gemacht hatten. Nach genauer Prüfung lautete unsere Antwort: nein. Wir hatten einen weiten und unverstellten Blick auf unsere Umgebung, und umgekehrt hätte ein sich zufällig annähernder Grizzly unser Zelt und uns schon auf große Distanz wahrgenommen, so dass er früh hätte abdrehen können. Dass wir unsere Aufmerksamkeit nicht auf unsere Umgebung richteten, war deshalb unproblematisch; außerdem ist laut Herrero, wie schon erwähnt, bisher kaum ein Fall bekannt geworden, in dem ein Grizzly einen kampierenden oder rastenden Menschen angegriffen hätte. „Es sei denn, er stolperte förmlich über ihn" (Herrero). Das Grizzlyjunge und folglich auch seine Mutter „stolperten" allerdings tatsächlich über uns, aber nur, weil sie aus dem tiefeingeschnittenen Canyon zufällig genau dort auf die Hochfläche kamen, wo ich saß.

Im nachhinein frage ich mich allerdings, ob das wirklich zufällig war. Die Abbruchkante in den Graben hinab war sehr lang, und es war einigermaßen sonderbar, dass die Grizzlys genau dort hochkamen, wo ich saß. Andererseits konnte ich mir kaum vorstellen, dass sie unseretwegen kamen, denn sie konnten uns aus dem Canyon heraus nicht sehen und hören und auch nicht wittern, weil der Wind – wenn denn einer wehte, woran ich mich nicht erinnern kann – unseren Geruch kaum über die Kante in den Canyon hinuntergetragen hätte. Auch ist es unwahrscheinlich, dass eine führende Grizzlybärin sich gezielt – zum Beispiel aus Neugier – in die Nähe von Menschen begibt, die sie doch immer als ernsthafte Bedrohung für ihre Jungen einschätzen muss.

Ich war übrigens, als ich das „Fauchen oder Brummen" in meinem Rücken hörte und dann das Grizzlyjunge sah, überzeugt, dass diese Laute von ihm stammten; bei späterem Nachdenken kam ich aber zu der Vermutung, dass sie möglicherweise auch von seiner Mutter hinter der Kante herrührten. Ich habe zwar die Laute, die kleine Grizzlycubs ausstoßen, nie gehört, aber nach den Beschreibungen, die ich las, gehören sie einer deutlich höheren Tonlage zu als die Geräusche, die ich vernahm. Das könnte darauf deuten, dass das Auftauchen des jungen Grizzlys genau an dieser Stelle doch purer Zufall war, die Mutter kam hinterher, erkannte die Gefahr und forderte das Junge durch entsprechende Signale auf, sofort zu ihr zu kommen und von der Hochfläche zu verschwinden. Doch das sind Mutmaßungen, die sich letzlich nicht beweisen lassen.

Wir unterhalten uns noch ein wenig über diese Begegnung, dann trennen wir uns für eine Weile; Gitte setzt sich ans Feuer und schreibt Tagebuch, ich gehe zum Strand.

FRIEDEN

Wie lang kann ein Tag sein und wie kurz. Dieser ist ein sehr langer Tag. Und er ist noch lange nicht zu Ende. Ich bin mit meinen Gedanken noch hinten im Tal des Mulchatna River mit seinen gewaltigen Steinwänden und Schuttströmen. In diesem phantastischen Felsenschloss, das in Wahrheit doch eine längst zerfallene und weiter zerfallende Ruine ist. Hier vorn ist es freier, offener, freundlicher. Gras und Büsche. Blumen. Ein durchs Gestrüpp hobbelnder Hase. Kleine, gelbe Vögel, die leis zirpend hin- und herflattern. Aber auch hier herrscht Zerfall. Das Gras welkt, die Blätter der Zwergerlen verfärben sich. Steine, Geröll, Schutt auch hier. Auch ich, denke ich, habe schon manch gelbes Blatt, sprich: graues Haar. Auch ich bin Stein, der zerfällt, Schutt, der talwärts rollt, talwärts, talwärts, talwärts. Dabei schmeichle ich mir doch so gern, ein Bergsteiger – ein bergwärts Steigender – zu sein. Wieder einmal frage ich mich: Wohin geht die Reise? Talwärts? Bergwärts? Oder wohin?

Der Bergsteiger Reinhard Karl fällt mir ein. Er hat einen sehr schönen Essay geschrieben, dessen letzte Sätze lauten: „Je mehr man erlebt, desto mehr ist man. Man ist nicht mehr wie Wüstensand, der von jeder Emotion weggeblasen werden kann. Man ist ein Stein geworden, ein ‚Rolling Stone'. Der unaufhaltsam seine Bahn zieht und der fest daliegt, wenn er zur Ruhe gekommen ist." Der Essay heißt: „Unterwegs nach Hause".

Wohin geht die Reise? Nach Hause?

Ich denke an Reinhard Karl.

Der Essay ist sein letzter Text. Wenig später tötete ihn eine Eislawine am Cho Oyu im Himalaya. Seine Gefährten begruben ihn im Eis und errichteten ein Grabmal aus Steinen, das eine große Steinplatte trug, in die sie seinen Namen, den Namen des Berges, an dem er starb, und das Datum seines Todestages ritzten. Dort liegt er nun, der ‚Rolling Stone' Reinhard Karl, endgültig zur Ruhe gekommen, festgefroren im ewigen Eis.

Wohin geht die Reise?

Ich denke an die vielen Berggefährten, die ich im Lauf meines Lebens verlor. Einer starb am Matterhorn, einer am Montblanc, einer am Pic d´Arolla, einer am Großen Turm im Rätikon. Mein erster Seilgefährte überhaupt stürzte in einem Klettergarten im Schwarzwald ab, er starb nicht, aber er ist seither an den Rollstuhl gefesselt und auch geistig behindert.

Ich denke an eine Szene aus *Grizzly Years* von Doug Peacock. Er sitzt neben einer kleinen Pyramide aus schwarzen Steinen in den einsamen Bergen der Piedras Negras Range in Arizona. Die Steinpyramide, schreibt er, hat er sich errichtet zur Erinnerung an seine in Vietnam gefallenen Kriegskameraden, an seinen Freund Gage und andere, die sich das Leben genommen haben, an seinen eigenen Tod. Er sitzt, die Beine übereinandergeschlagen, und schaut in die karge, wüstenartige Landschaft hinaus. Er spricht mit sich. Er spricht mit seinen toten Freunden. Er spricht mit Gage. „Was", fragt er, „hätte dich retten können?"

Die schwarze Gewitterwolke über den Bonanza Hills rückt näher. Blitze durchzucken sie, Donner grollt. Nicht nur dort, auch im Süden über dem „Sheep Mountain" und im Osten hinter den Wänden und Graten des Telaquana Mountain. Plötzlich sehe ich weit draußen auf dem See die Biber schwimmen. Es sind drei – vielleicht die ganze Familie, die drüben in dem Biberbau wohnt. Ruhig, gleichmäßig schwimmen sie hin und her und zeichnen silberne Kreise in den See. Diese ruhigen, harmonischen Silberkreise bilden einen merkwürdigen Kontrast zu den wild zuckenden Blitzen, dem bedrohlich grollenden Donner, der düster heraufziehenden Wolkenfront.

Die Biber, denke ich, ziehen ruhig ihre Kreise und kümmern sich um das aufziehende Gewitter nicht, so wenig sich die

Karibus auf der Tundra drüben um Blitz und Donner und Wolfsgeheul kümmerten oder zu kümmern schienen. So sollte auch ich vielleicht meines Wegs durchs Leben ziehen: unbekümmert. Unbekümmert um die Frage, wohin er mich führt, unbekümmert um Blitz, Donner, Wolfsgeheul aller Art. Aber ich kann nicht aus meiner Haut, will es auch nicht.

Doug Peacock zog sich in die Wildnis, ins Grizzly Country zurück, um seine traumatischen Erlebnisse im Vietnamkrieg zu verarbeiten. Viele Sommer verbrachte er dort – im Zelt, allein, ohne Waffe – , beobachtete die Grizzlys, fotografierte sie, folgte sogar ihren Spuren und pirschte sich an sie heran, ohne dass ihm etwas passierte, obwohl er in manche kritische Situation geriet. Schließlich fasste er den Plan, die Situation der vom Aussterben bedrohten Grizzlys in den USA südlich von Kanada mit seiner Filmkamera zu dokumentieren und einer breiten Öffentlichkeit bekannt zu machen. Er eröffnete sein Projekt im Hinterland des Yellowstone Nationalparks am 17. April 1975. Rückblickend stellte er fest, dass das exakt der Tag war, an dem die Roten Khmer in Pnom Penh einmarschierten und das große Morden begann, dem schließlich nahezu zwei Millionen Menschen zum Opfer fielen. Aus seiner etwas überspannten Sicht, schreibt er, war sein Projekt, die Grizzlys zu schützen, ein radikaler Versuch, die Welt auf ihrem immer rascheren Weg in den Wahnsinn zu bremsen.

Der Weg der Welt – wohin er auch führen mag – , ich werde mich immer um ihn kümmern und „bekümmern". Aber erst einmal muss ich mich um mich selber kümmern, sonst *ver*kümmere ich. Beides erfordert Kraft, und die muss ich irgendwoher kriegen. Ich kriege sie vor allem aus der Gegenwelt (Gegen-Welt) der Wildnis, der Natur. Schärfer gesagt: ich kriege sie nicht aus dem Krieg, ich kriege sie aus dem Frieden.

*Den ganzen Tag lang absichtslos
lebe ich stets in Frieden.* Wang Wei.

Wang Wei lebte in seinen späteren Jahren auf einem Landsitz am Wang-Fluss, er ist auch dort begraben. Er schrieb zusammen mit dem Dichter P´ei Ti einen Zyklus von Gedichten, dem er folgenden Prolog voranstellte:

WANG-FLUSS-ANSICHTEN

Mein Landsitz steht im Bergtal des Wang-Flusses. Streift man dort umher, so findet man manches schöne Fleckchen: die Meng-ch´eng-Senke, den Hua-tzu-Hügel, die Mandelbaum-Hütte, die Chin-chu-Berge, das Wildgehege, den Magnolien-Park, das Gelbholz-Ufer, die Akazien-Promenade, den Pavillon im See, den Südstrand, den See I, die Weiden-Wellen, die Stromschnellen am Hause der Luan, die Goldstaub-Quelle, die weiße Kieselbank, den Nordstrand, die Laube im Bambushain, den Magnolien-Hang, den Lackbaum-Garten und den Pfeffer-Garten. Zum Zeitvertreib schrieben P´ei Ti und ich Vierzeiler über diese Plätze.

Heute steht dort, wo der Landsitz von Wang Wei mit seinen vielen „schönen Fleckchen" war, eine Kernwaffenfabrik.
    Wozu gehe ich in die Wildnis? Um Frieden zu finden.
    Wider Erwarten rückt die schwarze Wolkenfront im Westen nicht näher heran, sie lockert sich sogar ein bisschen auf; auch die Gewitterwolken am „Sheep Mountain" und am Telaquana Mountain werden heller, lichter. Keine Blitze zucken mehr, der Donner verhallt. Sonnenstrahlen fallen da und dort auf die Tundra und drüben auf die Gipfel der Bonanza Hills. Die dunkelgrüne Seeoberfläche beginnt in hellem Türkis zu glänzen, erst weit drüben im Westen, dann in der Mitte, schließlich auch im

östlichen Teil – ähnlich wie unten in der „Adlerbucht" am Telaquana Lake (doch weht im Unterschied zu dort kein Wind). Plötzlich ist die drückende Schwüle weg.

Die Wolken lösen sich immer mehr auf. Die Sonne sinkt und nähert sich langsam dem Horizont. Ein sachter Wind beginnt zu wehen, die Zweige der Büsche schaukeln. Ein Raubvogel fliegt an den Felszacken im Norden entlang, zu denen wir kürzlich – vergeblich – hinaufgestiegen sind, um zur Westflanke des Telaquana Mountain zu gelangen. Kein Adler, ein Falke. Blasses Goldlicht färbt seine Flügel, die Felszacken, die steilen Felsabstürze im Osten. Scharf zeichnen sich die schon mit Schatten gefüllten Risse, Runsen, Couloirs in den Felswänden ab; scharf und doch sanft. Grün und rosa schimmern die Gletscher, kupfern die Steine im Delta.

Frieden.

Der Frieden der Wildnis, der Frieden in mir.

FURCHT

Die Sonne geht unter. Der Glanz auf den Felsen und Gletschern erlischt. Das Licht weicht der Nacht. Der Frieden der Furcht.

Die Furcht ist immer nahe, wenn man in der Wildnis, zumal im Grizzly Country, unterwegs ist, doch spürt man sie meist nicht. Zumal tagsüber. Und besonders, wenn man sich „in seinen vertrauten vier Wänden", also im Lager zwischen Zelt, Küchenzelt und Feuer, aufhält. Was sollte da auch passieren? Doch wenn die Sonne untergeht und der Abend kommt, kommt auch die Furcht. Sie kommt auf leisen Sohlen, kriecht in einen wie ein heimlich schleichendes Gift. Nicht immer, aber immer wieder.

„Der Urmensch", sagt der Maler Giorgio de Chirico, „muss durch eine Welt voll unheimlicher Zeichen gewandert sein. Er muss bei jedem Schritt gezittert haben."

Der Urmensch erwacht in einem an solchen einsamen Abenden im weltentlegenen Grizzly Country; er späht, horcht, „wittert" in die heraufdämmernde Nacht hinaus, die für ihn gleichermaßen voller Zauber ist wie voller Gefahr; er wittert, er zittert.

Die Gefahr macht ihn zittern. Der Zauber macht ihn zittern. Die abendliche Wildnis lehrt zittern.

Die Sonne ist hinter den Horizont hinabgetaucht, der Mond steigt hinter den Bergketten im Südosten herauf; es ist, als zöge ihn die Sonne an einem unsichtbaren Faden hinter sich her. Er taucht die Berge, das Delta, den See in fahles, ungewisses Zwielicht. Ein paar schmale, rotgoldene „Zierleisten" hängen noch im Westen über den schwarzblauen Silhouetten der Bonanza Hills, die letzten Relikte der schwarzen, blitzdurchzuckten Gewitterwolken von heute Nachmittag. Der Wind wird stärker, kalt pfeift er von Osten her durch das Tal. Ein Stein fällt in den im Norden aufragenden Steilwänden. Ein Nachtvogel ruft.

Gnadenlose Einsamkeit.

Gut, dass ich nicht ganz allein hier bin. Allein wäre diese Einsamkeit nur schwer zu ertragen. Gitte, die ihr Tagebuch längst weggepackt und sich eine Weile ins Zelt gelegt hat, um sich aufzuwärmen, kommt zu mir ans Ufer herab. Sie hat sich die warme Daunenjacke angezogen und bringt mir auch meine Daunenjacke mit.

„Hast du die Vögel gehört?" fragt sie.

„Nur einen."

„Es sind aber mindestens zwei, glaube ich."

„Eulen vermutlich."

AUS DEM ZELT GEHOLT, GETÖTET UND GEFRESSEN

Wir liegen im Zelt. Der Mond scheint aufs Dach, der Wind pfeift durch die Büsche. Die Mündungsarme des Mulchatna River plätschern, irgendwo in der Ferne rufen wieder die Nachtvögel. Es sind tatsächlich zwei, zumindest.

„Es gibt kaum etwas", schreibt Bernd Steinle in *Goldrausch, Eis und Bärenspuren*, „vor dem einem beim Campen in der Wildnis mehr graut, als nachts von einem Grizzly heimgesucht zu werden." Auch uns graut manchmal davor, obwohl wir schon so viele Nächte allein in der Wildnis verbracht haben, ohne dass uns ein Bär belästigt hätte, und obwohl wir wissen, dass Angriffe von Bären auf nachts im Zelt schlafende Menschen äußerst selten sind. Aber wir wissen auch, dass es solche Angriffe gab und gibt. In dieser kalten, windigen und irgendwie unheimlichen Mondnacht fällt es uns schwerer als sonst, das zu verdrängen (oder durch „philosophische" Gespräche zu überspielen). Das und die vielen mehr oder minder grausigen Berichte, die es dokumentieren.

Der Jagdführer Cecil Jones aus Homer in Alaska erwacht mitten in der Nacht. Ein Grizzly schleicht im hellen Mondlicht ums Zelt. Er wirft in der Nähe liegende Töpfe und Teller durcheinander und schnüffelt an der Zeltwand. Jones gibt einen Schuss durchs Zeltdach ab, der Grizzly flieht.

Mike und Ruth Dishnow zelten mit ihrem einjährigen Sohn Mickey auf dem Quartz Creek Campground auf der Kenai Halbinsel. Um vier Uhr in der Frühe hören sie, wie jemand ihre Kaffeekanne auf dem Picknicktisch in der Nähe umstößt. Kurz darauf zerreißen Klauen die Zeltwand über Ruths Kopf, ein Grizzly streckt seinen Kopf ins Zelt. Er schnüffelt eine Weile herum, dann verschwindet er wieder.

Helmut A. Port, Jäger und deutscher Abstammung, erwacht in seinem Zelt in den Mayumerak Mountains im Norden Alaskas. Es ist ungefähr drei Uhr morgens und sehr stürmisch. Ein Grizzly dringt ins Zelt und packt ihn am Arm. Port schreit ihm ins Ohr, der Grizzly flieht.

Bruce D. Ohlson und Phillippe Vermeyen wollen von Johnsons Crossing am Alaska Highway auf dem Teslin River zum Yukon paddeln. Ein Grizzly überfällt sie nachts auf einem einsamen Lagerplatz am Fluss und verletzt Vermeyen; der spricht später vom „most traumatic day of my life".

Al und Joyce Thompson sind auf der Elchjagd in der entlegenen Kenai National Moose Range. Sie bauen sich ein „lean-to", eine Unterkunft aus Holzstämmen und Plastikfolie, und legen sich darin schlafen. Gegen vier Uhr morgens erwachen sie durch ein unidentifizierbares Geräusch in der Nähe. Sie fahren hoch und sehen draußen in der hellen Mondnacht die unbewegliche Silhouette eines Grizzlys. Kurz darauf stürzt sich der Bär in das lean-to, packt Al mit den Zähnen und einer Vordertatze und schleppt ihn weg. „Was für eine entsetzliche Art zu sterben", denkt Al. „Gott, hilf uns!" schreit Joyce. In ungefähr 25 Metern Entfernung lässt der Bär sein Opfer fallen, Al stellt sich tot. Der Bär beißt noch einige Male in seinen Rücken, dann entfernt er sich.

Ted Moore und Roger May zelten auf dem Rainbow Point Campground im Gallatin National Forest an der Grenze zum Yellowstone Nationalpark. Gegen halb drei Uhr nachts bricht ein Grizzly ins Zelt ein und schleppt May ins Freie. Moore rennt hinterher und sieht im Licht des Vollmonds, wie der Bär seinen Freund in die Büsche schleift, tötet und frisst.

Brigitta Fredenhagen aus Basel zeltet in einer stürmischen Nacht allein am Astringent Creek Trail im Yellowstone Nationalpark. Zwei Tage später findet man das zerrissene Zelt, ein Stück ihrer Lippe und der Kopfhaut und 60 Meter weiter weg ihr Skelett. Die Rekonstruktion ergibt, dass ein Grizzly sie nachts aus dem Zelt zog, tötete und fraß.

Der Insektenforscher George Doerksen wird in der Nähe von Liard Hot Springs am Alaska Highway von einem Grizzly aus dem Zelt geholt, getötet und gefressen. Man findet nur noch seinen Kopf und Reste seines Oberkörpers.

Der ehemalige Flugkapitän Lawrence Gordon – genannt „der Christ", weil er die Gewohnheit hat, eine Bibel und andere religiöse Literatur in seinem Rucksack mitzutragen – wird auf einem Campground am Elizabeth Lake im Glacier Nationalpark von einem Grizzly aus dem Zelt geholt, getötet und gefressen.

Der bekannte japanische Natur- und Bärenfotograf Michio Hoshino (dessen schöne Bemerkungen über die *Furcht* im Grizzly Country auf der Rückseite dieses Buches zitiert sind) wird am Kurilskoja-See auf der Halbinsel Kamschatka von einem Grizzly aus dem Zelt geholt, getötet und gefressen.

Der als „Grizzly Man" berühmt gewordene Timothy Treadwell wird mit seiner Freundin Amie Huguenard im Katmai Nationalpark von einem Grizzly aus dem Zelt geholt, getötet und gefressen.

Der Naturfotograf J. B. L. Reeves wird in der Nähe von Cold Bay auf der Alaska Peninsula von einem Grizzly aus dem Zelt geholt, getötet und gefressen.

Die zwanzigjährige Mary Pat Mahoney wird im Many Glacier Campground im Glacier Nationalpark aus dem Zelt geholt, getötet und gefressen.

Das Ehepaar Huffman wird am Hulahula River im Arctic National Wildlife Refuge von einem Grizzly aus dem Zelt geholt, getötet und gefressen.

Aus dem Zelt geholt, getötet und gefressen. Aus dem Zelt geholt, getötet und gefressen. Aus dem Zelt geholt, getötet und gefressen. Wer diesen gruseligen Refrain einmal im Hinterkopf gespeichert hat, schläft nicht immer gut im Grizzlyland.

HAARSTRÄUBEND

Irgendetwas rüttelt an mir und reißt mich aus dem Schlaf. Ich setze mich hoch und reibe mir die Augen. Eine Erinnerung an ein Jahrzehnte zurückliegendes kleines Erlebnis durchzuckt mich: ich schlief an einem Sandstrand in der Nähe Barcelonas, als mich plötzlich jemand wachrüttelte. Ich erschrak furchtbar, denn ich war sehr jung damals und zum ersten Mal auf einer größeren Reise, und ich war allein. War es ein Mensch, der da an mir rüttelte und nach meinem Geldbeutel oder womöglich nach meinem Leben trachtete? Nein, es war ein streunender Hund, der, als ich mich blitzschnell aufrichtete, sofort die Flucht ergriff und durch den Sand davonlief. Doch hier hat mich kein Hund wachgerüttelt, sondern Gitte.

„Ein Bär!" flüstert sie.

„Wo?" frage ich entsetzt.

„Unten bei der Feuerstelle! Er kommt Richtung Zelt!"

Ich horche angestrengt.

Die Nachtvögel rufen wieder. Dunkel, dumpf, bedrohlich klingen ihre Stimmen. Sie sind jetzt viel näher als vorhin. Sonst aber höre ich nichts.

Doch, jetzt höre ich's: schleichende Schritte in den Büschen, raschelndes Gras. Die Schritte kommen näher.

Meine Haare sträuben sich buchstäblich.

Kein Zweifel, dass sich ein Tier dem Zelt nähert. Es kann nur ein Bär sein, denn Karibus oder Elche weiden vielleicht, wie die Karibus drüben am „Lake Jonathan", im weiten Umkreis des Zeltes, kommen aber nicht zielstrebig auf ein Zelt zu. Es kann nur ein Grizzly sein, denn Schwarzbären gibt es hier oben nicht.

Nicht nur die im Gras raschelnden Schritte kommen näher, auch die Rufe der Nachtvögel. Ihre Stimmen klingen aber nun ganz anders, wie unterdrücktes Husten, Seufzen, Stöhnen. Liebesstöhnen? Was ist das? Gehören das raschelnde Schleichen im Gras und die seltsamen Rufe der Vögel zusammen? Sind die Vögel also gar keine Vögel? Aber auch keine Grizzlys, denn Grizzlys „rufen" so nicht? Oder sind es kleine Grizzlycubs, die da so husten, seufzen, stöhnen? Gehören sie womöglich zu der Bärin, deren Spur wir heute oben im Tal des Mulchatna River gesehen haben? Was tun?

Einen Schwarzbären könnte man durch aggressives Auftreten und Schreien zu vertreiben suchen, bei einem Grizzly – und gar einer führenden Grizzlybärin – ist das in aller Regel nicht ratsam. Helmut A. Port gelang es zwar, den Grizzly, der ihn bedrohte, durch laute Schreie in sein Ohr wegzujagen, doch meist bewirkte aggressives Schreien das genaue Gegenteil und löste selbst bei Bären, die zunächst nur neugierig waren, einen Angriff aus. Wir können aber auch nicht tatenlos im Zelt sitzen bleiben und warten, bis die Bärin die Zeltwände zerreißt und uns ins Freie zieht. Wir müssen auf jeden Fall raus.

Vorsichtig schlüpfen wir aus dem Zelt und lassen den Lichtkegel unserer Stirnlampen über die Wiese, auf der das Zelt steht, und die angrenzenden Büsche gleiten. Dort, am Rand der Büsche, was ist das? Eine stumpfe Schnauze, glitzernde Äuglein, die boshaft, jedenfalls wenig beeindruckt in den Lichtschein starren, stachliges Fell? Ein Stachelschwein? Und weiter rechts ein zweites?

Gott sei Dank!

Das also waren die Nachtvögel, deren Rufe wir schon heute Abend gehört hatten! Aber seltsam, die Rufe dieser beiden klangen ganz anders als die der nächtlichen Ruhestörer in der „Herberge zum Großen Bären" – sonst hätten wir sie doch längst identifiziert! Vielleicht sprechen die Porcus am Turquoise Lake eine andere Sprache als die am Telaquana? Ich renne hinüber, sie watscheln gemütlich in die Büsche. Eines bleibt nach einigen Metern stehen, rührt sich nicht mehr, fährt nur seine Stacheln aus. Ich werfe – vorsichtig, denn ich will es nicht verletzen – einen Stein nach ihm. Der Stein streift die Stacheln, das Porcu reagiert nicht. Bekanntlich holen sich junge Hunde, Wölfe, auch Bären immer wieder einmal blutige Nasen von den Stacheln der Porcus; wenn Hunde, Wölfe und Bären so ein stachelbewehrtes Porcu nicht gefährden können, wie sollte es sich von einem kleinen Stein beeindrucken lassen, der es nicht einmal richtig trifft. Ich suche einen deutlich größeren, ziele genauer. Jetzt zeigt es doch Wirkung, watschelt weiter, verschwindet in den dunklen Labyrinthen des Erlengebüschs. Wir gehen zurück ins Zelt.

Eine Zeitlang herrscht Ruhe, dann geht das Rascheln und Rumoren rund ums Zelt erneut los. Das gleiche Spiel wie unten in der Cabin. Und wie unten in der Cabin sind die Tiere bei aller Aufdringlichkeit auch sehr raffiniert. Denn immer wenn ich aus dem Schlafsack krieche, um sie zur Rechenschaft zu ziehen, verstummen und verschwinden sie; kaum bin ich aber zurück im Schlafsack, sind sie wieder da, schleichen ums Zelt, geben Geräusche aller Art von sich, stöhnen, schnüffeln, schnaufen, fauchen. Manchmal scheinen sie sogar zu singen, ab und zu auch im Duett. Erstaunlich, die musikalischen Talente dieser Tiere, doch klingt ihr Zwiegesang so unerträglich dissonant, dass meine Haare sich ein zweites Mal sträuben. Erneut krieche ich hinaus, sammle ein paar Steine, lege mich hinter einem Busch auf die Lauer. Jetzt wackelt ein Porcu über die Wiese, zwei, drei Steine fliegen, einer trifft. Das Porcu verschwindet in den Büschen, taucht nicht wieder auf. Schon tut es mir wieder leid, aber was sein muss, muss sein. Auch das zweite bleibt verschwunden. Hoffentlich.

Gitte steht neben dem Zelt, ich gehe zu ihr hinüber. Eigentlich müssten wir den Porcus dankbar sein, dass sie uns geweckt und gezwungen haben rauszugehen: wir hätten sonst das herrliche Nordlicht verschlafen, das über den schwarzen

Silhouetten der Berge jetzt seine geisterhaften Spiele spielt. Die intensivsten Natureindrücke, zumal in der Wildnis, hat man nachts; aber da schläft man meistens. Wir stehen lange – trotz der Kälte – und schauen in den Nachthimmel hinauf. Die magischen Lichtschleier wehen, wallen, wandern; der Mulchatna River mit seinen vielen Seitenarmen plätschert, plaudert, rauscht. Wir stehen und frieren; stehen und staunen.

LIAO-LI!

Liao-li! hallt der Schrei ziehender Wildgänse, heißt es in einem Gedicht von Wang Wei. „Liao-li" ist ein lautmalerischer chinesischer Ausdruck für den Schrei der Wildgänse, ähnlich unserem „Kuckuck" oder „Kikeriki".

Liao-li! hallt es hoch über uns. Ein Keil Wildgänse kreuzt den Himmel überm See und verschwindet hinter dem Gipfelaufbau des „Sheep Mountain".

Wir haben eine Wanderung am linken (südlichen) Seeufer entlang gemacht, um den westlichen Teil des Sees zu erkunden. Wir stellten fest, dass sich am westlichen Ende des Sees weite Wiesen ausbreiten, auf denen man gut zelten kann, wenn man dort unten wandern oder zu den Twin Lakes hinüberwechseln will, die auf der anderen Seite der Bergkette im Süden des Sees liegen. Für uns kommen diese Möglichkeiten aber nicht mehr in Betracht; der Termin, an dem der Pilot uns wieder am Telaquana Lake abholt, rückt näher, außerdem deutet sich ein Ende der stabilen Hochdruckphase an, die sich seit unserer „Flucht" zum Turquoise Lake eingestellt hat. Wir sitzen vor unserem Zelt und beobachten die Wetterentwicklung. Heut morgen war, anders als an den Tagen zuvor, der Himmel über den Bergen im Osten tiefrot, später zogen dunkle Wolken herein. Jetzt – gegen Abend – sind die meisten der hohen Gipfel schon in Wolken gehüllt, auch die Bonanza Hills im Westen tragen eine faserige, schiefergraue Wolkenkappe. Dort regnet es vielleicht schon. Alle Anzeichen sprechen dafür, dass das Wetter schlecht wird. Wir sind uns einig, dass wir in diesem Fall den Rückzug zum Telaquana Lake antreten. Nochmal tagelang hier oben im Nebel und Regen hocken? Nein danke!

Wieder ein Keil Wildgänse über uns. Liao-li! schreien sie, ihre schmalen und doch kräftigen Schwingen rauschen.

Sie sind Zugvögel, wir sind es auch. Sie ziehen nach Süden, wir nach Norden, vielleicht morgen schon. Sie ziehen nach Kalifornien und Florida, wir zum Trail Creek und zum Telaquana Lake. Und dann – nach Port Alsworth, Anchorage, Frankfurt, Stuttgart.

Liao-li!

WIEDER AM TRAIL CREEK

Wir sind wieder am Trail Creek, exakt am gleichen Lagerplatz wie vor unserer „Flucht" zum Turquoise Lake. Es regnet in Strömen, auf den Bergen fällt Schnee. Der Trail Creek, der bei unserer Ankunft gestern noch einigermaßen friedlich durchs Tal plätscherte, ist über Nacht zu einem reißenden, lehmbraunen Fluss angeschwollen, den wir heute gar nicht mehr durchqueren könnten. Wir müssten das Tal hochwandern und versuchen, den Fluss irgendwo oben in der Nähe seiner Quelle zu durchwaten, was bei dem strömenden Dauerregen sehr unangenehm wäre, von der Grizzlybärin und ihren Jungen ganz abgesehen, die möglicherweise immer noch dort oben herumstreifen. Es regnet den ganzen Tag lang, der Trail Creek steigt und steigt. Das Bäumchen, an das wir unsere orangerote Markierung gehängt haben, steht schon mitten im Fluss. Das Erlenwäldchen, in dem wir wieder unser Regendach installiert haben, liegt zum Glück etwas höher und ist deshalb von dem reißenden Fluss nicht erreichbar, erst recht nicht das Zelt, das wir wieder am Rand des Tals auf ein erhöhtes Plateau, das gleiche wie das letzte Mal (wir fanden es wegen der Elchschaufel, die wir dort liegen gelassen hatten, leicht) aufgeschlagen haben. Das denken wir zumindest.

Gitte: *Der Trail Creek ist seit heute morgen gewaltig gestiegen, seine Farbe ist nun ockerbraun, er bricht Steine vom Ufer, treibt ausgerissene Büsche und Bäume mit sich. Gott sei Dank sind wir nicht erst heute vom Turquoise Lake hierher zurückgegangen, wir hätten den Fluss nicht mehr überqueren können. Wir liegen die meiste Zeit im Zelt; ein längerer Aufenthalt unter dem Regendach ist nicht mehr möglich, weil der Sturm den Regen unter das Dach peitscht und wir bald tropfnass würden. Von Westen jagen immer neue, weißgraue Wolkenfetzen heran. Es ist eiskalt. Ich würde mich nicht wundern, wenn aus dem tobenden Regensturm bald ein tobender Schneesturm würde. Die Situation – nach allem, was wir schon, gerade hier am Trail Creek, erlebt haben – zehrt gewaltig an meinen Nerven.*

Gegen zehn Uhr nachts ungefähr lässt der Sturm etwas nach, doch es schüttet weiter. Wir liegen im Zelt und versuchen einzuschlafen, aber vergeblich. Irgendeine innere Stimme sagt uns, dass es jetzt gefährlich wäre einzuschlafen.

„Der Trail Creek", meint Gitte, „rauscht immer lauter. Bist du dir wirklich sicher, dass er nicht über die Ufer treten und auch unseren Zeltplatz hier unter Wasser setzen kann?"

„Ich kann´s mir nicht vorstellen. Aber ich schau mal nach."

Ich krieche aus dem Zelt. Die Nacht ist pechschwarz, der Regen klatscht auf die Bäume.

„Gib mir die Stirnlampe raus", sage ich zu Gitte ins Zelt, „ich sehe rein gar nichts." Sie reicht mir die Lampe, ich leuchte hinaus – und sehe, dass sich der steinige Talboden rings um unser Zelt langsam, aber stetig mit Wasser füllt, das durch zahllose kleine Rinnsale und Kanäle hereinfließt! Es ist nur eine Frage der Zeit, dass auch die Plattform, auf der unser Zelt steht, im Wasser versinkt. Was wäre gewesen, wenn das rasch steigende Hochwasser uns im Schlaf überrascht hätte? Wir müssen sofort hier weg und das Zelt irgendwohin auf die Tundrahänge oberhalb des Flussbetts verpflanzen, wo es das Wasser nicht erreichen kann. Hektisch packen wir die Rucksäcke, stopfen sie in die Regenhüllen, legen sie neben das Zelt auf die Steine. Das Zelt schlagen wir nicht ab, wir lösen nur die Schnüre von den Steinen, an denen wir es verankert haben, und tragen es samt Schlafsäcken und Isomatten den nahen Wiesenhang hinauf. Wir hoffen, es nach wenigen Metern irgendwo in einer kleinen Mulde aufstellen zu können, deshalb lassen wir – fahrlässigerweise – die Rucksäcke erst mal liegen, um sie dann nachzuholen. Aber wir steigen und steigen, ohne eine solche Mulde zu finden. Der Wind fährt in das Zelt, ständig muss ich an den bösen Roderich aus dem „Struwwelpeter" denken, der, obwohl es ihm verboten war, mit dem Regenschirm bei Wind und Regen spazierenging und deshalb zur Strafe vom Wind in die Höhe gerissen und davongetragen wurde. Endlich senkt sich das Gelände ein wenig und wir finden ein halbwegs brauchbares, wenn auch sehr unebenes, abschüssiges Plätzchen, auf dem wir das Zelt wieder verankern können.

Doch noch liegen unsere Rucksäcke unten auf der Kiesbank, wo unser Zelt stand. Es wird, weil wir so weit den Hang hochgestiegen sind, vermutlich sehr schwierig sein, sie noch zwischen den Steinen im Flussbett aufzuspüren; außerdem wird der Weg aus dem Flussbett zum Zelt kaum zu finden sein. Gitte bleibt deshalb beim Zelt, um mir mit der Stirnlampe den Rückweg zu weisen. Ich steige den Hang hinunter und durchwate die Wasserpfützen auf dem Talboden. Der Lichtkegel meiner Stirnlampe tastet sich durch die Nacht, ich taste mich stolpernd hinterher. Wo sind die Rucksäcke? Wo ist die Kiesbank, auf der unser Zelt stand? Ich kann sie nicht finden, es gibt hier Dutzende solcher Kiesbänke. Aber da glänzt in einiger Entfernung etwas Weißes, Nasses im Regen, das mir bekannt vorkommt – richtig, die Elchschaufel, die neben unserem Zelt lag. Und in der Nähe liegen auch die beiden Rucksäcke in ihren flatternden Hüllen, auf die der Regen trommelt. Ich packe mir einen Rucksack auf den Rücken, einen auf den Bauch und stolpere mühsam zurück. Hoch oben am schwarzen Hang brennt ein winziges Lichtlein, leuchtet mir „heim".

DAS WAR'S – BEINAHE

Im Lauf der Nacht hört es auf zu regnen, auch der Wind flaut ab. Als wir in der Frühe aus dem Zelt schauen, bietet sich uns ein sehr vertrauter Anblick: dichter Nebel lagert über dem Tal, wir sehen kaum bis zu unserem alten Lagerplatz zwischen den Erlenbäumen hinunter. Wir schlagen das Zelt ab und steigen ins Flussbett hinab. Das Wasser ist über Nacht noch höher gestiegen, doch hat es die Kiesbank, auf der unser Zelt stand, nicht erreicht. Wenn wir das gewusst hätten – aber wir haben es nicht gewusst. Der Weg vor zu unserem Regendach und dem Proviantsack ist schwierig, überall zwischen den Steinen stehen teilweise tiefe Pfützen, wir hüpfen von Stein zu Stein und kriegen trotzdem nasse Füße, weil wir nicht jede Pfütze umgehen können. Der Platz rund um unser Regendach steht nahezu vollständig unter Wasser, nur unser wieder etwas hoch gehängter Proviantsack blieb verschont. Es ist klar, dass wir hier nicht mehr bleiben und trotz des dichten Nebels so rasch wie möglich zum Telaquana Lake zurückgehen müssen, wir können den Weg ja nicht verfehlen. Wir frühstücken gar nicht erst, sondern schlagen nur das Regendach ab und verstauen den Inhalt des Proviantsacks in den Rucksäcken. Unserem Grundsatz, beim Abbau eines Lager auch nicht die leiseste Spur unserer Anwesenheit zurückzulassen, müssen wir diesmal untreu werden: das Markierungszeichen an dem jetzt tief im Fluss stehenden Erlenbäumchen ist für uns nicht mehr erreichbar und muss deshalb hängen bleiben. Wir schultern unser Gepäck, steigen die Tundrahänge überm Flussbett hoch und marschieren über die Hochfläche nordwärts.

Der Nebel wird noch dichter, man sieht kaum etwas. Nur Gras, Steine, einen schemenhaften Hügelrücken da und dort, einen nassen Erlenbusch, eine Wasserpfütze. Ohne Kompass würden wir uns hoffnungslos verlaufen. Ab und zu rufen wir, klingeln mit unseren Glöckchen, trillern mit den Trillerpfeifen. Wir stolpern bergauf und bergab über den breiten, gewellten Rücken zwischen Trail Creek und Telaquana Lake, dann merken wir, dass sich das Gelände steil nach unten senkt, wir haben offensichtlich den nördlichen Rand des Rückens und damit den Beginn des Abstiegs hinunter zum Telaquana Lake erreicht. Vorsichtig steigen wir bergab, die steilen Wiesen sind rutschig, ebenso das Geröll, das wir ab und zu queren müssen. Allmählich wird das Gras höher, Büsche tauchen aus dem Nebel, bald auch einzelne Bäume. Es ist klar, dass wir uns dem Ende der freien Tundrahänge und dem Beginn der Waldzone nähern, die, wie wir wissen, ein schmaler Buschgürtel von den freien Hängen trennt. Der Nebel lockert sich ein wenig auf, wir sehen den Buschgürtel und darunter die schwarze Mauer des Fichtenwalds. Wir queren schräg in nordöstlicher Richtung abwärts, weil wir glauben, dort einen halbwegs günstigen Durchschlupf durch den dichten Buschgürtel zu erkennen. Ich gehe voraus, Gitte folgt mir im Abstand von einigen Metern.

Was nun folgt, dauert nur wenige Sekunden, doch werden wir es mit Sicherheit nie mehr vergessen.

Ich höre im Osten von uns unidentifizierbare Geräusche, die rasch durch den Nebel auf uns zukommen. Ein eigenartiges Knistern und Rauschen, wie wenn etwas in hohem Tempo durch nasses Gras gezogen würde. Dann tauchen drei große Tiere aus dem Nebel auf und jagen direkt auf uns zu. Kleine Ohren, runder, massiver Kopf, hellbrauner Pelz. Ich bleibe wie vom Donner gerührt stehen und starre ungläubig auf die heranstürmenden Fabelgestalten. Vier Gedanken zucken – praktisch gleichzeitig – durch mein Hirn. Der erste: „Grizzlys!" Der zweite (in dieser Situation ziemlich absurd): „Prächtige Tiere!" Der dritte: „Nur jetzt nicht zurückweichen! Stehenbleiben und denen zeigen, dass sie zurückzuweichen haben!" Der vierte: „Entweder sie kehren um – oder sie kehren nicht um!" Ich wedle mit den Armen und rufe (wieder einmal!) laut und so ruhig wie irgend möglich: hallo! Beim zweiten oder dritten Hallo! bäumt sich der ein wenig vorausjagende Grizzly hoch auf – vor Schreck offensichtlich, ganz ähnlich wie die Bärin am Trail Creek – , wirft sich herum und rast nach Osten zurück in den Nebel. Der zweite folgt ihm, der dritte springt noch ein paar Sprünge auf uns zu – wie nah mag er sein? Zwanzig Meter? Zehn? – , dann wirft auch er sich herum, rast den anderen hinterher, verschwindet.

Gitte: *Wir haben bereits beinahe die Waldzone erreicht, da höre ich Winfried vor mir laut Hallo! rufen. Ich strenge meine Augen an, denn ich kann im Nebel zunächst nichts erkennen, bis ich zuerst einen, dann einen zweiten Grizzly auf uns zurasen sehe, dann noch einen dritten ... „Das war's!" denke ich. Der erste ist schon sehr nahe, höchstens fünfzehn Meter entfernt, da richtet er sich – nach Winfrieds drittem Hallo! – blitzschnell auf. Er sieht riesig aus im Nebel, scheint Winfried um Haupteslänge zu überragen. Dann dreht er um und rast in die Richtung zurück, aus der er gekommen ist. Der zweite folgt ihm – es ist offensichtlich, dass der erste Bär eine Art Führungsrolle in der „Gruppe" hat – , der dritte jagt noch ein Stück weiter auf uns zu, dreht dann ebenfalls ab. Da die Grizzlys von Osten kamen und wieder nach Osten zurückflohen, ziehen wir uns so rasch wie möglich in westlicher Richtung zurück. Meine Gefühle sind unbeschreiblich.*

Wir queren rasch westwärts und dann nordwestwärts den Hang hinunter, bis die Distanz zwischen uns und dem Ort, wo wir den Bären begegnet sind, so groß ist, dass wir uns endgültig sicher vor ihnen fühlen. Wir sind aber überzeugt davon, dass sie sowieso keine Gefahr mehr für uns bedeuten und längst das Weite gesucht haben. Wir setzen uns ins Gras, um uns von dem

Schreck zu erholen; ich reibe mir – noch immer fassungslos – die Stirn, Gitte weint.

Plötzlich lockert sich der Nebel auf, ein wunderbar zartgrüner Schimmer unter uns mischt sich in das lichte Nebelgrau, wir können uns das seltsame Farbenspiel erst gar nicht erklären, und dann – leuchtet durch die auseinanderwehenden Nebelschleier der blaugrüne, stille Wasserspiegel des Telaquana Lake zu uns herauf.

Wie ein Gespenst. Wie ein Gebet.

WAS WOLLTEN DIE „NEBELBÄREN"?

Was wollten die drei „Nebelbären" (wie wir sie später nannten)? Kurz und bündig gesagt: sie wollten uns fressen.

An dieser Tatsache gibt es wohl kaum einen Zweifel. Ich will kurz begründen, warum.

Bären sind, wie schon im Vorwort erwähnt, in der Regel Einzelgänger; wenn man mit mehreren Bären zu tun hat, handelt es sich fast immer um eine Bärin mit Cubs oder um junge Bären, die nach der Entwöhnung von ihrer Mutter manchmal noch eine Weile zusammenbleiben. Da wir klar erkennen konnten, dass es sich hier um keine Bärin mit Jungen handelte, ist die Erklärung eindeutig: wir hatten es mit jungen Bären zu tun.

Junge Bären haben es schwer, sich gegen ihre älteren und stärkeren Artgenossen durchzusetzen, und müssen sich deshalb vielfach auf Territorien mit vergleichsweise geringem Nahrungsangebot zurückziehen. Es ist anzunehmen, dass das auch bei den „Nebelbären" der Fall war, deren Territorium oberhalb der Waldgrenze sich nicht gerade durch reichhaltige Nahrungsquellen ausgezeichnet haben dürfte (vor allem die vielen opulenten Beerenhalden im Hinterland des Telaquana Lake liegen anderswo und tiefer). Sie waren auf der Suche nach etwas Fressbarem, und uns schätzten sie zunächst als etwas möglicherweise Fressbares ein. Diese Interpretation liegt jedenfalls sehr nahe, doch mögen auch andere für junge Grizzlys charakteristische Motive eine Rolle gespielt haben. Eine vorsichtige Rekonstruktion der Attacke ergibt ungefähr folgendes Bild: Die drei Grizzlys hörten uns im Nebel kommen, hielten uns für eine mögliche Beute – vielleicht für eine Art „fußkranker" Elche oder Karibus – und rasten auf uns zu. Sie brachen ihren Angriff ab und flohen, als sie merkten, dass sie es nicht mit Elchen oder Karibus, sondern mit Menschen zu tun hatten. Was hätten sie getan, wenn wir ihrem Angriff nicht standgehalten, sondern die

Flucht ergriffen oder uns tot gestellt hätten (wie es in vielen Broschüren zum richtigen Verhalten bei Konfrontationen mit Grizzlys empfohlen wird oder jedenfalls bis vor wenigen Jahren empfohlen wurde)? Sie hätten uns gefressen.

Auch diese Konfrontation war also ohne Frage ausgesprochen gefährlich. Junge, „halbwüchsige" (aber mehr oder minder schon ausgewachsene) Grizzlys werden generell als besonders gefährlich eingestuft. Herrero: „Sie sind noch voll jugendlicher Neugier und explorieren und probieren, wo es nur geht. Unseligerweise sind sie aber auch schon sehr stark und darum eine Gefahr für den Menschen." Und: „Ich habe schon über junge, unerfahrene Bären geschrieben, die sich aus reiner Neugier Menschen und deren Habseligkeiten näher anschauen wollen. Gewöhnlich scheuen sie beim Anblick eines Menschen zurück, aber manchmal beißen sie doch in Zelte, Rucksäcke, Kühlboxen und eben auch in Menschen." Eine Vielzahl dokumentierter Fälle, in denen Menschen von jungen Grizzlys verletzt oder getötet wurden, belegt, wie gefährlich diese „Halbstarken" sind. Am 19. 7. 1999 etwa wurden Nathan Mooring und Sylvie Besingque, als sie nachts im Zelt in der Nähe eines Campgrounds schliefen, von einem jungen Grizzly überfallen und verletzt; vom Campground herbeieilenden Freunden gelang es, den Grizzly mit einem Baseballschläger zu vertreiben. Am 29. 7. 1994 wurde Eleonora Florance in einem Geologenlager in der Nähe von Cordova in Alaska ebenfalls nachts im Zelt von einem jungen, dreijährigen Grizzly attackiert und aus dem Zelt gezerrt; auch sie wurde gerettet, weil ihr andere Bewohner des Camps zu Hilfe kamen. Am 5. 7. 1996 wurde eine Frau im Kluane Nationalpark von einem jungen Grizzlybär getötet; sie hatte sich, als sich der Bär näherte, auf den Boden geworfen und totgestellt. Am 15. 7. 2000 wurde ein Mann bei Hyder in Alaska von einem jungen Grizzly gefressen; er hatte in der Nähe einer bear viewing area, in der sich alljährlich viele Grizzlys versammeln, um Lachse zu fangen, im Freien geschlafen. Am 5. 6. 2005 wurde die bekannte kanadische Mountainbikerin Isabelle Dube von einem jungen Grizzly getötet; der „Spiegel" (11. 7. 05) bemerkte dazu: „Als wirklich lebensgefährlich … gelten junge männliche Grizzlys." Es waren übrigens auch junge Grizzlys, die die im Kapitel „Aus dem Zelt geholt, getötet und gefressen" erwähnten Mary Pat Mahoney und Brigitta Fredenhagen überfielen und töteten.

Haben wir irgendwelche Fehler gemacht? Hätten wir beispielsweise am Trail Creek warten sollen, bis sich der Nebel verzogen hatte, um eine plötzliche Konfrontation mit Bären im dichten Nebel zu vermeiden? Vielleicht; aber wir hatten einfach die psychischen Reserven für ein weiteres Ausharren in dem nebligen und teilweise überschwemmten Flusstal, in dem wir zuvor schon viele kalte Nebeltage lang gehaust hatten, nicht mehr. Ich neige auch, wie schon erwähnt, zu der Auffassung, dass schlechte Sichtverhältnisse das Risiko nicht in dem Maß erhöhen, wie man es sich gemeinhin vorstellt, weil Bären nicht primär mit den Augen, sondern mit den Ohren und vor allem mit ihrer hochempfindlichen Nase „sehen". Außerdem taten wir alles, um mögliche Bären in unserer Nähe auf uns aufmerksam zu machen, riefen ab und zu, trillerten, läuteten mit unseren Glöckchen. Aber es waren vielleicht gerade diese Geräusche, die die Bären anzogen. „Das Verursachen von Lärm", schreibt Herrero, „kann auch … Gefahren heraufbeschwören und Grizzlys anlocken. Gerade noch nicht ausgewachsene Grizzlybären sind extrem neugierig. Ihr Vorwitz ist noch nicht durch das Wissen gebremst, dass ein Mensch für sie Gefahr bedeuten kann." Eine Tatsache hatten wir aber vielleicht doch zu wenig beachtet: wir waren beim Aufstieg durch die Buschzone nach der Waldgrenze auf ein Wiesengelände gestoßen, auf dem zahlreiche Bärenhaufen herumlagen, aus denen zu schließen war, dass hier Bären auffallend oft unterwegs waren. Ungefähr hier waren uns beim Abstieg die Bären begegnet. Herrero: „Mitunter sind viele Losungshaufen über eine große Fläche verstreut … In diesem Fall ist äußerste Vorsicht geboten!" Wir wären also gut beraten gewesen, wenn wir beim Abstieg einen möglichst großen Bogen um diese Zone gemacht hätten. Nur: wir wussten nicht genau, wo diese Zone lag und wo wir beim Aufstieg die Waldzone verlassen und den Buschgürtel durchquert hatten. Wir sahen ja kaum zehn Meter weit und stapften mehr oder minder stur nordwärts, weil wir nur ein Ziel hatten: möglichst rasch hinunter zum Telaquana Lake zu gelangen. Um aber der Wahrheit die Ehre zu geben: wir dachten beim Abstieg an diese Wiese mit den vielen Losungshaufen gar nicht mehr.

NOCHMAL: WIE GEFÄHRLICH IST DER GRIZZLYBÄR?

Wir waren, die Begegnung mit den „Nebelbären" eingerechnet (und manche zumindest potenziell problematischen Zwischenfälle nicht mitgezählt) insgesamt in fünf gefährliche Konfrontationen mit Bären verwickelt, viermal mit Grizzlys, einmal (am Camsell River) mit einer Schwarzbärin. Bislang ... Diese Tatsache gibt zu denken. Zumal vier dieser Konfrontationen als äußerst ungewöhnlich einzustufen sind. Der Angriff der Bärin am Trail Creek war es, der Angriff der „Nebelbären" war es, der Angriff der Schwarzbärin am Camsell River war es, das plötzliche Auftauchen des kleinen Grizzlys genau dort, wo ich auf der Wiese saß, war es. Äußerst ungewöhnlich war auch, dass wir im Verlauf weniger Wochen und im gleichen Gebiet gleich zwei lebensgefährliche Grizzlykonfrontationen erlebten. Und den Besuch des „Mitternachtsgrizzlys" in unserem Lager am Telaquana Lake, obwohl verursacht durch eine Reihe von Fehlern, wird man auch nicht unbedingt als ganz normal einschätzen. Die Frage drängt sich auf: Warum gerieten wir so oft in derart ungewöhnliche und bedrohliche Konfrontationen?

Ich habe alle diese Fälle – mit Ausnahme der Attacke der Schwarzbärin am Camsell River – in diesem Buch geschildert. Ich habe mich bemüht, das so exakt und detailgetreu wie irgend möglich zu tun, umso mehr, als die Berichterstattung von Bärenkonflikten oft ungenau und deshalb irreführend ist. „Es ist dringend nötig", schreibt Larry Kaniut, „jede Bärenkonfrontation, die zu einer Verletzung oder zum Tod von Menschen führte, exakt zu rekonstruieren, damit man die Ursachen des Unglücksfalles erkennen und dadurch verhindern kann, dass er sich in Zukunft wieder ereignet." Dies gilt zweifellos auch für Konfrontationen, die zwar nicht zu Verletzungen oder dem Tod eines Menschen führten, dies aber, wie in den von mir geschilderten Fällen, hätten tun können oder beinahe getan hätten. Ich habe mich deshalb auch sorgfältig mit der Frage auseinandergesetzt, welche Fehler wir machten und ob und inwieweit sie zu den gefährlichen Konfrontationen führten, in die wir verwickelt waren. Ich wies in diesem Zusammenhang auch auf die Tatsache hin, dass uns manche aus meiner Sicht verharmlosenden Informationen über die Risiken im Bärenland zu einem gewissen Leichtsinn verführten, der auch ernste Folgen hätte haben können. Ich möchte zu dieser Problematik hier noch einige Bemerkungen anfügen.

Nahezu alle Bärenexperten sagen, dass die Gefahr, von einem Bären verletzt oder getötet zu werden, als äußerst gering einzuschätzen sei. Sie begründen das mit statistischen Argumenten und illustrieren es mit teilweise sehr drastischen Vergleichen. Doug Peacock etwa (den ich besonders schätze und mehrfach in diesem Buch zitiere) behauptet, dass „mehr Menschen an verdorbenem Eiersalat sterben als durch Grizzlys". Ähnlich Nick Jans, wie Peacock ein erfahrener und bekannter Bärenexperte: „In Wahrheit … ist die statistische Wahrscheinlichkeit, von einem Bären getötet zu werden, ungefähr so groß wie die, an einem Baseballschläger zu ersticken oder von einem herumfliegenden Klavier erschlagen zu werden." Larry Kaniut, Verfasser mehrerer grundlegender Bücher über Bärenattacken: „Zwischen 1985 und 1996 wurden in Alaska ungefähr doppelt so viele Menschen von Hunden wie von Bären getötet." Rainer Höh, Autor des Büchleins *Sicherheit in Bärengebieten*: „In ganz Nordamerika enden unter mehreren Millionen Bärenbegegnungen jährlich vielleicht zwei tödlich. In der gleichen Zeit kommen dort etwa 4-mal so viele Menschen durch Giftspinnen ums Leben, 50-mal so viele durch Bienen und Wespen und sogar 100-mal so viele durch Blitzeinschlag." Höh meint sogar, dass das Risiko, von einem Meteoriten erschlagen zu werden, höher sei als das eines Bärenunfalls. Wenn man die Grundregeln beachte, könne man „Jahrhunderte durch die Wälder streifen, ehe einem die Wahrscheinlichkeit einen Bären auf den Hals hetzt". Und wenn nicht, hätte man trotzdem „nur eine minimale ,Chance', durch einen Bären verletzt zu werden".

Die Frage stellt sich: wenn Bienen, Spinnen oder Hunde gefährlicher sind als Grizzlys und die Aussicht, von einem verdorbenen Eiersalat, einem herumfliegenden Klavier oder einem auf die Erde herabstürzenden Meteoriten getötet zu werden, größer ist als die einer tödlichen Bärenattacke, warum bemühen sich dann die amerikanischen Nationalparks, ihre Besucher in Broschüren, Informationsblättern und -tafeln, Rangervorträgen, Videos so gründlich wie irgend möglich über das richtige Verhalten im Bärenland zu informieren? Und warum werden dann Bücher wie *Sicherheit in Bärengebieten* und andere mit ähnlichem Titel und Anliegen überhaupt geschrieben?

Der Forstarbeiter und Jäger Stan Thiessen wurde in British Columbia zweimal von einem Bären attackiert (beide Male von einem Schwarzbären). Er sei, sagte er in Anspielung auf die zitierte These, dass ein Mensch eher von einem Blitz getroffen als in eine gefährliche Bärenkonfrontation verwickelt wird, „zweimal vom Blitz getroffen worden". Wenn Stan Thiessen zweimal vom Blitz getroffen wurde, wurden wir fünfmal getroffen.

Wie Stan Thiessen wurde der Fotograf Tom Jesiolowski zweimal von Bären attackiert, allerdings von Grizzlybären. Der Jagdführer Nat Vance wurde in Wyoming viermal von Grizzlys attackiert. Der Jäger David Nyreen wurde ebenfalls in Wyoming mehrfach von Grizzlys attackiert, weshalb man ihn „Bärenmagnet" nannte. Der Waldarbeiter Ray Bartram wurde in British Columbia mehrfach von Grizzlys attackiert, auch ihn nannte man „Bärenmagnet". Der Jagd- und Angelführer Brad Brown wurde in Alberta sechsmal von Bären attackiert: dreimal von Schwarzbären, dreimal von Grizzlys. „Ich bin kein Bärenmagnet", sagte er, „ich bin nur oft draußen im Bärenland." Schon der zweite Grizzly, dem Mike Lapinski, Verfasser von *Bear Attacks. Who survived and Why*, in seinem Leben begegnete, attackierte ihn. Nicht der zweite, sondern der erste Grizzly, dem der Haifotograf und Stuntman Eric Burge begegnete, attackierte ihn. Der erste Grizzly, der Russ Leach aus Michigan begegnete, attackierte ihn. Sein Onkel Rex Rogers jagte seit dreizehn Jahren im Gebiet der Konfrontation und hatte dort nie einen einzigen Grizzly gesehen. Der Fotograf und Jäger Jay B. L. Reeves wurde am ersten Tag seiner geplanten siebentägigen Fotopirsch auf der Alaska Peninsula von einem Grizzly getötet. Ganz anders allerdings Timothy Treadwell, der berühmte „Grizzly Man": dreizehn Sommer lang lebte er unbehelligt unter Bären auf der Katmai-Halbinsel, am letzten Tag seines dreizehnten Aufenthalts wurde er mit seiner Freundin Amie Huguenard getötet und gefressen. In seinem Buch *Among Grizzlies* schreibt er mit fast unheimlich anmutender prophetischer Voraussicht: „In der Wildnis kannst du nichts für ausgemacht halten. Du kannst so gut am letzten Tag getötet werden wie am ersten."

All diese zweifelsfrei dokumentierten Fälle fand ich in Büchern, deren Verfasser in eben den gleichen Büchern erklären, dass die Gefahr, von einem Bären verletzt oder getötet zu werden, geringer sei als die, durch Blitze, Bienen, Giftspinnen, einen Flugzeugabsturz u. Ä. zu sterben. Die aber dennoch, quasi im gleichen Atemzug, versichern, dass sie den Grizzly für ein sehr gefährliches Tier halten. So etwa Stephen Herrero, der Grizzly und Eisbär „die gefährlichsten Landsäugetiere Nordamerikas" nennt. Oder Larry Kaniut: „Der Grizzly ist das gefährlichste Großwild Nordamerikas." Oder Doug Peacock: „Du hast es mit einem Tier zu tun, das dich töten und fressen kann." Wie passt das zusammen? Wie verlässlich sind die Aussagen der Experten, wenn sie sich in derart eklatante Widersprüche verwickeln? Widersprüche, die, wie ich im Kapitel „Eine Frage, zwanzig Antworten" deutlich zu machen suchte, die Einschätzung des „Ursus arctos horribilis", wie die Zoologen den Grizzlybär nennen, seit den Tagen des Jesuitenpaters Jean Allouez oder des Pelzhändlers Henry Kelsey charakterisieren? Wie gefährlich oder ungefährlich ist er denn nun, der Grizzlybär, wie harmlos oder „horribilis"? Wenn man mit dem Auto durchs Grizzly Country fährt oder in einer größeren Gruppe unterwegs ist (Gruppen mit sechs oder mehr Personen wurden laut Herrero noch nie von Bären angegriffen), kann einem diese Frage relativ gleichgültig sein, nicht aber, wenn man allein oder, wie wir, zu zweit durch die Wildnis wandert (in 96 Prozent der Konfrontationen mit Verletzungs- oder Todesfolge waren, wiederum nach Herrero, ein bis zwei Personen betroffen). Dann muss man sich mit dieser Frage auseinandersetzen, und wenn man mit derart widersprüchlichen Expertenaussagen konfrontiert ist, muss man versuchen, zu einer eigenständigen Einschätzung der Problematik zu gelangen: durch eine möglichst genaue Analyse der dokumentierten Zwischenfälle wie der einschlägigen Erfahrungen, die man selber gemacht hat.

Beides habe ich getan. Es wird nicht weiter wundernehmen, dass ich zu einem ziemlich eindeutigen Urteil kam: Der Grizzly ist ein potenziell sehr gefährliches Tier.

Er ist gefährlich, weil er so stark ist, dass er einen Menschen mit einer einzigen reflexartigen „Ohrfeige" schwer verletzen und töten kann (eine führende Grizzlybärin spaltete den Körper eines Prospektors mit einer solchen Ohrfeige in zwei Teile). Er ist gefährlich, weil er aus vielen Gründen und in sehr verschiedenen Situationen angreifen kann: wenn ihm ein Mensch auf kurze Distanz in die Quere kommt und er sich oder seinen Nachwuchs von ihm bedroht fühlt; wenn er seine Beute bewacht und glaubt, dass ein zufällig sich annähernder Mensch sie ihm streitig macht; wenn er jung ist und, von älteren Bären in Biotope mit kargem Nahrungsangebot abgedrängt, auf der Suche nach potenziellen Nahrungsquellen ist; wenn er alt und, weil an Zahnweh oder ähnlichen Altersgebrechen leidend, reizbar und „schlecht gelaunt" ist; wenn er besonders hungrig ist (in Jahren schlechter Beerenernte etwa oder aus anderen Gründen); wenn ihn extreme Wetterverhältnisse – Regen, Sturm, Gewitter – aggressiv machen (wie beispielsweise – vermutlich – im Fall Julie Hegelson und Michèle Koons, die beide in der gleichen stürmischen Nacht an verschiedenen Orten im Glacier Nationalpark von verschiedenen Grizzlys getötet wurden); wenn er an Menschen und deren Lebensmittel und Müll gewöhnt und deshalb zum korrupten „Zivilisationsbären" degeneriert ist. Er ist gefährlich, weil ihn, anders als reine Fleischfresser wie Löwen oder Tiger, auch Schokolade, Medikamente, Kosmetika anlocken und auf die Idee bringen können, einen nächtlichen Schläfer zu besuchen, der dergleichen nicht vorschriftsmäßig aufbewahrt. Er ist gefährlich, weil er eben mehr oder minder Allesfresser ist, der manchmal sogar seine Artgenossen nicht verschmäht (Sieger in einem Bärenkampf können die Verlierer fressen, alte Männchen junge Cubs, sogar, wie beobachtet wurde, Cubs ihre tote Mutter). Er frisst seine Artgenossen (gelegentlich auch seinen schwächeren Cousin, den Schwarzbär) – warum dann nicht auch Menschen, wenn er merkt, dass sie leicht erbeutbar und ihm nicht gefährlich sind? (Der Vorwurf der „Grausamkeit", der ihm schon vom New Yorker Gouverneur De Witt Clinton 1814 und später immer wieder gemacht wurde, ist allerdings unsinnig; so gut er ein Erdhörnchen oder ein Elchkalb tötet und frisst, so gut tötet und frisst er eben einen Menschen, wenn er ihn einmal als „Beutetier" ausgemacht hat und behandelt.) Er ist gefährlich, weil seine Verhaltensweisen sehr komplex und individuell unterschiedlich sind, so dass man nie mit endgültiger Sicherheit vorhersagen kann, wie er sich in einer gegebenen Situation verhält. Er ist beispielsweise, wenn er gut versorgt mit Beeren oder Lachs oder beidem ist, normalerweise sehr unaggressiv (einen satten Grizzly, meint der erfahrene Jagdführer Knut Peterson, kann man beinahe „hinter den Ohren kraulen"), es sind aber auch Fälle dokumentiert, in denen Bären, die in einem Biotop mit überreichem Nahrungsangebot lebten, einen Menschen überfielen und fraßen (wie im Fall J. B. L. Reeves); er kann auf eine vermeintliche Bedrohung seines Nachwuchses mit einer hochaggressiven Attacke reagieren, die nur durch eine Gewehrkugel zu stoppen ist (wie im Fall Norman Wood), kann aber auch durch das schlichte Aufspannen eines Regenschirms zum Abbruch seiner Attacke veranlasst werden (wie es dem von einer führenden Bärin angegriffenen Barkeeper Goliath im Glacier Nationalpark gelang); er kann aus einer Distanz von 600 bis 800 Metern angreifen (wie die Bärin am Trail Creek) oder zulassen, dass der Nachwuchs bis auf fünfzehn Meter an einen herankommt (wie die Bärin in der Brooks Range); er kann sich lange Zeit tolerant und friedfertig verhalten und dann plötzlich in einen „Killerbären" verwandeln (wie „Chocolate Legs" oder „Bär 15"); er kann, auch in wenig besuchten Wildnisgebieten, Erfahrungen mit Menschen und ihren Lebensmitteln gemacht haben, von denen man nichts weiß (wie möglicherweise der „Mitternachtsgrizzly"). Er ist gefährlich – und genau deshalb übt er eine Faszination auf den Menschen aus wie kaum ein anderes wildes oder zahmes Tier.

Auch auf mich – und dies ist einer der entscheidenden Gründe, weshalb es mich so oft und immer wieder ins Grizzly Country zieht. Ich suche die Begegnung mit den wilden und gefährlichen Grizzlybären – und mit dem wilden, weiten und manchmal berückend schönen, manchmal auch bedrückend kalten, abweisenden Land, in dem sie leben und dessen eindrucksvollste „Produkte" sie sind. Ich verdanke dieser Begegnung Erfahrungen, die zu den intensivsten meines Lebens zählen, und sie waren deshalb so intensiv, weil ich es mit gefährlichen Tieren zu tun hatte, von denen ich wusste, dass sie mein und unser Leben bedrohen konnten, und die dies ja auch mehrfach taten. Tieren, die mich – in den geschilderten Konfrontationen, aber auch, wenn sie ganz unsichtbar blieben und ihre heimliche Präsenz allenfalls aus ihren Spuren zu schließen war – das Fürchten lehrten.

Ich bin aber deshalb weder besonders mutig noch womöglich gar latent lebensmüde, weder tollkühner Draufgänger noch verantwortungsloser Hasardeur. Denn: obwohl ich davon überzeugt bin, dass Grizzlys unberechenbare und potenziell gefährliche Tiere sind, glaube ich, dass die Gefahr, von ihnen verletzt oder getötet zu werden, sehr gering ist – wenn man sich der Tatsache, dass sie gefährlich sind oder werden können, bewusst ist und sich angemessen verhält. Allerdings nur dann. Dies ist das Ergebnis meiner langjährigen Auseinandersetzung mit der Bärenproblematik und meine persönliche Antwort auf die Frage, wie gefährlich oder ungefährlich der Grizzly ist, wie harmlos oder „horribilis". Aber sagen nicht nahezu alle Grizzlyexperten genau das? Doch. Und sind ihre statistischen „Eiersalat"-Argumente nicht also letztlich doch begründet? Nein. Sie sind und bleiben „Eiersalat". Zumindest verführen sie dazu, die Risiken im Bärenland zu unterschätzen und sich deshalb nicht vorsichtig genug zu verhalten.

Der Vergleich mit den Gefahren, die dem Wanderer und Bergsteiger im Gebirge drohen, liegt hier sehr nahe. Niemand wird diese Gefahren – Gewitter, Steinschlag, Lawinen, Gletscherspalten und so viele andere – bagatellisieren wollen, niemand wird in Frage stellen, dass die genaue Kenntnis dieser Gefahren und der angemessene Umgang mit ihnen für jeden, der als Wanderer, Kletterer oder Skitourist im alpinen Raum unterwegs ist, unverzichtbar sind. Gleiches gilt fürs Bärenland – wobei festzuhalten bleibt, dass die Berge letztlich deutlich gefährlicher sind als die Bären.

Meine Einschätzung der Risiken im Bärenland stützt sich im Wesentlichen auf folgende Überlegungen:

1. Wenn man die Berichte von Bärenattacken, die zu schweren Verletzungen oder zum Tod der Opfer führten, genauer unter die Lupe nimmt, wird man feststellen, dass sie fast immer erklär- und vermeidbar waren. Dies gilt auch für die von mir in diesem Buch erwähnten Unfälle. Timothy Treadwell und seine Freundin bewahrten ihren Proviant – Coca Cola, Sandwichs mit Erdnussbutter, Candy bars etc. – im Zelt auf, außerdem lagerten sie in unmittelbarer Nähe eines hochfrequentierten Bärenwechsels – beides verstieß gegen elementarste Grundregeln für das Verhalten im Bärenland. Gleiches gilt für den Fotografen J. B. L. Reeves: er aß im Zelt und campierte auf einem Bärentrail. Michio Hoshino zeltete neben einer Hütte auf der Kamschatka-Halbinsel, weil die Hütte überfüllt war, obwohl er wusste, dass sich ein hochgefährlicher Bär in der Nähe herumtrieb, der mehrfach Menschen belästigt und einmal sogar versucht hatte, in die Hütte einzudringen. George Doerksen campierte außerhalb von Liard Hot Springs, weil er allein sein wollte, und blieb dort, obwohl er nachts von einem Bären belästigt worden war. Mary Pat Mahoney wurde von zwei jungen Grizzlys getötet, die an Menschen und Müll gewöhnt waren und in der Woche zuvor mehrfach Touristen aggressiv belästigt und bedroht hatten. Lawrence Gordon, genannt „der Christ", hatte zumindest den Fehler gemacht, seine Vorräte zu nah am Zelt aufzubewahren. Die Frau im Kluane Nationalpark, die von einem jungen Bären angefallen wurde, hatte sich totgestellt, was ebenfalls ein Fehler war. Der von einem Grizzly bei Hyder getötete Mann schlief im Freien – immer gefährlich. Und so weiter.

Mich beschäftigten vor allem die Fälle, die sich in abgeschiedenen und von Menschen wenig besuchten Gebieten ereigneten, da sie die von den meisten Experten vertretene These, dass die Bären in diesen Gebieten weniger problematisch sind als die mit Menschen und menschlichen Lebensmitteln vertrauten „Zivilisationsbären" in sehr frequentierten Regionen (etwa dem Yellowstone oder Glacier Nationalpark) in Frage zu stellen schienen und da wir nahezu ausschließlich in solchen Gebieten unterwegs waren. Auch hier zeigte es sich, dass die Angriffe ihre klar erkenn- und benennbaren Gründe hatten und vermeidbar waren – und dass es sich im übrigen in vielen Fällen um Bären handelte, die – zumindest vermutlich – durchaus schon Erfahrungen mit Menschen, menschlicher Nahrung, menschlichem Abfall gesammelt hatten. Ich möchte auf diese Zusammenhänge hier etwas ausführlicher eingehen, weil sie für jeden, der durch solche entlegenen Gebiete wandert (vor allem, wenn er allein oder zu zweit unterwegs ist) sehr wichtig sind.

Der nächtliche Angriff auf den Deutschen Helmut A. Port etwa ereignete sich zwar in der Abgeschiedenheit der Brooks Range, aber Port hatte sein Zelt nicht irgendwo in der freien Wildbahn aufgeschlagen, sondern in einem (zu diesem Zeitpunkt verlassenen) Jagdlager und in unmittelbarer Nähe des Küchenzeltes, außerdem war dort in den Tagen zuvor das Fleisch von Dallschafen gekocht und verzehrt worden. Auch die Grizzlyattacke auf Al und Joyce Thompson auf der Kenai Halbinsel ereignete sich zwar in einer abgelegenen Gegend, die nur durch einen fast neunstündigen Fußmarsch zu erreichen war, Tatsache war aber, dass sie ihren Lagerplatz über einen Trail erreichten, auf dem auch andere – vermutlich Jäger wie sie – unterwegs waren, und dass sie, bevor sie ihr Lager einrichteten, erst einmal den Abfall auflesen mussten, der von irgendwelchen Vorgängern zurückgelassen worden war (Abfall von Vorgängern auf einem Lagerplatz ist immer bedenklich, ich würde nie mein Zelt auf einem solchen Platz aufschlagen). Laut Herrero, der sich mit diesem Fall auseinandersetzt, hatten sie bei der Einrichtung ihres Lagerplatzes „alle erdenklichen Vorsichtsmaßnahmen getroffen", bei genauerem Zusehen ergeben sich aber Zweifel: aus dem von Herrero zitierten Unfallsbericht von Joyce Thompson geht hervor, dass sie nicht nur ein „lean-to" bauten, sondern auch einen Tisch, an dem sie dann logischerweise auch aßen. Joyce, die die Errichtung ihres Lagers sehr genau schildert, erwähnt nirgendwo, dass dieser Tisch in der gebotenen Distanz zu ihrem lean-to errichtet wurde, weshalb zu vermuten ist, dass er unmittelbar daneben stand. Sie erwähnt auch nicht, dass sie ihren Proviant in der nötigen Entfernung zwischen die Bäume gehängt hätten, was den Verdacht nahelegt, dass auch der Proviant beim oder im lean-to aufbewahrt wurde. Ähnliches gilt im Fall Bruce D. Ohlson und Philippe Vermeyen, die auf einer Paddeltour auf dem Teslin River zum Yukon nachts in einer entlegenen Region von einem Grizzly überfallen wurden: Sie hatten ihr Zelt zwar in einer entlegenen Region, aber an einem Ort aufgeschlagen, wo offenkundig schon andere vor ihnen gezeltet hatten (man weiß in solchen Fällen nie, wie sich diese Vorgänger verhalten haben); ferner konstatiert der sehr gründliche Bericht des zuständigen Rangers, dass sie ihren Proviant nicht in die Bäume gehängt, sondern, in Plastikfolien verpackt, auf den Boden gelegt hatten, und dies nur in 60 Fuß Entfernung von ihren Zelten (sie schliefen in zwei Zelten). Auf einem Foto in *Bear Attacs II* von James G. Shelton, in dem dieser Fall behandelt wird, sieht man zudem, wie Vermeyen, der dann von dem Bären überfallen und verletzt wurde, vor seinem Zelt steht und mit verschiedenen Utensilien hantiert, darunter auch, gut identifizierbar, Kocher und Kochgeschirr, so dass sich die Vermutung aufdrängt, dass er bzw. beide auch in unmittelbarer Nähe des Zelts gekocht und gegessen haben (übrigens sagt Shelton, ähnlich wie Herrero im Fall Thompson, dass Ohlson und Vermeyen ihr Lager absolut vorschriftsmäßig eingerichtet hätten, ebenso betont der Rangerbericht, dass der Proviant vorschriftsmäßig aufbewahrt und das Lager sehr sauber gewesen sei – woraus man schließen kann, dass auch gegenüber den Darstellungen sehr kompetenter und zuverlässiger Experten bisweilen Vorsicht angebracht ist). Ein letztes Beispiel: der Fall des Ehepaars Huffman, das in der abgeschiedenen Brooks Range in Nordalaska überfallen und getötet wurde. Bernd Steinle schreibt dazu (*in Goldrausch, Eis und Bärenspuren*): Die Huffmans „waren erfahrene Camper, wählten ihren Übernachtungsplatz stets sorgfältig, kochten weit weg vom Zelt, bewahrten ihre Nahrungsmittel in bärensicheren Containern in sicherer Entfernung auf. (...) Die Huffmans hatten alles richtig gemacht, was sie richtig machen konnten. Der Bär, der das Zelt überfallen und das Ehepaar getötet hatte, war weder krank, noch verletzt, noch ausgehungert gewesen. Ein rätselhaftes Szenario – offenbar einer der raren Beuteangriffe eines Bären." Dies war möglicherweise oder wahrscheinlich so. Doch halte ich aufgrund meiner Beobachtungen auch für möglich, dass die Quelle, auf die sich Steinle stützt, nicht alle Details erwähnt, die zur Beurteilung des Falles wichtig wären; und es fällt mir auf, dass, wie Steinle schreibt, „ein Bewohner des nahen Ortes Katkuvik, der ebenfalls mit seinem Boot auf dem Hulahula unterwegs war", schließlich das zerfetzte Zelt und in seiner Nähe den Bären entdeckte. Also ereignete sich dieser Unfall doch nicht in einer gänzlich abgeschiedenen Gegend, sondern in der Nähe eines Ortes, und wenn dieser Bewohner von Kaktuvik hier unterwegs war, waren vielleicht auch andere hier unterwegs gewesen, und der Bär, der die Huffmans tötete, mochte an sie und ihre möglichen Abfälle am Flussufer gewohnt gewesen sein.

2. Alle Bären, die uns bedrohten oder uns zumindest gefährlich nahe kamen, ergriffen letztlich die Flucht (wie so viele andere, die uns auf unseren Touren begegneten). Der „Mitternachtsgrizzly" verschwand, die Bärin in der Brooks Range tauchte gar nicht erst auf, die Bärin am Trail Creek kehrte um, die „Nebelbären" kehrten um, ebenso die hungrige Schwarzbärin am Camsell River. Das heißt: ihre Furcht vor uns

war letztlich größer als ihre Aggression, ihre Neugier, ihr Jagdinstinkt, ihr Hunger oder was immer. So bestätigen diese Erfahrungen letztlich die von der überwiegenden Mehrzahl der Fachleute vertretene Auffassung, dass Grizzlys wie Schwarzbären einen sehr großen Respekt vor Menschen haben und sich, solange sie den haben, in aller Regel zurückziehen oder die Flucht ergreifen, wenn es zu einer plötzlichen Begegnung kommt.

3. Als wir unsere Wildnistouren begannen, gab es zwar schon Pfefferspray zur Abwehr von aggressiven Bären, aber es war erst im Anfangsstadium seiner Entwicklung und seine Wirksamkeit noch umstritten. Wir waren deshalb lange Jahre ohne Spray unterwegs, auch am Telaquana Lake (oder am Camsell River). Heute tragen wir – beide – grundsätzlich eine Spraydose am Gürtel, wenn wir ins Bärenland gehen. Die Chancen, einen attackierenden Bären durch Spray in die Flucht zu schlagen – und somit eine Konfrontation unverletzt zu überstehen –, werden auf 70, von manchen sogar auf bis zu 90 Prozent beziffert. Die von mir zitierten Stan Thiessen, Nat Vance, David Nyreen, Brad Brown, Eric Burge, Russ Leach retteten – wie viele andere – ihr Leben durch Spray. Mit der Erfindung dieser wirksamen Abwehrwaffe ist also das Unterwegssein im Bärenland ganz erheblich sicherer geworden.

Just als ich die Arbeit an diesem Buch beendete, ereigneten sich in Alaska zwei Unfälle, die ich hier nicht unerwähnt lassen möchte, weil sie die Ausführungen dieses Kapitels aus meiner Sicht eindringlich bestätigen. Ein 49-jähriger Kalifornier wurde am 27. 8. 2012 im Denali Nationalpark von einem Grizzly getötet und teilweise verzehrt. Obwohl er zum Auftakt seiner geplanten mehrtägigen Exkursion in die Wildnis an dem für Backpacker im Denali vorgeschriebenen „Bear Aware Training" teilgenommen hatte, ignorierte er auf unverständlich fahrlässige Weise die ihm dort vermittelten Verhaltensmaßregeln: er fotografierte, wie aus den Bildern seiner Kamera zu rekonstruieren, den Bären rund acht Minuten lang aus einer sehr geringen Distanz (90 Meter), und er hatte kein Spray dabei. Warum verhielt er sich so fahrlässig? Die Antwort kann nur lauten: er unterschätzte die Gefahr. Es ist wahr: es hatte zuvor 90 Jahre lang keinen tödlichen Bärenunfall im Denali gegeben (wenn auch gelegentlich Konfrontationen, die zu Verletzungen führten, wie beispielsweise die oben erwähnte Attacke einer führenden Grizzlybärin auf den Wildbiologen Al Johnson). Es ist aber auch wahr: er wäre mit an Sicherheit grenzender Wahrscheinlichkeit nicht gestorben, wenn er die gebotene Sicherheitsdistanz eingehalten und überdies mit einer für wenig Dollars überall in Alaska erhältlichen Spraydose ausgerüstet gewesen wäre. Der zweite Fall, der sich nur wenige Tage später ereignete: eine Geologiestudentin wurde an einem nebligen Tag in den Wäldern bei Fairbanks von einer führenden Grizzlybärin angegriffen. Sie versuchte, ihre Spraydose aus dem Rucksack zu ziehen, aber da war die Bärin schon heran und schlug sie nieder. Sie hatte Glück und kam mit relativ glimpflichen Verletzungen davon. Ihr Fehler: sie trug ihre Spraydose im Rucksack verpackt statt griffbereit am Gürtel – was nur dadurch zu erklären ist, dass auch sie die Risiken im Bärenland unterschätzte.

Ich möchte mit meinem Buch – auch wenn die eine oder andere „haarsträubende" Bärenstory und die Schilderung unserer Erlebnisse eher das Gegenteil nahezulegen scheinen – gerne auch andere dazu bewegen, allein und mit dem Zelt ins Grizzly Country aufzubrechen, um dort Erfahrungen zu machen, die man nur noch an ganz wenigen Orten der Welt machen kann. Deshalb habe ich die Ergebnisse meiner Auseinandersetzung mit der Frage nach den Risiken im Bärenland hier so ausführlich dargestellt. Wenn ich diese Risiken für den, der sich richtig verhält und überdies mit einer Spraydose „bewaffnet" ist, als letztlich sehr gering einschätze, muss ich allerdings hinzufügen, dass man auch wissen muss, wie man sich richtig verhält (wozu auch beispielsweise – s. der oben erwähnte Unfall bei Fairbanks – der korrekte Umgang mit der Spraydose gehört). Darauf kann ich in diesem Buch nicht eingehen. Ich verweise auf die einschlägige Bärenliteratur, vor allem auf *Bear Attacs. Their Causes and Avoidance* von Stephen Herrero (in deutscher Übersetzung leider vergriffen) und *Sicherheit in Bärengebieten* von Rainer Höh. Im Grund genügt die Lektüre von Höhs kleinem Büchlein, das alle nötigen Informationen übersichtlich und präzis zusammenfasst (und überdies so handlich ist, dass man es in jede Anoraktasche stecken und in gegebenen Situationen um Rat fragen kann). Jeder Satz in diesem Buch ist aus meiner Sicht richtig und wichtig – nur die oben zitierten statistischen Rechenexempel sind es nicht.

Bleibt die eingangs gestellte Frage: Warum kamen wir so oft in so gefährliche Situationen? Warum traf uns so oft der Blitz? Während andere – John Muir etwa, Enos A. Mills, Stephen Herrero, Helmut P. Heft, die Brüder Craighead – viele Jahre lang durchs Grizzlyland streiften, ohne je, trotz zugegeben manchmal „sträflichen Leichtsinns", in vergleichbare Situationen zu geraten? Offengestanden, ich weiß es nicht. Wenn ich abergläubisch wäre, würde ich glauben, dass auch wir so was Ähnliches wie „Bärenmagneten" sind. Aber ich bin nicht abergläubisch.

LANGSAME HEIMKEHR

Wir steigen weiter ab, durchqueren den Waldgürtel und erreichen nach einigen Um- und Irrwegen das Seeufer. Unberührt hängt der Sack, in dem wir den Rest unserer Ausrüstung und unseres Proviants deponiert haben, an seinem Seil; auch das Boot liegt zwischen den Büschen, wie wir es zurückgelassen haben. Wir schlagen das Zelt auf, machen Feuer, essen zu Abend.

Der See schickt seine ruhigen Wellen ans Ufer, die grünen, geschwungenen Waldufer grüßen, die Wasservögel singen ihren seltsamen schrill-melodischen Sirenengesang – uns ist, als wären wir nach endloser Irrfahrt wieder zurückgekehrt, nach Hause gekommen. Wie Odysseus nach Ithaka. Wie James Cook nach Yorkshire. Unser Ithaka, unser Yorkshire: der Telaquana Lake. Doch endgültig „zu Hause" werden wir erst sein, wenn wir wieder in der Cabin sind.

Im Lauf des Nachmittags wird das Wetter immer besser. Gitte schreibt in ihr Tagebuch:

Die Begegnung mit den „Nebelbären" steckt mir noch in den Knochen. Jedes Rascheln des Winds in den Bäumen macht mich nervös, jeder springende Fisch im nahen See erschreckt mich. Immer wieder meine ich, einen braunen Bärenkörper in den Erlenbüschen im Hintergrund zu entdecken, immer wieder sehe ich vor meinem inneren Auge die drei Grizzlys aus dem Nebel auftauchen und auf uns zurasen. Aber der Abend ist paradiesisch schön; die Landschaft leuchtet im goldenen Licht der sinkenden Sonne, die Berge stehen scharf gezackt gegen den mittlerweile fast wolkenlosen Himmel, der See ist ein einziger ungetrübter, smaragdgrüner Wasserspiegel. Ich empfinde diese paradiesische Schönheit wie ein Göttergeschenk nach dem Schrecken heut morgen und den Strapazen der langen Zeit, die wir dort oben zwischen Trail Creek und Turquoise Lake verbracht haben. Allmählich entspanne ich mich doch ein wenig.

In der Nacht sind wir beide wieder sehr unruhig und schlafen wenig; wir sind froh, als wir merken, dass es draußen hell wird. Rasch stehen wir auf und packen zusammen, es zieht uns zurück zur Cabin. Ein heller Silberschein hinter den Gipfeln im Osten, der sich langsam verbreitet und verstärkt, kündigt den Aufgang der Sonne an; jetzt taucht sie langsam über einen Felszacken herauf, ihre grelle Lichtfülle trifft uns wie ein Blitz – ein Blitz, der nicht zerstört und tötet, sondern helles, warmes, pulsierendes Leben weckt, in uns wie rings in der weiten Bucht um uns. Ein kleiner Vogel hüpft über die Steine und zirpt munter vor sich hin, ein Eichhörnchen zetert und jagt an den Bäumen hinauf und hinab, ein Fischotter schwimmt am Ufer entlang und zieht eine lange silberne Furche hinter sich her. Wir brechen auf.

Wir könnten problemlos den See überqueren und wären in einer knappen halben Stunde drüben an der Hütte, wo wir abgeholt werden wollen, aber wir wollen noch einmal am Ufer entlangpaddeln, wollen das kleine Jagdhüttchen – unser „Hexenhüttchen" – noch einmal sehen, das Flussdelta, den Adlerhorst, die „Adlerbucht". Wir paddeln ein Stück auf die grüne Wasserfläche hinaus, in der sich Wälder, Berge, die langsam höhersteigende Sonne spiegeln, und dann ostwärts Richtung Delta. Leicht, wie schwerelos gleiten wir über den bunten Spiegelungen dahin. Gleichmäßig tauchen wir die Paddel ins Wasser, gleichmäßig und sehr gemächlich, denn wir haben viel Zeit. Wir haben ja keine Weltreise vor uns – wir haben eine hinter uns. *Langsame Heimkehr* heißt ein Buch von Peter Handke; wir kehren langsam heim. Wir singen alte Lieder, die wir längst vergessen haben und die doch, ohne dass wir es wussten, irgendwo in unseren Hinterköpfen gespeichert waren, jetzt fallen sie uns wieder ein. Wir singen und singen, niemand hört uns zu, der sich über uns wundern oder lustig machen könnte, nur der See, die Wälder, die steilen Berghänge, die unser Lied als fernes, kaum wahrnehmbares Echo zurückwerfen. Das „Hexenhäuschen" taucht auf, wir steigen hinauf, setzen uns eine Weile neben die Hütte ins Moos. Das Delta taucht auf, wir stapfen ein paar Schritte Richtung Adlerhorst, das Junge ist nicht zu sehen, entweder schläft es im Horst oder es ist mittlerweile flügge geworden und ausgeflogen; auch die Eltern sind nicht da. Die „Adlerbucht" taucht auf, wir landen und gehen ein paar Schritte am Ufer hin und her. Die Wiese, auf der der Grizzly stand, taucht auf, wir paddeln in gebührendem Abstand an ihr vorbei, aber kein Grizzly gibt uns diesmal die Ehre. Die Cabin taucht auf, ein Adler sitzt auf dem Dach der rechten, größeren Hütte und äugt uns entgegen (er hat einen braunen Hals und Kopf, so dass wir vermuten, dass es sich um den inzwischen flügge gewordenen jungen Adler aus dem Adlerhorst im Delta handelt). Als wir uns nähern, breitet er seine großen Schwingen aus und fliegt Richtung „Nordkette" davon. Wir landen, tragen unser Gepäck zur Hütte, richten uns ein, kochen, essen, machen es uns bequem auf den weichen Betten. Wunderbar, wieder hier zu sein. Wunderbar, wieder auf bequemen Stühlen zu sitzen statt auf wackligen Baumstämmen oder kalten Steinen. Wunderbar, in weichen Betten zu liegen statt auf unebenen Wald- oder Tundraböden. Wunderbar, im warmen Dunstkreis des Yukonofens sein Essen zu löffeln statt unter dem kleinen, windschiefen Regendach. Wunderbar, ein hohes Dach über sich zu haben, an das man nicht ständig mit dem Kopf stößt, und um sich einen geräumigen Hüttenraum, in dem man frei hantieren und sich ungehindert bewegen kann. Wunderbar, vier stabile Holzwände zwischen sich und den Bären zu wissen statt nur die hauchdünne Nylonhaut des Zelts. Wunderbar, und doch – schade.

ABSCHIED VON JERRY UND JEANETTE

Der vorletzte Tag. Wir sitzen vor unserer Hütte und trinken Kaffee. Die Sonne scheint, das Holz der Hütte reflektiert sie und strahlt beinahe so viel Wärme aus wie der Ofen drinnen, den wir nach dem Aufstehen gleich mächtig angeheizt haben, denn die Nacht und der frühe Morgen waren sehr kalt. Der Himmel überm See ist fast frei, doch von Norden kommen immer wieder Wolken gezogen, die ein offenbar starker Wind, von dem man hier unten gar nichts merkt, rasch südwärts treibt. Wir sehen ihnen zu, sehen, wie sie rasch über den Himmel ziehen, manchmal die Sonne schlucken, sie aber bald wieder freigeben, und dunkle Schatten auf die sonnenbeschienenen Hänge und Berge im Süden des Sees werfen. Jetzt fällt ein Schatten auf die kleine, aber gut erkennbare Erhebung am westlichen Rand des Tundrakamms uns gegenüber, die wir „Mount Jonathan" getauft haben, jetzt auf die Nordflanke des „Hausbergs" – auch sie von hier aus gut einsehbar, so gut wir von dort oben auf den Telaquana und die Cabin hinuntersehen konnten (wenn keine Wolken den Blick verstellten) – , jetzt auch auf jenen steilen, buschumsäumten Wiesenhang, auf dem uns die drei „Nebelbären" begegneten. Wir suchen das Gebiet mit dem Glas ab, aber wir können kein Tier entdecken.

„Es ist übrigens", meint Gitte, „genau die Wiese, auf der wir beim Aufstieg die vielen Bärenhaufen entdeckt haben. Sie lagen dort ja rum wie Kuhfladen."

„Stimmt."

Erst jetzt fällt uns die Tatsache auf, dass wir den Bären genau auf der Wiese mit den „Kuhfladen" begegneten.

Die Wolken lösen sich allmählich auf, es wird noch einmal ein richtig schöner, warmer Tag. Aber die bunten Herbstfarben ringsum und der Neuschnee auf den hohen Gipfeln machen deutlich, dass das Jahr schon weit fortgeschritten ist und, zumindest auf den Bergen, der Winter rasch näher rückt.

Eigentlich, überlegen wir, hatten wir viele schöne, warme Tage wie diesen auf unserer Reise. Es war ein guter Sommer – vielleicht, trotz der verschiedenen Sturm-, Nebel-, Regenphasen – einer der besten, die wir in Alaska oder Kanada erlebt haben.

Ein Motorboot brummt. Jerry und Jeanette. Wir kochen eine neue Runde Kaffee, sie haben Cookies mitgebracht, die Jeanette gebacken hat. Sie erzählen von den Twin Lakes, wo sie längere Zeit waren. Auch wir haben einiges zu berichten, vor allem unsere Bärenerlebnisse. Jerry und Jeanette staunen. Sie leben ja seit Jahren unter Bären, wurden aber noch nie von einem angegriffen. Trotzdem haben sie viel Respekt vor Meister Petz und sind stets vorsichtig, wenn sie irgendwo unterwegs sind. Sie wissen, dass man zehn oder hundert harmlose Begegnungen mit Grizzlys haben und dann doch plötzlich in eine kritische Situation geraten kann. Wie sehr sie unsere Erlebnisse beeindruckt haben, zeigt ein Brief, den Jeanette uns später schrieb. „Oft", schreibt sie darin, „wenn wir mit dem Boot um den See fahren oder bei der grünen Hütte halt machen, denken wir an Euch und fragen uns, wie es Euch wohl geht. Besonders dachten wir an Euch, als wir vor ein paar Wochen eine Elchkuh in der Nähe eures Lagerplatzes am Südufer sahen, von dem aus Ihr auf die Hochfläche Richtung Trail Creek gewandert seid. Als wir die Elchkuh beobachteten, um zu sehen, ob sie ein kleines Kalb bei sich habe, entdeckte ich einen hellbraunen Grizzly auf dem ersten Hügel. Ihr könnt Euch vorstellen, dass wir um so mehr an Euch dachten, *nachdem* wir den Bären gesehen hatten! Eure Erlebnisse mit den Bären auf Eurer Wanderung sind keine Sache, die man je vergisst. Ich bin sicher, Ihr stimmt mir zu?" Wir sprechen wie immer noch lange miteinander, dann stehen sie auf und verabschieden sich. Wir bitten sie noch, der Lake Clark Air in Port Alsworth über Funk mitzuteilen, dass wir hier an der Hütte sind, damit der Pilot uns morgen nicht lange suchen muss, dann begleiten wir sie zum Boot hinunter. Sie steigen hinein, Jerry wirft den Motor an. „Bis zum nächsten Mal", rufen sie uns zu, dann tuckern sie langsam westwärts, ihrer Cabin entgegen. Bevor sie um die Halbinsel im Westen der Bucht biegen und unseren Blicken entschwinden, winken sie noch einmal. Wir winken zurück.

Nachdenklich gehen wir zur Hütte zurück. Es gibt vieles, was uns mit Jerry und Jeanette verbindet: die Liebe zur freien Natur und zur ungezähmten Wildnis, die Skepsis gegenüber einem allzu normierten, reglementierten Leben, ein ziemlich ausgeprägter Hang zum Individualismus (Jerry lehnt es beispielsweise ab, Ranger zu werden, weil er sich weigert, eine Uniform zu tragen), die enge Beziehung zum Telaquana Lake, der ihnen zur eigentlichen Heimat und vielleicht auch für uns ein Stück Heimat geworden ist. Sie sind entschlossen und (von gelegentlichen „Auszeiten" abgesehen) für immer aus der Zivilisation ausgestiegen, wir konnten und können das nur sporadisch tun, aber aus den gleichen oder verwandten Motiven. Und diese Motive werden uns wieder zum Telaquana Lake zurückführen, irgendwann, früher oder später, das wissen wir. Und deshalb wissen wir auch: Wir werden Jerry und Jeanette wiedersehen.

AUS DEN BRIEFEN JEANETTES

Ich glaube, dass Jerrys und Jeanettes sehr besonderes und beispielhaft naturnahes Leben an den abgelegenen Ufern des Telaquana Lake nicht nur für Gitte und mich, sondern auch für manch anderen interessant sein könnte, der gleich uns von einem ähnlichen Leben träumt, obwohl er diese Träume nur sporadisch oder möglicherweise gar nicht verwirklichen kann. Ich möchte hier deshalb einige Auszüge aus Briefen von Jeanette an uns zitieren, in denen sie über dieses Leben und v. a. über ihre spannenden Begegnungen mit Bären, Wölfen und anderen Tieren berichtet.

„Der Januar begann mit einem Tag, den ich nie vergessen werde. Es war ungefähr 2. 30 Uhr mittags und ich machte einen Spaziergang auf dem Eis am Ostufer der Bucht entlang. Es war -28 Grad, aber da kein Wind wehte, war es eine angenehme Temperatur zum Gehen. Ich blieb stehen, genoss die letzten Sonnenstrahlen des Tages auf meinem Gesicht, als ich zwei Raben rufen hörte. Ich sah in die Richtung der Rufe, und bevor ich noch das Fernglas vor Augen hatte, entdeckte ich Tiere auf dem Eis. Es stellte sich heraus, dass es 13 Wölfe waren. Als ich das Gebiet mit dem Glas absuchte, entdeckte ich, dass die Raben um einen großen, dunklen Gegenstand herumhüpften. Kein Zweifel, was das für ein Gegenstand war: ein Elchkadaver, den die Wölfe aufs Eis herabgezogen hatten. Das war schon interessant genug, doch was jetzt folgte, war wirklich aufregend. Ich beobachtete die Wölfe und sah, dass sie offenbar am Ufer entlang auf die Bucht zutrabten. Ich entschloss mich, so schnell wie möglich zur Hütte zurückzugehen und Jerry zu rufen in der Hoffnung, er könnte die Wölfe sehen, wenn sie die Bucht überqueren. Ich hatte noch nicht den halben Weg zurückgelegt, als ich mich umblickte und sah, dass sieben Wölfe in raschem Trab auf mich zukamen, als ob sie auf der Jagd nach einer neuen Beute seien. Nur war diesmal ich die Beute. Ich kann nicht sagen, wie mein Herz raste, als ich erkannte, dass die Wölfe mich als ihre Beute betrachteten. Wenn sie ihre Jagd fortsetzten, war ich in weniger als fünf Minuten ein Toast. Die Wölfe hatten die Bucht schon halb überquert, als sie erkannten, dass ihr Opfer ein Mensch war. Sechs Wölfe drehten sofort um und rannten den Weg zurück, auf dem sie gekommen waren, aber einer dachte vielleicht, er sollte mich umrunden, um eine klare Witterung von mir zu bekommen. Er setzte seinen Weg eine lange Minute fort, bis er wohl zu der Auffassung kam, dass die anderen klüger als er gewesen waren. Es ist kein schönes Gefühl, gejagt zu werden, aber es ist wahrscheinlich das lebendigste Gefühl, das man überhaupt haben kann, wenn man realisiert, wie rasch man aufhören kann zu leben. Ich kann mir nicht helfen, aber im Rückblick war es eine wundervolle Erfahrung."

„Die Hütte war sehr warm, sogar am 1. April, dem kältesten Tag des Jahres (-33. 6 Grad Celsius). Die meisten Tage waren viel wärmer, so dass wir gut wandern und neue Gebiete erkunden konnten."

„Ich ging mit den Schneeschuhen zu der großen grünen Hütte, in der Ihr ein paar Mal wart. Ein Porcupine war unter der Hütte. Ich konnte es nicht sehen, nur hören. Dieses Porcupine fügt der Hütte großen Schaden zu, weil es die Sperrholzwände frisst. Eines Tages wird die Hütte ‚The Porcupines cabin' sein."

„Der Frühling, obwohl noch Monate weg, ist schon spürbar. Die frühen Nistvögel sollten bald da sein, z. B. die Gray Jays. Wir hören Spechte auf den Bäumen trommeln und nachts die Bartkäuze schreien."

„Im frühen März besuchten uns sechs Männer. Sie waren auf einer 2000-Meilen-Wanderung, die sie über den Iditaroad Trail, Aniak, die Golden Horn Lodge, Dillingham, Iliamna, den Lake Clark Pass zurück zum Beginn des Iditaroad Trails in Wassilia brachte."

„Der See war ‚offiziell' am 22. März eisfrei, denn an diesem Tag konnten wir überall mit dem Boot herumfahren. Es gab noch Eisfelder auf dem See, aber sie waren so brüchig, dass wir mit dem Boot mühelos durchkamen."

„Am 8. April beobachteten wir vier Elche, die die Bucht überquerten. Später im Monat sahen wir in einem Fichtenwald vierzehn Elche. In den folgenden Nächten hörten wir Wölfe aus dieser Richtung heulen und verstanden, warum sich die Elche zu einer Herde zusammengeschart hatten – um sich vor den Wölfen zu schützen."

„Der Ostersonntag brachte mir ein weiteres Wolfsabenteuer, das meinen Spitznamen ‚w. b.' (‚wolf bait', ‚Wolfsköder') bestätigte. Ich war auf dem Eis, als ein Wolf aus dem Wald bei der Hütte zu mir herunterkam. Da ich weniger als 75 Yards von der Hütte weg war, rief ich Jerry, der in der Hütte war. Darauf stoppte der Wolf, nur 20 Yards von mir entfernt. Jerry rannte aus der Hütte, weil er glaubte, ein Bär sei hinter mir her. Ich rief ihm zu, es sei ein Wolf und er solle schnell das Gewehr holen. Er lief in die Hütte zurück und kam, immer noch in Socken, mit dem Gewehr wieder heraus. Er konnte sich auf die Ufersteine setzen und das Gewehr aufstützen, bevor der Wolf aufs Eis kam. Er fragte mich, ob er schießen solle. „Ja! Schieß!" rief ich. Jerry schoss und tötete den Wolf. Es war ein junger Wolf, der es wohl nicht besser wusste; er sah mich auf dem Eis und dachte, das könnte etwas zum Fressen für ihn sein."

„Am gleichen Tag, Ostersonntag, verloren wir einen wundervollen Mann. Dick Proennecke ging fort in die große Wildnis da drüben. Dick ist der Verfasser des Buches *One Man's Wilderness* (in den USA ein Bestseller, Anmerkung von mir). Er lebte 25 Jahre an den Twin Lakes und wird von allen, die ihn kannten, vermisst werden. Ich bin noch am Tippen seiner Aufzeichnungen, die er dem Park Service vermacht hat, vielleicht kann daraus ein zweites Buch gemacht werden. Er war ein besonderer Mensch, der ein bemerkenswertes Leben lebte."

„Am 23. Mai beobachtete ich eine Elchkuh mit zwei frischgeborenen Kälbchen am Moose Point auf der anderen Seite der Bucht. In weniger als 24 Stunden waren beide Kälbchen von einem Braunbären gefressen."

„Ich war vom 21. Juni ab ‚the lone Ranger" am Telaquana. Jerry arbeitete als Assistent bei einem Bärenprojekt an der Küste des Parks mit – in der Chinitna und Tuxedi Bay."

„Wir heirateten am 6. Juli in unserer Hütte. Ungefähr zwei Wochen später machten wir unsere ‚Hochzeitsreise': wir wanderten vom Turquoise Lake zum oberen Twin Lake."

„Wir freuen uns Tag für Tag über das wundervolle Wetter – eine Menge Sonnenschein und wenig Wind! Ich kann mich nicht erinnern, dass es je so schön war. Der einzige Nachteil dieses so warmen, schönen Wetters ist die hohe Waldbrandgefahr. Wir hatten an 6 Tagen schwere Gewitter. Bei einem dieser Gewitter schlug ein Blitz in einen Baum ungefähr 24 Kilometer westlich des Telaquana Lake und entzündete den Wald.
  Das warme Wetter erlaubte es mir auch, zweimal lang in der Bucht vor der Hütte zu schwimmen. Da die Bucht seicht – nur 2 bis 5 m tief – und der Boden dunkel ist, erwärmt sie sich rasch

in der Sonne. Ich genieße das Schwimmen, denn ich weiß, dass nur zu bald Regentage und Wind kommen und die Wassertemperaturen rasch sinken werden."

„Habt Ihr schon Eure nächste Reise zum Telaquana Lake geplant, ‚zurück nach Hause'?"

„In diesem Sommer kamen so viele Lachse in den See hinauf wie noch in keinem Jahr, seit wir hier sind. Sie kamen auch früher als in den vergangenen Sommern. Auf dem Höhepunkt der Laichzeit war der Telaquana River beim Outlet so überfüllt mit Lachsen, dass die Redensart ‚Man konnte den Fluss auf dem Rücken der Fische überqueren' kaum übertrieben schien."

„Die interessanteste Tierbegegnung im ganzen Sommer hatten wir, als ein Wolf unsere Hütte besuchte. Am interessantesten deshalb, weil er keine Jagd auf mich machte!!! Im Ernst: die Begegnung war so interessant, weil wir im Sommer normalerweise unten am See keine Wölfe sehen. Der Wolf war zwei Wochen lang in der Umgebung der Hütte und hatte, anders als die Wölfe normalerweise, keine Angst vor uns. Einmal war er nur zehn Yards von der Hütte weg. Das letzte Mal sahen wir ihn mit einem Porcupine im Maul. Die Erfahrungen, die ich im letzten Winter mit den Wölfen machte, und die Tatsache, dass dieser Wolf im Sommer so lang in der Nähe unserer Hütte war, scheinen darauf zu deuten, dass die Wölfe aufdringlicher werden, weil die Elchpopulation, ihre Hauptnahrungsquelle, abnimmt."

„Letzte Woche beobachteten wir zweimal einen Luchs in der Nähe der Hütte."

„Im August und September arbeiteten wir viel im Bereich unserer Hütte. Die Hütte bekam einen neuen Schlafraum, worüber wir uns sehr freuen. Außerdem begannen wir, einen Lagerraum und eine Sauna zu bauen."

„Dieser Herbst wird die Saison der führenden Grizzlybärinnen werden. Eines Tages fuhr Jerry mit dem Boot über den See und zählte zehn Bären – alles Bärinnen mit Jungen. Wir dachten, das sei nicht zu überbieten, bis wir eines Tages fünfzehn zählten! Mein Herz schlug heftig, als ich eines Tages plötzlich einer Mama Braunbär in 50 Yards Entfernung gegenüberstand. Zum Glück waren ihre beiden Jungen hinter ihr, sie machte ein paar Sprünge auf mich zu, dann drehte sie sich um, sammelte ihre Jungen ein und verschwand im Busch. Normalerweise hätte mich das beruhigt, aber sie entfernte sich genau in die Richtung, in die Jerry gegangen war, um einen Biberbau an einem lauten Bach zu beobachten. Die Minuten schlichen langsam dahin, während ich Jerry rief und nach ihm suchte, aber alles endete gut, die Bärin tauchte nicht wieder auf."

„Obwohl das Wetter sehr mild war im Oktober, November und auch im größten Teil des Dezembers, glauben wir, dass die Bären ‚pünktlich' in ihr Winterlager gegangen sind. Der letzte Bär, den wir sahen, war ein großer Grizzly in der Nähe unserer Hütte am 13. November. Ich arbeitete in der Hütte, als ich ein Geräusch beim Holzschuppen hinter der Hütte hörte. Ich öffnete das Fenster und rief: ‚Hey Jerry, du spielst wohl den Bären im Holzschuppen?' Ha, ha, bis ich ein braunes Fell sah und ein Holzscheit, das den Hügel hinabrollte. Anscheinend veranlasste mein Scherz den Bären, den Hügel hinaufzugehen. Das Problem war nur, dass der Bär in die Richtung von Jerry ging, der oben auf dem Hügel war und arbeitete! Ich rannte aus der Tür und rief Jerry zu, dass ein Bär auf ihn zukäme. Jerry rief zurück, und zwischen unseren Rufen entschloss sich der Grizzly, umzudrehen und auf dem Weg wegzurennen, auf dem er gekommen war. Dem Himmel sei Dank! Noch nie war ein Grizzly so nah an unserer Hütte, zumindest einer, den wir bemerkten. Normalerweise besuchen uns nur Schwarzbären. Die Spur maß über 17 cm, der Bär muss größer als 2, 4 m gewesen sein."

„Das Laub verfärbte sich ein bisschen früh, und andere Zeichen, z. B. der erste Schneefall schon Ende September, deuteten auf einen frühen Winter. Töricht, den Launen von Mutter Natur zu trauen! Der größte Teil des Oktobers war ein Rückfall ins Frühherbstwetter. Wir sahen so viele Weißkopfadler, dass wir eines Tages versuchten, sie zu zählen. Wir hörten auf, als wir auf 28 erwachsene und 24 junge Adler gekommen waren. Normalerweise haben wir hier vielleicht zwei Adlerpaare im Sommer und ungefähr ein Dutzend im Herbst. Mit den vielen ans Ufer treibenden und sterbenden Lachsen vollenden die Adler den Zyklus des Lebens."

„Wir wünschen, dass die Welt den Frieden finden könnte, den man draußen in der Wildnis findet. Aber leider haben die meisten Menschen auf dieser Welt keine Ahnung davon, wieviel Heiterkeit und Frieden die Natur schenken kann."

GLÜCK IST SO FEDERLEICHT

Es ist inzwischen Nachmittag geworden. Gitte setzt sich vor die Hütte und schreibt Tagebuch, ich mache eine Art „Abschiedsspaziergang".

Ich gehe, wie damals, als ich meinen ersten Erkundungsgang im Bereich der Cabin machte, ostwärts. Und wie damals biege ich nach einer Weile ab, steige über die Wiese zum Waldrand und setze mich genau an der gleichen Stelle ins Gras.

Wie gelb das Laub der Birken geworden ist. Wie feuerrot die Blätter des längst verblühten Fireweeds.

Kleine Mückchen tanzen, silberne Funken im Gegenlicht.

Keine Moskitos mehr, ihre Zeit ist abgelaufen.

Auch unsere Zeit hier ist abgelaufen.

Ich lehne mich, wie damals, an den Stamm einer Birke und lasse mich von der warmen Nachmittagssonne bescheinen. Ich denke zurück: an den stürmischen Regentag in Port Alsworth, als wir auf der bewaldeten Anhöhe zwischen der Hardenberg Bay und der offenen Wasserfläche des Lake Clark standen und zu den einsamen, wolkenumzogenen Bergketten hinübersahen, in die wir am nächsten Tag aufbrechen würden. Als ich mir vor Augen führte, was dort drüben wohl alles auf uns zukommen würde – Regen, Kälte, Sturm, Hunger, Einsamkeit, die Grizzlys. Und ich mich fragte: Wozu das alles eigentlich?

Ja, wozu das alles eigentlich?

Ich schaue hinaus auf den See. Der See liegt ruhig im Abendlicht und spiegelt die Berge, die Wolken, die Sonne, als lächelte er.

Ich lächle.

„Glück ist so federleicht, nie wird's gefangen", singt der „Narr von Tschu" bei Dschuang Dsi, dem chinesischen Philosophen aus dem vierten vorchristlichen Jahrhundert. Er hat recht, der Narr von Tschu. Dennoch: Ich fing das Glück am Telaquana Lake, am Trail Creek, am Turquoise Lake. Ich fing das Glück, das Glück fing mich.

SPÜRBAR VERRÜCKT

Gitte schreibt in ihr Tagebuch:

Zum ersten Mal seit Beginn dieser Wildnisunternehmung blicke ich zurück auf alles, was ich auf dieser Reise erlebt habe. Es erscheint mir wie ein unendlich langes Band, auf dem Eindrücke und Bilder wie unzählige Perlen verschiedener Formen und Farben aufgereiht sind. Sie nacheinander zu betrachten, bedeutet zugleich, dass ich mir bewusst werde, nicht mehr dieselbe zu sein wie zu Beginn dieser Unternehmung. Aber worin habe ich mich verändert? Letztlich handelt es sich wohl weniger um eine Veränderung als um eine Bewegung hin zu der ganz tief gelagerten Einheit der Persönlichkeit, der Seele, die im Alltag durch tausendfache beunruhigende und belastende Eindrücke zergliedert, zerfasert und überdeckt wird. Mit dieser neu erlangten Einheit entsteht der Blick, der die Dinge neu bewertet; d. h. das Koordinatensystem, in dem ich Wichtiges und Unwichtiges einordne, ist spürbar verrückt. Ich selber bin „spürbar verrückt" – zu mir selber gekommen. Und auffällig und eigenartig ist die Sicherheit, mit der ich diesen neu gewonnen Maßstab über den alten stelle. Warum? Weil meine Bezugspunkte so unumstößlich und eindeutig sind: ein Morgen, so glasklar frisch wie der silbern glänzende Telaquana Lake; ein golden-oranger Mond wie eine geheimnisvolle Fatamorgana; eine kleine tiefgelbe Blume hoch oben im kargen Geröll eines namenlosen Bergs; ein leuchtend bunter Abendhimmel, von dunklem Lila über blasses Türkis bis zu zartem Rosa und Hellblau; ein in der Abendsonne kreisender Weißkopfadler mit golden schimmernden Schwingen; und vor allem: die Bären, deren Gegenwart überall spürbar ist, obwohl man sie meistens nicht sieht, und die als Wesen von faszinierender Kraft, Wildheit und Schönheit in einen elementaren Zusammenhang mit meiner

Existenz getreten sind. Diese Bilder füllen mich aus, bestimmen meine Sinne, mein Empfinden, mein Denken, jedes einzelne zeigt mir, woher ich als Mensch komme und wohin ich gehöre. Mein Blickwinkel kommt mir auf volle 360 Grad erweitert vor, zugleich fühle ich, wie ich offener, sensibler, mitfühlender gegenüber meinem gesamten menschlichen Umfeld zuhause geworden bin. Ich fühle mich so, wie ich eigentlich sein will.

RÜCKFLUG

Wir tragen unser Gepäck zum Strand, setzen uns darauf und warten auf das Flugzeug. Da kommt es von Westen her über die Hochfläche geflogen, dreht in weitem Bogen zu uns herüber, landet weich auf der grünen, ruhigen Wasserfläche. Es ist die gleiche Maschine, mit der wir hierhergeflogen sind, es ist auch der gleiche Pilot.

Wir verstauen das Gepäck, steigen ein, schnallen uns an. Der Motor heult auf, das Flugzeug rast gischtsprühend über den See, schon sind wir in der Luft. Tief schon unter der schrägen rechten Tragfläche unsere „Herberge zum Großen Bären", die weite Wiese, auf der sie steht, der weiße Steinstrand. Tief und immer tiefer unter uns der grüne, stille Wasserspiegel des Telaquana Lake mit seinen Buchten und Inseln, Wäldern und Bergen. Wir überfliegen den Trail Creek, sehen nochmal in das Tal hinein, in dem uns die Bärin mit ihren Jungen begegnete, sehen weiter drüben den türkisgrünen Turquoise Lake, dahinter die schwarzblaue Fels- und Gletschermauer des Telaquana Mountain. Dann tauchen die Twin Lakes auf, aus denen der Chilikadrotna fließt, bald schon der Lachbuna Lake. Nach einer halben Stunde sind wir in Port Alsworth.

In Port Alsworth haben wir eine Weile Aufenthalt, weil wir auf den Flug nach Anchorage warten müssen. Die Zeit wird uns nicht lang. Hier in Port Alsworth gibt es so was wie Zeit gar nicht. Kinder spielen, Hühner gackern, Hähne krähen, Hunde bellen, Karibugeweihe werden in das Flugzeug geladen, mit dem wir nach Anchorage fliegen werden. Drei wilde, bärtige Gestalten in Tarnanzügen stehen stolz neben dem Flugzeug, sie haben die Karibus geschossen. Wir gehen in das kleine Restaurant, trinken Kaffee, verschlingen ein paar Muffins. Nie haben Muffins uns so gut geschmeckt. Ein ziemlich fetter Tourist aus den „lower forty eight" mit einer Fellmütze auf dem Kopf und einem langen Messer am Gürtel fragt uns, ob wir Bären auf unserer Tour gesehen hätten. „Many grizzlies!" antworten wir, „many grizzlies!" Wir gehen zurück zur Landepiste, klettern ins Flugzeug, die Karibujäger sitzen schon drin. Wir starten, steigen, schweben. Über die Chigmit Mountains, über die vergletscherten Ausläufer des Mt. Redoubt, dessen Gipfel heute in den Wolken steckt, über die sumpfigen Ebenen zwischen Chigmit Mountains und Cook Inlet, über das Cook Inlet. Als wir in Anchorage aussteigen, schweben wir immer noch. Erstmal schweben wir ins Restaurant in der fünften Etage der Mall in Downtown, dort finden sich interessante Angebote: „Chicken Cordon Bleu", „Chicken Fillet", „Super Roast Beef", „Blackened Salmon", „Halibut Nuggets", „Egg Salad", „Tuna Salad", „Sizilian Pizza", „Zack's frozen Joghurt", „Zack's Waffle Cones", „Jamaica Smoothies", „Exotic Boba Drinks" … Wir schlagen uns kreuz und quer durch die Angebote, quer und kreuz, kreuz und quer. Danach schweben wir die fünf Rolltreppen wieder hinunter und hinüber ins „Sweet Basil". Jeder trinkt einen Kaffee, dann geht Gitte nach Downtown, bummeln, einkaufen. Wie am Beginn unserer Reise. Ich bleibe, bestelle mir einen zweiten Kaffee. Ich denke nichts, ich schwebe. Schlürfe meinen Kaffee, schaue zum Fenster hinaus. Klares, kühles, blausilbernes Licht liegt auf der Straße, spiegelt sich in den Fensterscheiben des Hilton und anderer Hochhäuser. Spätsommerlicht, Herbstlicht. Auf der Terrasse vor dem Café schnitzt ein Indianer unermüdlich an einem Totempfahl herum, auch drüben auf der Wiese des Peratrovic Parks sitzen einige Indianer, sie – die letzten Mohikaner? nein, die letzten Dena'ina – trinken Bier, gewiss seit vielen Stunden schon. Gitte kommt zurück, mit mehreren Plastiktüten und einem Stapel Postkarten bewaffnet. Wir bekritzeln die Postkarten, dann zahlen wir, gehen. Wir schlendern durch die Straßen, setzen uns auf eine Bank in der Nähe des Visitorcenters, eines kleinen Blockhäuschens mit grasbewachsenem Dach. Die Wolken schweben im Blau, die Straßen fließen im Licht, die Hochhäuser schaukeln im Wind, die Indianer schwimmen im Bier, die Touristen strömen ins Visitor Center – alles fließt, strömt, schwebt, schaukelt, schwimmt, auch wir auf dem schwanken Boot unseres Bänkchens.

Das Flugzeug startet, steigt, verschwindet in der Ferne.

Der Sturm wird zum Orkan.

Der Adlerhorst.

Was ist Alaska? *Das* ist Alaska.

Die »Herberge zum Großen Bären«.

Blick von der »Herberge« über den See zum Telaquana Mountain.

Phantastische Alaska-Sommernacht.

Die Elchkuh auf der Wiese hinter der Hütte.

Gitte paddelt auf dem See.

Jerry und Jeanette.

Jerry in einer Höhle, in der ein Grizzly überwintert hat.

Willkommene Bereicherung des Speisezettels: Graylinge...

... und Blaubeeren.

Die Ufer des Telaquana Lake sind eine richtige Bärenpromenade. Trotzdem sieht man in der Regel nur ihre Spuren und sonstigen Hinterlassenschaften.

Wenn man sie aber sieht, dann meist ganz plötzlich . . .

Kann es einen wunderbareren Anblick geben als so eine friedlich am Seeufer entlangbummelnde Bärenfamilie?

Spielende Grizzlykinder.

Ihm schmeckt's, die Raben haben das Nachsehen.

Das junge Karibu am Tag, bevor uns der »Mitternachtsgrizzly« besuchte.

Aufbruch ins Hinterland

Am Trail Creek. Gitte serviert das Frühstück.

Was gibt's heute? Chinesische Nudelsuppe.

Ich schreibe Tagebuch.   Kein Zweifel: die Moral sinkt.

Die Bärin am Trail Creek, kurz bevor sie uns attackierte. Weiter rechts eines ihrer beiden Jungen. Das Foto wurde mit dem 200er Tele aufgenommen, deshalb wirkt die Distanz zum Fluss extrem verkürzt.

Unser Zelt oberhalb des Turquoise Lake.

Barfuß durch den Sommer bzw. den Mulchatna River.

Abendstimmung am Turquoise Lake. Im Hintergrund die Bonanza Hills.

Gitte erholt sich vom Schock der Begegnung mit den »Nebelbären« in der warmen Abendsonne . . .

... ich beim Kochen

Die Sonne geht auf und weckt ringsum pulsierendes Leben.

Telaquana Lake: Der schönste See der Welt.

Rast am Ostufer in der Nähe des Adlerhorstes.

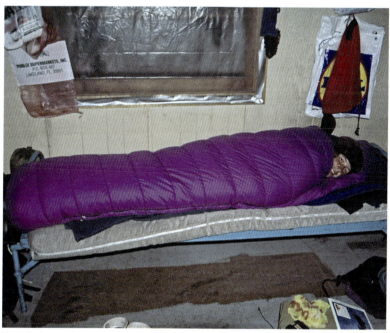
Wunderbar, wieder in unserem komfortablen »Hotel« zu sein - und doch schade.

Glück ist so federleicht...

Abschied.

DANK

Mein besonderer und sehr herzlicher Dank gilt
Jerry und Jeanette Mills, den »Hütern« des Telaquana Lake,
die mir freundlicherweise ihre Fotos
von Grizzlybären am Ufer des Telaquana Lake
für dieses Buch zur Verfügung stellten.

ÜBER DEN AUTOR

Winfried Hartmann ist Schriftsteller und seit seiner Jugend passionierter Wanderer und Bergsteiger. Er unternahm schwierige Klettertouren überwiegend im alpinen Raum und zahlreiche Reisen in die unberührte Wildnis Nordamerikas, zunächst allein oder mit Freunden, später meist in Begleitung seiner Frau. Er paddelte mit seiner Frau auf abgelegenen Flüssen durch die Northwest Territories, durchwanderte die Brooks Range in Nordalaska und die Omineca Mountains in British Columbia, durchquerte Alaska und Yukon mit dem Mountain Bike. In seinem Buch *Verschollen am Camsell River* (Malik/National Geographic) schildert er eine abenteuerliche Kanufahrt auf den alten Wasserwegen der Indianer zwischen Großem Bären- und Großem Sklavensee, die beinahe tragisch geendet hätte. Neben dem Reisebericht *Ausziehn, das Fürchten zu lernen* erschien im Wiesenburg Verlag auch der Lyrikband *Du musst fliegen*, in dem Hartmann unter anderem versucht, seine Erfahrungen in einer noch immer wilden, ursprünglichen Natur mit den Mitteln und Möglichkeiten der Lyrik zu verarbeiten.